7a

Jurgis Baltrušaitis

Imaginäre Realitäten

Fiktion und Illusion als produktive Kraft

Jurgis Baltrušaitis

Imaginäre Realitäten
Fiktion und Illusion als produktive Kraft

Tierphysiognomik
Bilder im Stein · Waldarchitektur
Illusionsgärten

DuMont Buchverlag Köln

Umschlagvorderseite: Waldkauz-Menschen, Zeichnung von Charles Le Brun, in: *Rapport de la physiognomie avec celle des animaux*. Paris, Louvre, Cabinet des Dessins. Foto Flammarion

Umschlagrückseite: Septarie. Sammlung Claude Boullé, Paris. Foto Flammarion

CIP-Kurztitelaufnahme der Deutschen Bibliothek

Baltrušaitis, Jurgis
Imaginäre Realitäten: Fiktion und Illusion als produktive Kraft/
Jurgis Baltrušaitis. [Aus d. Franz. von Henning Ritter].
Köln: DuMont 1984
   Einheitssacht.: Aberrations. Les Perspectives Dépravées
   ISBN 3-7701-1538-4
   N.E.

Aus dem Französischen übersetzt von Henning Ritter

© 1984 der deutschsprachigen Ausgabe: DuMont Buchverlag, Köln
Alle deutschsprachigen Rechte vorbehalten
Nachdruck verboten
Titel der französischen Originalausgabe
›Aberrations. Les Perspectives Dépravées‹
erschienen bei Flammarion, Paris 1983
Satz: Rasch, Bramsche

Printed in France   ISBN 3-7701-1538-4

Achevé d'imprimer le 16 septembre 1983 par Maury-Imprimeur S.A. – Malesherbes
N° d'impression: G 83/13436 Dépôt légal: septembre 1983

INHALT

EINLEITUNG

Verzerrte Perspektiven sind eine Anschauungsweise des Geistes, bei der der Blick bestimmt wird von dem Verlangen und der Leidenschaft, die Dinge in einer vorgefaßten Weise zu sehen, wobei die Perspektive selbst sich des geometrischen Denkens bedient, um Strukturen zu entwerfen, die einem bestimmten unveränderlichen Blickpunkt entsprechen. Diese verzerrten Perspektiven gehören zu jeder Erkenntnisanstrengung und haben an ihr in unterschiedlichem Maße teil, schließen aber immer eine positive Seite ein. Ohne ihre Berücksichtigung wäre die Wissenschaftsgeschichte – die der Geistes- wie der exakten Wissenschaften – unvollständig. Die Entwicklung der Wissenschaften ist in einem gewissen Maße sogar bedingt durch die Vielzahl der Berührungspunkte von Irrtum und Realität.

Diese Kehrseite, die andere Seite, habe ich in verschiedenen Bereichen zu erforschen und zu beleuchten versucht: in der Mythologie *(La Quête d'Isis)*, in der Optik *(Anamorphoses)* und in der Legende der Formen *(Aberrations)*. In diesem Buch sind vier Aufsätze gesammelt, die sich in dem genannten allgemeinen Zusammenhang mit den Erscheinungen einer legendären Morphologie beschäftigen.

»Die Wahrheiten der Metaphysik· sind die Wahrheiten der Masken.«[1] Sie sind auch die Wahrheiten der Fabeln. Die Illusionen und Fiktionen, die im Umkreis der Formen entstehen, antworten auf eine Realität und erzeugen ihrerseits Formen, in die Bilder und Legenden projiziert werden und in deren Leben sie sich materialisieren. Einige dieser Fabeln sind Thema des vorliegenden Bandes: die Fabel vom Tier im Menschen, die Geschichte von den Bildern im Stein, die Legende vom gotischen Wald sowie die Entdeckung des Paradieses und Chinas, ferner Zeiten und entlegener Orte in einem Garten. Diese Gegenstände, ausgewählt aus einem unermeßlichen Vorrat – denn Dichter und Logiker haben die Welt beständig neu geschaffen –, gehören zu vier großen Gebieten: menschliche Gestalt, Bildwelt, Architektur und Naturgarten, und sie geben uns einen Eindruck von dem Reichtum und der Vielfalt ihrer Reize.

Die Legenden haben sich natürlich von richtigen Vorstellungen und den Erscheinungen ausgehend gebildet, entfalteten sich dann aber – in das Gebiet der Spekulation übertragen – mit bedenkenloser Konsequenz und überschritten in bestimmten Phasen die Grenzen der Vernunft. Das ist kein Defekt des Denkens. Oft genug haben Philosophen, Gelehrte, Schriftsteller und Künstler ersten Ranges sich mit den sonderbarsten Gedanken beschäftigt. Daran zeigt sich die unbedingte Macht der Fiktion. Die ganze Menschheit nimmt tierische Züge an. Minerale, in denen lebendige Welten und Ruinen dargestellt sind, nehmen in naturwissenschaftlichen Abhandlungen überhand. Kathedralen aus Bäumen wachsen empor. Die Gärten füllen sich mit der Vielfalt der Orte und Zeiten. All dies geschieht nach einer unerschütterlichen Logik, in strengen technischen Analysen und mit einer unbestreitbaren mythologischen und historischen Gelehrsamkeit.

Die Methoden der Gleichsetzung des menschlichen und tierischen Körpers, die wissenschaftlichen Deutungen der Entstehung der Bilder in Steinen, die Angleichung der gotischen Dome an die Wälder der Druiden, an ägyptische Pyramiden und fernöstliche Laternen, die Beschwörung einer universellen und dramatischen Phantasmagorie sind Verirrungen in einem doppelten Sinne: Irrwege und Trübungen des Urteils und Abirrungen im Sinne jenes optischen Phänomens, das die Himmelskörper in einer Gegend und in einer Richtung sehen läßt, wo sie sich nicht befinden. Gleichwohl entsprechen sie einer Realität des Scheins und besitzen eine nicht zu leugnende Macht der Verklärung. Das Leben der Formen ist nicht nur an den Ort gebunden, wo sie wirklich existieren, sondern ebenso an den, wo sie *gesehen werden* und neu erstehen.

Wenn ich hier auf Texte eingehe, die oft an Wahnwitz grenzen, Texte, die von den Gelehrten unserer Zeit verachtet und abgelehnt werden oder in modernen Versionen völlig

---

1 Oscar Wilde, Die Wahrheit der Masken, in: *Werke*, ed. R. Gruenther, Bd. 1, München 1970, S. 558.

entstellt auftauchen, so ist das ein Versuch, eine morphologische Entwicklung in ihrer Gesamtheit zu rekonstruieren und ihre Poesie und Bedeutung spürbar werden zu lassen. Auch metaphysische Wahrheiten lassen sich in diesen Abirrungen entdecken. Die hier behandelten Gegenstände gehören nicht nur verschiedenen Gebieten, sondern auch verschiedenen Kulturen an, und sie lassen sich von der klassischen Antike und vom Mittelalter bis ins 19. und 20. Jahrhundert oder vom Abendland bis zum Reich des Himmels verfolgen. Sie alle eint eine verwandte Intention, und sie bekräftigen deren fortdauernde Gültigkeit. Ihre Untersuchung gehört in den Zusammenhang von Forschungen über die Verzerrungen des Sehens und Denkens.

TIERPHYSIOGNOMIK

Eine illustrierte Pariser Wochenzeitung veröffentlichte 1950[1] eine Seite mit Photographien, auf der die Köpfe bekannter Persönlichkeiten den Köpfen von wilden und zahmen Tieren gegenübergestellt waren, und ihnen dabei außerordentlich ähnlich sahen (Abb. 1). Angeregt wurde diese Idee durch ein im selben Jahr in der *Série gaie* bei Hachette erschienenes Album[2], in dem dieselben Tiere durch die Legenden, die sie als Warenhausangestellte vorstellten (der Tiger – »Verkaufschef«, der Fisch – »Bürovorsteher« usw.), in merkwürdiger Weise auf einmal menschliche Haltungen und Ausdrucksformen zu erkennen gaben. Die beiden Autoren verfolgten mit ihren Gegenüberstellungen kein anderes Ziel, als das Auge durch die Begegnung der Bilder in Erstaunen zu versetzen, ohne zu wissen, daß sie ungewollt an eine sehr alte Tradition anknüpften.

Die Gleichsetzung von Mensch und Tier ist uralter Herkunft. Aus ihr sind die Fabeln und Götter aller alten Zivilisationen entstanden, und in den Systemen zur Erkenntnis der moralischen Natur der Lebewesen mittels ihrer physischen Erscheinung hat sie eine Rolle gespielt.

1 und 2 *France-Dimanche*, Tier und Mensch, 1950. Ganze Seite und Ausschnitt. Fotos Bibliothèque Nationale, Paris (B. N.)

Der Körper des Menschen ist zu allen Zeiten von den Wahrsagern und Philosophen auf Zeichen seiner verborgenen Anlagen hin untersucht worden. Die Form der Nase, der Augen, der Stirn, die Gestalt jedes Teils und des Ganzen enthüllen dem, der zu lesen versteht, seinen Charakter und seinen Geist. Der Physiognomiker beobachtet den Körper wie der Astronom den Himmel, in den Ordnung und Schicksal der Welt eingeschrieben sind, und er bedient sich dabei der Methoden der Deduktion und der Analogie.

Die antiken Physiognomiken des Pseudo-Aristoteles, von Polemon, Adamantios und Pseudo-Apuleius, die mehr oder weniger alle auf demselben Boden stehen und die physiognomische Lehre formulieren, befürworteten die beiden Methoden.[3] Alles an der Gestalt ist Zeichen. Zeichen der Großherzigkeit sind festes Haar, ein aufrechter Körper, kräftiger Körperbau, ein breiter und vorstehender Bauch; Zeichen des Kleinmuts dagegen weiches

---

1 *France Dimanche*, Nr. 189, 9.–15. April 1950.
2 C. Barnes jr., *Le Zoo du Bureau*, Paris 1950.
3 R. Foerster, *Scriptores physiognomonici graeci et latini*, Leipzig 1893, und *Physiognomik der Griechen*, Kiel 1884; F. Meier, *De anonymi physiognomonia Apuleio falso adjudicata*, Brüssel 1880, und E. Kelter, *Apulei quae fertur »Physiognomonia« quando composita sit*, Kiel 1890.

France-Dimanche, Tier und Mensch
(Ausschnitt), 1950. Foto B. N.

Haar, ein schlaffer Körper, dünne Waden, ein blasses Gesicht, schwache und unstete Augen
(Pseudo-Aristoteles). Blaue Augen mit kleinen Pupillen kennzeichnen die Bösen und
Hinterhältigen. Die ganz blauen Augen sind von allen die besten (Adamantios). Solche
Überlegungen, in denen Materie und Geist ineinanderfließen, kehren in den Abhandlungen
immer wieder, aber es gibt auch solche, die ihre Deduktionen vornehmen, indem sie die Züge
des Menschen mit den Gestalten der Tiere vergleichen, deren Anlagen und Instinkte man
besser kennt.

> Die Ochsen sind langsam und träge. Sie haben eine breit endende Nase und große Augen: langsam
> und träge sind die, die eine breit endende Nase und große Augen haben.
> Die Löwen sind großmütig, und ihre Nase endet rund und platt, und ihre Augen sind tiefliegend:
> großmütig sind die, deren Gesicht dieselben Besonderheiten zeigt.   Pseudo-Aristoteles

> Diejenigen, die kleine Kinnbacken haben, sind verräterisch und grausam. Die Schlangen, deren
> Kinnbacken klein sind, haben eben diese Laster.
> Ein übermäßig gespaltener Mund gehört einer unersättlichen, grausamen, wahnsinnigen und
> gottlosen Person. Das Maul der Hunde ist in derselben Weise gespalten.   Adamantios

Alle lateinischen und griechischen Traktate widmen ganze Kapitel dieser zoologischen
Physiognomik, bei der jeder Körperteil dem eines Tieres gleichgesetzt wird und dadurch
verborgene Eigenschaften enthüllt. Das System wird in raschen, knappen Sätzen ohne
Kommentare und Erklärungen entwickelt, aber gerade durch seine Knappheit erzeugt es
unerwartete Einsichten. Während die direkte physiognomische Deutung sich im Zusammenhang mit den Auffassungen von den Proportionen und dem Kanon der menschlichen Gestalt
herausbildet und entfaltet, erschafft die zoomorphe Methode eine phantastische Tier- und
Menschenwelt. Bis an die Schwelle unserer Zeit wird diese Lehre ihren Prinzipien treu
bleiben und sich durch deren präzise Deutung entwickeln.

Das Mittelalter hat die griechisch-römischen Physiognomiken direkt und vermittelt durch
den Islam wiederentdeckt. Polemon, dessen zweites Kapitel die Ähnlichkeit des Menschen
mit den Tieren, die Charaktere der beiden Geschlechter und die Methode der Herleitung des
menschlichen Charakters aus seiner Ähnlichkeit mit den Tieren behandelt, ist schon im 10.
Jahrhundert ins Arabische übersetzt worden. Den Arabern verdanken wir auch eine gekürzte
Fassung der Abhandlung des Aristoteles (*Sirr-al-Asrâr* oder *Geheimnis der Geheimnisse*), in der

der Philosoph in Form eines Briefes an Alexander dem König Ratschläge für die Wahl seiner Minister, Freunde und Sklaven gibt. Die arabische Physiognomik besaß jedoch auch eine eigene Tradition mit einer reichen Literatur. In dem medizinischen Handbuch *(Al-Tibb al-Mansûrî)* des Rhases sind ihr achtundzwanzig Kapitel gewidmet. Unter den wichtigen Werken ragt das *Kitâb al-Firâsa* des Al-Râzî (1209) durch seine Spekulationen über die Natur und die tierischen Formen des Menschen hervor, während Al-Damashkî (1327) die eigentliche Physiognomik mit astrologischen Elementen verbindet, die für ihre Verbreitung und Entwicklung lange Zeit bestimmend geblieben sind. Das islamische Denken hat immer ein enges Verhältnis zu den Formen der Wahrsagekunst besessen.[4]

Im Abendland sind eine Reihe dieser Schriften gesammelt worden. Der *Liber-Almansorius* wurde von Gerhard von Cremona (gestorben 1187) ins Lateinische übertragen, der *Brief an Alexander* von Philipp von Tripolis (Anfang des 13. Jahrhunderts), und es gab zahlreiche Ausgaben in allen europäischen Sprachen. Auf diesen beiden Quellen fußt auch der *Liber physionomiae* des Michael Scotus, Astrologe und Magier Friedrichs II. Den *Sirr-al-Asrâr* findet man wieder in den *Secreta* des Albertus Magnus und in der Physiognomik von Roger Bacon. Das *Secretum secretorum* räumt den zoomorphen Zeichen wenig Platz ein, einzig die Augen, die denen der wilden Tiere gleichen, entsprechen einem ungeschlachten Temperament und einem schwach entwickelten Verstand. Aber die meisten der großen antiken Traktate, die davon ausführlich handeln, waren genauestens bekannt. Der Pseudo-Apuleius kommt in zahllosen Manuskripten des 12., 13. und 14. Jahrhunderts vor. Der Pseudo-Aristoteles wurde von Bartholomäus von Messina übersetzt mit einer Widmung an Manfred, Sohn Friedrichs II. und König von Sizilien (1258–1266). Polemon ist in den physiognomischen Sammelwerken enthalten.[5]

Der *Liber compilationis physionomiae* des Pietro d'Abano, der die antiken und orientalischen Quellen benutzt, gibt um 1295 den astrologischen Erwägungen Raum. Den Beschreibungen

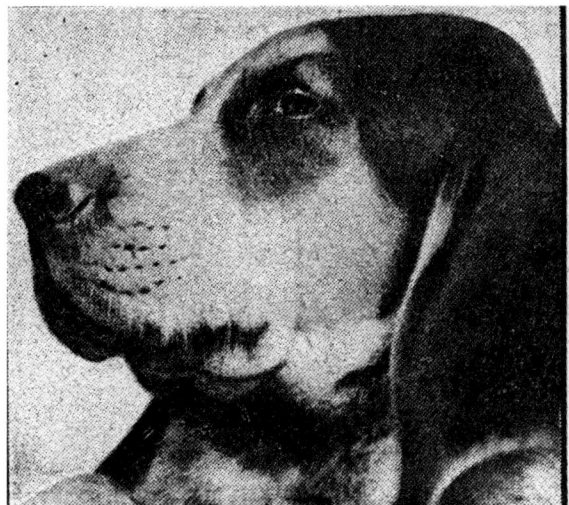 

4 *France-Dimanche*, Tier und Mensch (Ausschnitt), 1950. Foto B. N.

des menschlichen Körpers mit gelegentlicher Bezugnahme auf die Gestalten der Tiere folgt ein langes Kapitel, das die von den Planeten und vom Tierkreis bestimmten Züge der Gestalt und des Temperaments aufzählt. Die Verbindung von Astrologie und Physiognomik wird immer enger.

Im 15. Jahrhundert findet man sie als zwei Teile einer einzigen Lehre im *Speculum Physionomiae* von Michael Savonarola (um 1450), dem Onkel des Geronimo und Arzt des Nicola III. d'Este in Ferrara[6], sowie in den *Hirtenkalendern* (1491, 1496 . . .), deren Beliebtheit bekannt ist. Der Fürstenspiegel wird zu einem populären wissenschaftlichen Handbuch,

---

4 Zu den arabischen Physiognomiken siehe Youssef Mourad, *La Physiognomonie arabe et le Kîtab al-Firâsa de Fakhr al-Din al-Râzi*, Paris 1939.
5 R. Foerster *(Scriptores physiognomonici)* enthält wichtige Verzeichnisse mittelalterlicher Handschriften.
6 A. Danieul-Cormier, Le Speculum Physionomiae de Michel Savonarole et ses sources, in *Positions des thèses de l'École nationale des Chartes*, Paris 1953.

ohne daß sich an seiner Aufmachung etwas änderte. Die Menschen werden unter den Sternzeichen geboren, die ihren Charakter und ihr Aussehen bestimmen. Ihre vier Temperamente entsprechen nicht nur den vier Elementen, sondern auch den vier Tieren: Der Choleriker hat die Natur des Feuers und des Löwen, der Phlegmatiker die Natur des Wassers und des Lammes, der Sanguiniker die der Luft und des Affen und der Melancholiker schließlich die der Erde und des Schweins. Die dann folgenden Beschreibungen der einzelnen Körperteile erwähnen zwar nicht die physische Ähnlichkeit mit der Tierwelt, aber am Ende erinnern sie in einer Aufzählung daran, daß alle Charaktere der Tiere sich beim Menschen wiederfinden, den man »die kleine Welt« nennt, »denn so, wie er beschaffen ist, hat er Teil an der Wesensverfassung aller Geschöpfe«. Es handelt sich um eine mit dem Gedanken des Mikrokosmos verknüpfte Zoologie.

5 Fauvel, halb Pferd, halb Mensch, erstes Drittel des 14. Jahrhunderts, B. N. ms.fr. 146. Foto B. N.

Das Mittelalter ist von diesen Auffassungen stark geprägt. Seine Bildwelt und seine Literatur sind voll von Mischgeschöpfen, in denen alle Reiche sich durchdringen. Im *Ancien Renart* und *Renart Novel* ist die ganze Gesellschaft unter Tiermasken verbildlicht, mit dem Löwen Noble, der Schnecke Tardif, dem Esel Bernard, der Katze Tybert ...[7] Fauvel (1310–1314)[8], halb Mensch, halb Tier (Abb. 5) und Inbegriff aller Laster (Schmeichelei, Habgier, Unanständigkeit, Wankelmut, Neid, Feigheit), verkörpert dieselbe Vorstellung:

... Die Menschen sind wilde Tiere geworden./Wir gehen ohne Laterne durch die Nacht,/wenn Tierheit über uns hat Macht...

... hommes sont devenus bêtes
... Nous allons par la nuit sans lanterne
Quand bestialité nous gouverne ...

Die Tatsache, daß der Roman sich zusammen mit *Li Livres Aristole qu'est intitlé Secré des Secrez*, in der Übersetzung des Philipp von Tripolis, in einer Sammlung von Schriften[9] befindet, ist sicherlich kein Zufall. Die Bestiarien und Drolerien der Randilluminationen und des Skulpturenschmucks, die seit dem Ende des 13. Jahrhunderts so üppig wuchern, stehen

---

7 Siehe C. Lenient, *La Satire en France au Moyen-Age,* Paris 1859, Kap. VIII: Le Renart, und J. Houdoy, *Renart-le-Nouvel,* Paris 1874.
8 A. Langfors, *Roman de Fauvel par Gervais du Bus,* Société des textes français, 1914–1919.
9 B. N., ms. fr. 571.

in ihrer eigenen Entwicklung ganz im Einklang mit den physiognomischen Theorien der Zeit.[10] Die mittelalterliche Phantastik ist einer ihrer zahlreichen Aspekte. Antike und Orient, ihre Wissenschaften und ihre Magie, ihre Teratologie und ihre Legenden verbinden sich hier und erneuern sich in einer gemeinsamen Welt. Besonders günstig ist die Atmosphäre für die Verbreitung von phantastischen Lehren, die den Menschen, seinen Charakter und sein Schicksal durch geheimnisvolle Zeichen, durch die Ähnlichkeit mit den Tieren und die Konstellationen der Gestirne enthüllen.

Die Renaissance setzt die Entwicklung auf denselben Grundlagen fort. Die *Physiognomik* von Pietro d'Abano erscheint 1474 in Padua[11]; Michael Scotus (o. O., 1477) und Albertus Magnus (Bologna, 1478) folgen ihr. Eine neue Übersetzung der pseudoaristotelischen Abhandlung erscheint 1497 bei Aldus in Venedig. Im Jahre 1503 veröffentlichen zwei bolognesische Ärzte und hermetische Philosophen, Bartolommeo della Rocca, genannt Cocles, und Alessandro Achellini, einer der ersten Anatomen, die den menschlichen Leichnam sezieren, einen umfangreichen Traktat mit dem Titel *Anastasis,* eine Wiederbelebung all dieser Theorien.[12] Im Vorwort heißt es:

> Die Seele folgt dem Gewand des Körpers . . ., und Platon, der gelehrteste von allen, schreibt in seiner Physiognomik [auch dies eine apokryphe Schrift], daß beim Menschen die Ähnlichkeit seiner Züge mit denen der Tiere auf dieselbe Natur hinweise. Wer eine Adlernase hat, ist großmütig, grausam und herrlich wie der Adler. Die Menschen, die den Kopf des spanischen Hundes haben, sind grimmig und große Redner . . .

Als Quellen werden im Verlauf der Ausführungen Aristoteles, Polemon, Rhases und Savonarola zitiert, und die ganze zweite Hälfte des Buches ist der astrologischen Physiognomik gewidmet. Das Werk setzt unmittelbar die mittelalterliche Überlieferung fort. Erst am Ende des 16. Jahrhunderts kommt es, nach einer methodischen Wiederaufnahme der griechischen Autoren[13] und einiger populärer Schriften[14], zu einer wirklichen Erneuerung.

Die *Humana Physiognomia* von Giambattista della Porta (1541–1615)[15], die das Thema wieder aufgreift, erscheint 1586 in Neapel. Der Verfasser beginnt mit einem raschen historischen Überblick. Platon wird als zu wenig genau erwähnt. Die Stoiker, namentlich Chrysipp, hätten der Verbreitung des Systems geschadet, indem sie die Auffassung vertraten, daß die Seele der Verstorbenen in anderen Körpern wieder erscheine. Desgleichen die Pythagoräer, die an die Seelenwanderung glaubten. Aristoteles dagegen ist eine Autorität. Eine arabische Übersetzung seiner Abhandlung werde – so heißt es – in Rom verwahrt. Entstellt von späteren Versionen, seien seine Gedanken durch Polemon und Adamantios wieder zur Geltung gebracht worden.

Grundlage dieser fast göttlichen Wissenschaft, die ein Fenster zu Welten öffnet, die der Mensch eifersüchtig verhüllt läßt, und die der Wahrsagekunst und dem Orakel ähnelt, indem sie in der Körperbildung wie in einem Buch liest, ist der Zoomorphismus. Das Prinzip, das in den früheren Werken verschieden dosiert auftrat, wird jetzt vorrangig und fast ausschließlich verwandt. Porta macht dies in der Einleitung zu seiner Abhandlung deutlich, indem er einen Syllogismus konstruiert, dessen Obersatz, Untersatz und Schluß behaupten: 1. – Jede Tierart hat in ihren Eigenschaften und Leidenschaften entsprechende Gestalt. 2. – Die Elemente dieser Gestalten finden sich auch beim Menschen. 3. – Der Mensch, der dieselben Züge hat, besitzt folglich einen entsprechenden Charakter. So hat der Löwe, der mächtig und großzügig ist, einen starken Brustkorb, breite Schultern und große Extremitäten. Personen, die diese Kennzeichen aufweisen, sind mutig und stark. Unter den Tiergestalten haben die Körperbil-

---

10 Zu diesen Übereinstimmungen und den Parallelen, siehe Fritz Neubert, *Die volkstümlichen Anschauungen über Physiognomik in Frankreich bis zum Ausgang des Mittelalters,* Erlangen 1910.

11 Petrus d'Abano, *Liber compilationis physionomiae,* Padua 1474.

12 B. Cocles, *Chyromantiae ac physionomiae anastasis cum approbatione magistri Alexandri de Achillinis,* Bologna 1503; das Werk findet sich auch in *Physionomia summi Aristotelis, Physionomia Michaelis Scoti, Physionomia Cocletis cum approbatione Achillini,* Pavia 1515; zwei gekürzte Ausgaben sind dann in Straßburg (1533 und 1551) erschienen und eine in Paris in französischer Fassung: *Le compendion et brief enseignement de Physiognomie de Barthelemy Cocles de Bouloigne,* Paris 1560.

13 Die Physiognomik des Pseudo-Aristoteles wird 1527 in Florenz neu herausgegeben, 1531 in Basel und Frankfurt, 1538 in Wittenberg; Adamantios 1540 in Paris, 1544 in Basel, 1545 in Rom; Polemon 1534 und 1545 in Rom.

14 J. d'Indagine (Jean de Hayn), *Physionomia . . .,* Straßburg 1539, Michelangelo Blondus (Biondo), *De Cognitione hominis per aspectum,* Rom 1544; G. Grataroli, *De Praedictione morum naturarumque hominum cum ex inspectione partium corporis, tum aliis modis,* Basel 1554. *La Fisionomia del Rizzacasa,* Carmagnola 1588, gehört zur selben Gruppe.

15 G. B. della Porta, *De Humana Physiognomia libri III,* Neapel 1586.

dung und einzelne Glieder des Löwen am meisten Ähnlichkeit mit der Körperbildung des Mannes, während der Panther die stärksten Entsprechungen zu Körpergestalt und Sitten der Frau hat. Aber auch andere Tiere weisen solche Merkmale auf, die sich bei uns wiederfinden. Die alten Spekulationen kehren in einer Obsession durch die Gestalten der Tierwelt wieder.

Kopf, Haare, Stirn, Nase, Mund, Hals, alle Zeichen werden minuziös analysiert, unter Bezugnahme auf Texte und historische Beispiele. Platon wird mit dem Hund verglichen, Sokrates mit dem Hirsch, Sergius Galba mit dem Adler, Vitellius mit der Nachteule (Abb. 6

6   G. B. della Porta, Sergius Galba-Adler, Ausgabe von 1602, Neapel. Foto B. N.

und 7), wobei die Interpretation nuanciert. Vom Hund hat Platon die große und witternde Nase, ebenso wie die hohe Stirn, was nach Adamantios und Polemon auf Freimut und Klugheit hinweist. Die stumpfe Nase des Hirsches enthüllt bei Sokrates ein wollüstiges Temperament. Ein übergroßer Kopf wie der der Nachteule (Vitellius) zeigt einen stumpfen Geist und einen unbelehrbaren Charakter. Ein kleiner Kopf, wie der des Vogels Strauß, verrät die Verrückten. Es sind die Köpfe mittlerer Größe, nicht zu klein und nicht zu groß, die Alexander von Aristoteles empfohlen werden, denn sie entsprechen dem Löwen. Die Nase, die wie ein Vogelschnabel geformt ist, hat eine unterschiedliche Bedeutung, je nachdem ob es der Schnabel der Krähe oder der Wachtel (Schamlosigkeit), des Hahns (Wollust) oder Adlers (Großzügigkeit) ist. Wer schmale, feste und an den Eckzähnen verdickte Lippen hat, wie die Schweine, verachtet die Ehre und hat eine niedrige Seele. Wer ein fleischiges Gesicht hat, ist

14

e seru tost apareillies
A li requerre supplier
Quem moi se voille marier

Sanz regarder reson ne loy
Respont le conseil sanz deloy

gomane fortune de vous auon

I   Fauvel, halb Mensch, halb Tier, erstes Drittel des 14. Jahrhunderts. B. N., ms. fr. 146, Foto B. N.

furchtsam und hat das Naturell der Esel. Mit besonderer Aufmerksamkeit werden die Augen behandelt, die edelsten Körperteile und das beste Erkennungszeichen der Seele aller Tiere, vor allem aber des Menschen, und es mangelt dabei nicht an Vergleichen. Homer hat gesagt, die Augen seien schön, wenn sie groß seien und denen der Rinder ähneln. Sieht man aber jemanden mit kleinen Pupillen, wie bei den Schlangen, den indischen Ratten, Affen oder Füchsen, dann weiß man, daß er von bösartiger Listigkeit ist. Die Augen der Schafe sind Zeichen für schlechte Sitten, die des Hirschen für Geist und die des Esels für Verrücktheit. Bei

diesen Aufzählungen körperlicher Merkmale wird nichts ausgelassen, weder Haltung noch Gebärden. Wer gerade ausschreitet, den Nacken gereckt und die Schultern leicht in Bewegung, gehört zu den Pferden. Das Pferd ist von Natur aus stolz und ehrgeizig. Aussehen und Wesen der Tiere werden bei diesen Beobachtungen immer herangezogen, selbst dann, wenn sie bei den zitierten Autoren nicht vorkommen, und man findet sie auch am Schluß, im letzten Teil des Werkes, der die menschlichen Charaktere in ihrer Gesamtheit behandelt. Die Ungestümen sind den Bären zu vergleichen, die Gerechten den Elefanten, die Hitzigen den Wildschweinen und die Dummköpfe den Ziegen. Die Detailuntersuchungen münden in eine umfassende Anschauung.

7 G. B. della Porta, Sokrates-Hirsch, Ausgabe von 1602, Neapel. Foto B. N.

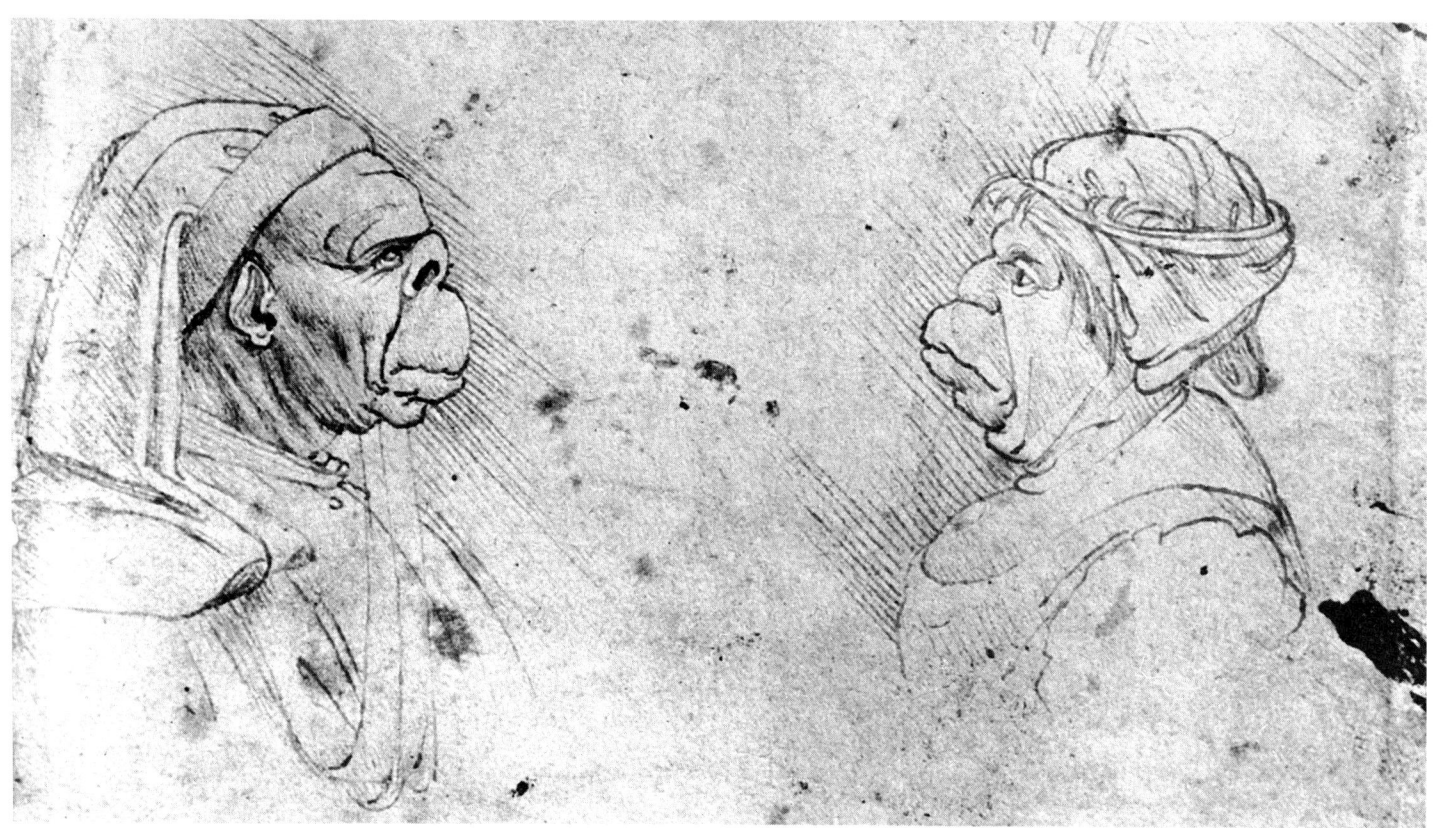

8 Leonardo da Vinci, Physiognomische Skizze (Ausschnitt). Paris, Louvre, Cabinet des Dessins. Foto Musées nationaux

Die am häufigsten benutzten Quellen sind die griechischen Physiognomiken, während die Schriften des Mittelalters (Scotus, Albertus Magnus, Rhases) nur in zweiter Linie herangezogen werden. Es geht vor allem um eine Wiederherstellung und Erneuerung des antiken Denkens, aber in einer strengeren, kategorischeren Form. Bei der Kompilation seiner Autoren zeigt Porta eine deutliche Vorliebe für das Brutale und Befremdliche.

Seine Abhandlung ist wertvoll nicht nur durch ihren Text, sondern auch durch ihre Illustrationen. Zweifellos ist es eine schon lange geübte Kunst, die Köpfe von Menschen so zu verformen, daß ihre Ähnlichkeit mit Tieren hervortritt. Bestimmte Gestalten bei Leonardo, die sich dem Löwen, dem Affen, dem Adler nähern, Gesichter mit einer schnauzenartig gepreßten Nase und Bocksbart sind physiognomische Studien, die mit diesen Theorien zusammenhängen (Abb. 8). Obwohl er das wissenschaftliche Fundament dieser Lehre bestreitet, bemerkt er doch, daß »die, deren Gesichtsteile stark ausladen und tief markiert sind, viehische und zum Zorn geneigte Menschen« sind.[16] Tizian hat morphologische Gedankengänge in ein allegorisches System aufgenommen. Sein *Signum triciput*[17], das die

---

16 Z. B. das Blatt aus dem (nicht mehr vollständigen) Album Vallardi im Louvre. Vgl. auch die vom Grafen Caylus (*Recueil de testes de caractère et de charges dessiné par Léonard Florentin et gravé par M. le C. de C.*, o. O., 1730). Man hat sich gefragt, ob diese Skizzen nicht zur selben Folge gehörten wie etwa fünfzig Zeichnungen von Greisen, Bauern und Bäuerinnen mit deformierten Gesichtern, die Lomazzo als im Besitz des Bibliothekars Aurelio Luino befindlich verzeichnet (*Trattato dell'arte della Pittura . . .*, Mailand 1584, S. 360). Zum Text Leonardos über die Physiognomik, siehe *Das Buch von der Malerei*, ed. H. Ludwig, Wien 1882, Bd. 1, S. 313–315.

17 E. Panofsky, *Hercules am Scheidewege*, Leipzig 1930, Kap. 1: Signum triciput, S. 1–35, und: Tizians Allegorie der Klugheit. Ein Nachwort, in: *Sinn und Deutung in der bildenden Kunst*, Köln 1975, S. 167–191; Jean Seznec, *La Survivance des dieux antiques*, Paris 1980, S. 110; J. Baltrusaitis, *Le Moyen Age fantastique*, Paris 1981.

Ikonologen beschäftigt hat, ist dafür ein bemerkenswertes Beispiel. Die Klugheit wird hier als ein dreifacher Menschenkopf dargestellt – Gedächtnis, Verstand, Vorausschau –, ganz entsprechend einer Vorstellung der Scholastik. Eine Entsprechung besteht auch zu den drei Modi der Zeit – Vergangenheit, Gegenwart, Zukunft –, die hier gleichfalls, jedoch in Tiergestalt gemäß einer Vision des Macrobius, dargestellt sind, mit dem Wolf, der die Erinnerung wie seine Beute festhält, dem schnellen und gewalttätigen Löwen und dem Hund, der den Hoffnungen des Künftigen nachhängt. Die Symbole überlagern und vervollständigen einander. Drei Menschenköpfe erheben sich über drei Tierköpfen, deren Züge sie natürlich wiederholen, das Katzenhafte in der Mitte, das Hündische auf der einen und anderen Seite. Die philosophische und literarische Allegorie wird durch eine Verschmelzung der Formen illustriert (Tafel I).

Tizians Gemälde geht der Veröffentlichung von G. B. della Porta voraus, in der schließlich in einem technischen Werk eine ungeheure Menge von Beispielen und Modellen für alle denkbaren Fälle methodisch geordnet wird.

Die Demonstration wird an Zeichnungen vorgenommen, die die hauptsächlichen Arten nebeneinanderstellen (Abb. 9–12). Die historischen Gestalten (Platon, Sokrates, Sergius Galba usw.) sind gezeichnet nach den Marmorbildnissen und Medaillen der Sammlungen von Vincenzo Porta und Adriano Spatafore, Bruder und Onkel des Verfassers, und zeigen mehr oder weniger starke Entsprechungen zu den jeweiligen Tieren. Dürers Nashorn (1515) steht, seitenverkehrt, mit seinem Horn ohne erkennbare Beziehung neben Polizians Bildnis mit der vorspringenden Nase

9 G. B. della Porta, Mensch-Löwe und Mensch-Rind, Ausgabe von 1650, Rouen. Foto B. N.

10 G. B. della Porta, Mensch-Schaf, Ausgabe von 1602, Neapel. Foto B. N.

Habes hic lector Rhinocerotis ad viuum effigiatum nafum magnum, à cuius medio cornu procedit, & Politiani vera effigies.

11   G. B. della Porta, Polizian-Nashorn, Ausgabe von 1602, Neapel. Foto B. N.

(Abb. 11). Die Typenköpfe dagegen zeigen genaue Entsprechungen. Mensch-Ochse, Mensch-Löwe, Mensch-Schaf, Mensch-Hund, Mensch-Schwein gehören mehr zur Tier- als zur Menschenwelt. Es sind geistvoll, wenn auch schematisch zusammengesetzte Monstren, eine Kunstwelt jenseits des Wahrscheinlichen. Es handelt sich um etwa zwanzig derartige Kompositionen, auf die jedoch zur Analyse der verschiedenen Gesichtspartien immer wieder zurückgegriffen wird, so daß das ganze Buch von diesem Bestiarium durchzogen ist. Der Abbildungsteil legt eine Ikonographie des Menschen fest, deren Prinzipien und Elemente für Jahrhunderte unverändert bleiben.

Portas Werk hat einen außerordentlichen Erfolg gehabt. Verschiedene Ausgaben werden in Neapel (1588, 1598, 1602, 1603, 1610, 1612 . . .), Venedig (1644), Hannover (1593), Brüssel (1601) und Leiden (1645) veröffentlicht. Zwei französische Übersetzungen (1655 und 1665) folgen auf die lateinische Publikation (1650) in Rouen. Häufig wird dem Werk eine astrologische Physiognomik in der reinsten mittelalterlichen und arabischen Tradition beigegeben, die 1603 auch in einer Einzelausgabe erschienen ist.

Eine pathologische Lehre entwickelte sich gleichzeitig mit der Erforschung der melancholischen Krankheiten. Zu ihr gehörte die Lykanthropie oder Werwolfskrankheit, die, bereits bei Marcellus von Side und Avicenna erwähnt, sich unter all ihren Wolfsgestalten natürlich an dieselben antiken

18

X XIII

12   G. B. della Porta, Mensch-Hund, Ausgabe von 1602, Neapel. Foto B. N.

Kosmogonien anschließt. Diese werden beispielsweise von A. Du Laurens, Arzt und Kanzler der Universität von Montpellier (1597)[18], mit Nachdruck wieder vertreten.

> Während der Mensch ein göttliches und politisches Wesen ist, ist der Werwolf ein wildes Tier, scheu, einzelgängerisch, Feind der Sonne, also des Königs, der seinerseits das Abbild Gottes ist.

Diese Systeme waren damals Mode. Porta war nicht der einzige, der sie in dieser Weise entwarf, auch Rubens, der sich in Italien aufhielt, hat einige dieser Demonstrationen aufgegriffen und mit noch umfassenderen und merkwürdigeren Anschauungen bereichert:

Zunächst wurde der Mensch als Hermaphrodit geschaffen, dann in die zwei Geschlechter geteilt, von denen das männliche die Vollkommenheit der menschlichen Körperbildung besitzt. Die vollkommene Idee seiner Schönheit ist das Werk Gottes, der sie einzig, nach eigenen Prinzipien gebildet hat. Die danach kommenden Geschöpfe haben sich zunehmend von der ursprünglichen Trefflichkeit entfernt.

> Indem sie nun andere Gestalten und Charaktere annahmen, borgten sie verschiedene Züge vom Löwen, vom Stier und vom Pferd, die die übrigen Tiere alle an Kraft, Mut und Körpergröße übertreffen.

Die Spuren dieser Anleihen lassen sich an der Bildung der menschlichen Köpfe ablesen (Abb. 13, 14).

---

18   A. Du Laurens, *Des maladies mélancoliques*, 1597 und 1621, S. 24, hier zitiert nach Yvette Conry, Thomas Willis ou le premier discours en pathologie mentale, *Revue de l'Histoire des Sciences*, XXXI, 3, 1978, S. 195.

13   P. P. Rubens, Löwenähnliche Köpfe, nach
     P. Aveline. Foto B. N.

Die Ähnlichkeit mit dem Pferd ist deutlich bei Julius Caesar, dessen Gesicht lang und oval ist, die Nase gerade, die Knochen ausgeprägt, das Gesicht hart, obwohl es auch etwas Sanftes und Feines behält. Der Hercules Farnese, ein übermenschliches Wesen, vereint Charakter und Physis der drei höchststehenden Tiere, wobei der Löwe einen gewissen Vorrang besitzt. Der Mensch, der aus den Elementen des Universums zusammengesetzt ist, hat Anteil an allen Tieren, aber nur beim vollkommenen Menschen treten alle Formen zusammen auf. In der Mehrzahl der Fälle dominiert ein bestimmtes Tier.

Die Zeichnungen, die diese Beziehungen verdeutlichen, sind lebendig, präzise und haben einen genauen Sinn für die Reinheit des Klassischen. Die Tiere zeigen eine wilde Vornehmheit, und ihr Gepräge vermittelt dem Menschen eine übernatürliche Ausstrahlung. Der Künstler verfährt so, daß er Elemente nebeneinanderstellt, um die geheimen Ähnlichkeiten hervortreten zu lassen. Caesar trägt tierische Züge, die in seinem Bildnis wiedererscheinen, das daneben wie eine Medaille hervortritt. Die löwenartigen Gestalten (wie Herkules und andere Athleten) haben finstere, flachgedrückte und aus wallender Mähne hervortretende Gesichter. Der Stier-Mensch hat ein von Muskeln geschwollenes Antlitz auf einem mächtigen Hals und einen starren Blick. »Die Schönheit der menschlichen Nase wird von der des Pferdes nachgeahmt«, deren Nüstern rund sind; desgleichen der Mund mit der vorgeschobenen Unterlippe. Auf einer dieser Tafeln sind Menschen vereint, in deren Zügen Tiere verborgen sind. Die Gestalten sind ernst, verschlossen und ohne jede Ironie. Während gewisse Bilder bei Porta das Groteske streifen, wirken sie bei Rubens alle wie die Enthüllung eines Mysteriums.

Der Maler scheint die *Humana Physiognomia* nicht vor sich gehabt zu haben. In Rom, wo er sich von 1605 bis 1608 aufhielt, arbeitete er unmittelbar nach den antiken Bildwerken. Bellori[19]

---

19   G. P. Bellori, *Le Vite de' pittori, sculptori e architetti moderni*, Rom 1672, S. 247. Siehe auch J.-F.-M. Michel, *Histoire de la vie de Rubens*, Brüssel 1771, S. 258, und F. Goeler von Ravensburg, *Rubens und die Antike*, Jena 1887.

14 P. P. Rubens, Die Schönheit des Menschen von der des Pferdes nachgeahmt, nach P. Aveline. Foto B. N.

berichtet, daß er seine Beobachtungen über Themen, Proportionen, Anatomie, Optik, über die Werke, die er gesehen hat, in einem Skizzenbuch festhielt, dessen Materialien zweifellos der Abhandlung zugrunde liegen, die 1773 von Aveline[20] publiziert wurde, wobei dieser die Zeichnungen mit eigenen Erläuterungen versah. Auch wenn einige Stücke apokryph sind, steht das Ganze im Einklang mit den esoterischen Traditionen des 16. Jahrhunderts. In der Wissensgeschichte von der menschlichen Körperbildung ist dies eine letzte Blüte der phantastischen Kosmogonik.

Diese ausgreifenden Spekulationen tun der Verbreitung der klassischen Tradition keinen Abbruch. Trotz des Erfolges, den das Werk von Porta zu verzeichnen hat, fährt man fort, Übersetzungen der antiken Traktate herauszubringen, einen Pseudo-Aristoteles in Bologna (1621)[21], einen Polemon in Padua (1621)[22], einen Adamantios in Paris (1635)[23] und einige astrologische Physiognomiken[24], die noch vom Mittelalter geprägt sind. In einem gewissen Zeitraum stabilisieren sich die Systeme und sind dabei Platzhalter für einen neuen Zweig der Wissenschaft vom Menschen. Es sind Untersuchungen der Leidenschaften, das heißt vorübergehender Empfindungen und nicht dauerhafter Merkmale, die jetzt in den Vordergrund dieser Forschungen rücken und eine Revision der eigentlichen Physiognomik vorbereiten.

Die Theorie der Leidenschaften entwickelte sich seit der Antike, die darin den Beweis der Beziehungen zwischen Körper und Seele sah, parallel zur Physiognomik. Cocles und Porta erinnern noch daran, daß die Leidenschaften den Körper verändern und verderben. Leonardo hat über diese Frage nachgedacht und sogar eine Reihe von praktischen Anweisun-

20 P.-P. Rubens, *Théorie de la Figure humaine, traduit du latin avec XLIV planches gravées par Pierre Aveline*, Paris 1773.
21 C. Baldi, *In physiognomica Aristotelis commentarii*, Bologna 1621.
22 *Fisionomia di Polemone, tradotta di greco in latino*, Padua 1621.
23 *La Physionomie d'Adamantius*, aus dem Griechischen übersetzt von H. de Boyvin du Vaurouy, Paris 1635.
24 J. d'Indagine, *Chiromance et Physiognomie*, Rouen 1638; Ph. Finella, *Naturali Physionomia planetaria*, Neapel 1649.

gen gegeben, doch eine der ersten Abhandlungen über die Gesamtheit dieser Probleme stammt von Lomazzo (1584).[25] Bevor ein Theoretiker der menschlichen Körperbildung diesen Gegenstand aufgreift, wird er weitläufig von einem Theologen, Coeffeteau (1620)[26], einem Arzt, Cureau de La Chambre (1640–1662)[27] und einem Philosophen, Descartes (1649)[28], abgehandelt.

Das, zumindest seinem Umfang nach, bedeutendste Werk ist die vierbändige Abhandlung von Cureau de La Chambre, die jedoch, da ihre Publikation sich über zweiundzwanzig Jahre hinzieht, von Descartes überholt wird, der in der Zwischenzeit eine neue Theorie der Physiologie und der Klassifikation der Leidenschaften formuliert hat. Diese haben danach ihren Sitz nicht im Herzen, sondern in der Zirbeldrüse des Gehirns, und ihre Kategorien sind nicht die der Alten (Begehren und Zorn). Es gibt sechs Grundkategorien mit etwa vierzig Untergruppen, deren Mechanik und sogar äußere Zeichen man freilegen kann. Charles Le Brun wird hieraus die Folgerungen für die Künstler ziehen, indem er präzisiert:

> Und wie wir gesagt haben, daß die Zirbeldrüse, die der Mittelpunkt des Gehirns ist, der Ort ist, wo die Seele die Bilder der Leidenschaften empfängt, so sind die Augenbrauen der Teil des Gesichts, wo sich die Leidenschaften am deutlichsten zu erkennen geben.

Obendrein hat er einundvierzig Gesichtsbildungen der einfachen Leidenschaften und ihrer zusammengesetzten Derivate geschaffen, bei denen alles von der Bewegung der Augenbrauenbögen beherrscht wird. Die Zeichnungen wurden 1678 bei einer Sitzung der Académie de Peinture vorgelegt und in zahllosen Ausgaben seines *Traité de l'Expression*[29] abgebildet. Die systematischen Forschungen über den Menschen nehmen, alles in allem, ihren Gang in ihrem eigenen Bereich, doch im Hintergrund bleibt der Schatten der Tierwelt.

Cureau de La Chambre beschwört ihn in der Einleitung zu seinem ersten Band (1640), wenn er es als eine allgemein zu befolgende Regel aufstellt, daß die Ähnlichkeiten der Menschen mit der Tierwelt zu interpretieren seien; ihnen wollte er dann auch den zweiten Band seines Werkes widmen, dessen Programm sich im weiteren aber verändert hat. Descartes, der seine Physiologie der Leidenschaften durch die *esprits* erklärt, »einen gewissen sehr feinen Hauch oder Wind«, der in den Hohlräumen des Gehirns enthalten ist, wohin er mit dem Blut gelangt und in seiner Bewegung die Tätigkeit der in der kleinen Zirbeldrüse sitzenden Seele fühlbar macht, nennt diese »Lebensgeister« *esprits animaux*. Die Zirbeldrüse ist es dann auch, von der die Erneuerung der alten Physiognomiken durch Le Brun, der sich ebenfalls in diese Fragen vertieft hat, ihren Ausgang nimmt.

Die Theorien dieses ersten Malers des Königs, der sie der Akademie dargelegt hat, kennen wir aus vier Quellen: einem *Abrégé* von Testelin, im Anschluß an den *Traité des Passions*[30], einem Manuskript von Claude Nivelon[31], der reich illustrierten Abhandlung von Morel d'Arleux[32] und der Le Brun-Sammlung des Cabinet des Dessins des Louvre.

Das System wird schematisch vorgestellt, soweit es für Maler unentbehrlich ist. »Wenngleich man sagt, daß die Gebärde des ganzen Körpers eines der auffälligsten Zeichen sei«, kann man sich trotzdem auf die Zeichen des Kopfes beschränken, in denen der Mensch sich ganz zeigt, wie schon Apuleius versichert. Wenn der Mensch eine verkleinerte Welt ist, so ist

---

25 P. Lomazzo, a. a. O. (Anm. 16), Buch II. Der Traktat enthält auch eine kurze astrologische Physiognomik, die von H. Pader in Verse übertragen wurde (*La Peinture parlante*, Toulouse 1657).

26 N. Coeffeteau, *Tableau des passions humaines, de leurs causes et leurs effets*, Paris 1620. Siehe auch Eustache de Saint-Paul, *Summa philosophiae*, Paris 1609, III, De ipsis actionibus humanis, ubi de passionibus, und Ch. d'Abra de Raconis, *Secunda pars Philosophiae seu Ethica*, Paris 1617, III, De passionibus animae.

27 M. Cureau de La Chambre, *Les Caractères des Passions*, Paris 1640–1662.

28 Descartes, *Les Passions de l'âme*, Paris 1649.

29 H. Testelin, *Sentiments des plus habiles peintres sur la pratique de la peinture et sculpture mis en table de préceptes*, Paris 1680 und 1696, und *Conférence de M. Le Brun sur l'expression générale et particulière*, Amsterdam 1698; Le Brun, *Méthode pour apprendre à deviner les passions*, Amsterdam 1702; *Conférence de M. Le Brun sur l'expression générale et particulière des passions*, Amsterdam 1713; S. Le Clerc, *Principe de Dessin, Caractère des Passions, gravés sur les dessins de l'illustre Lebrun*, Paris o. J., und *Expression des Passions de l-âme, représentées en plusieurs têtes gravées d'après les dessins du feu M. Le Brun*, Paris 1727. Vgl. A. Fontaine, *Les doctrines de l'art en France de Poussin à Diderot*, Paris 1909, S. 68 ff. Zur Bedeutung dieses leidenschaftlichen Mienenspiels für die Malerei, siehe W. Sypher, The Late Baroque Image: Poussin and Racine, *Magazine of Art*, Mai 1952.

30 H. Testelin, *Sentiments des plus habiles peintres sur la pratique de la peinture et sculpture . . .*, avec plusieurs discours académiques, Paris 1696.

31 B. N., ms. fr. 12987.

32 L. J. M. Morel d'Arleux, *Dissertation sur un traité de Charles Le Brun concernant les rapports de la physionomie humaine avec celles des animaux*, Paris 1806.

II   Tizian, Allegorie der Klugheit. London, National Gallery. Foto des Museums

15 Ch. Le Brun, Der König
der griechischen Götter
und der König der Tiere.
Paris, Louvre, Cabinet
des Dessins.
Foto Flammarion

der Kopf gleichsam das Kürzel des ganzen Körpers. Dieser Kopf, eine Welt, eine Zusammen-
fassung des Körpers, zugleich mit der Zirbeldrüse der Sitz der Seele, enthält außerdem eine
Welt von Tieren. Die Tiere sind in ihren Neigungen so verschieden wie die Menschen in ihren
Affekten, sie aber sind es, die ein Alphabet der unzweifelhaftesten Zeichen bieten.

Diese Entsprechungen hat der Künstler studiert, indem er wie Rubens nach den antiken
Statuen und nach lebenden Tieren arbeitete. Im Louvre befinden sich annähernd zweihun-
dertfünfzig dieser physiognomischen Zeichnungen.[33] Der König der griechischen Götter
erinnert mit seinen einer Mähne ähnelnden Haaren über einer breiten Stirn, der geraden Nase
und den gerundeten Augen an den König der Tiere (Abb. 15). Herkules, mit mächtigem
Nacken und kurzen Haaren, hat frappante Ähnlichkeit mit einem jungen Stier. Die Bildnisse
historischer Gestalten – mit Nero als Verkörperung des Lasters und Antonin der Tugenden –

---

33 H. Jouin, *Charles Le Brun et les arts sous Louis XIV*, Paris 1889, Katalog der physiognomischen Zeichnungen,
    S. 590–593.

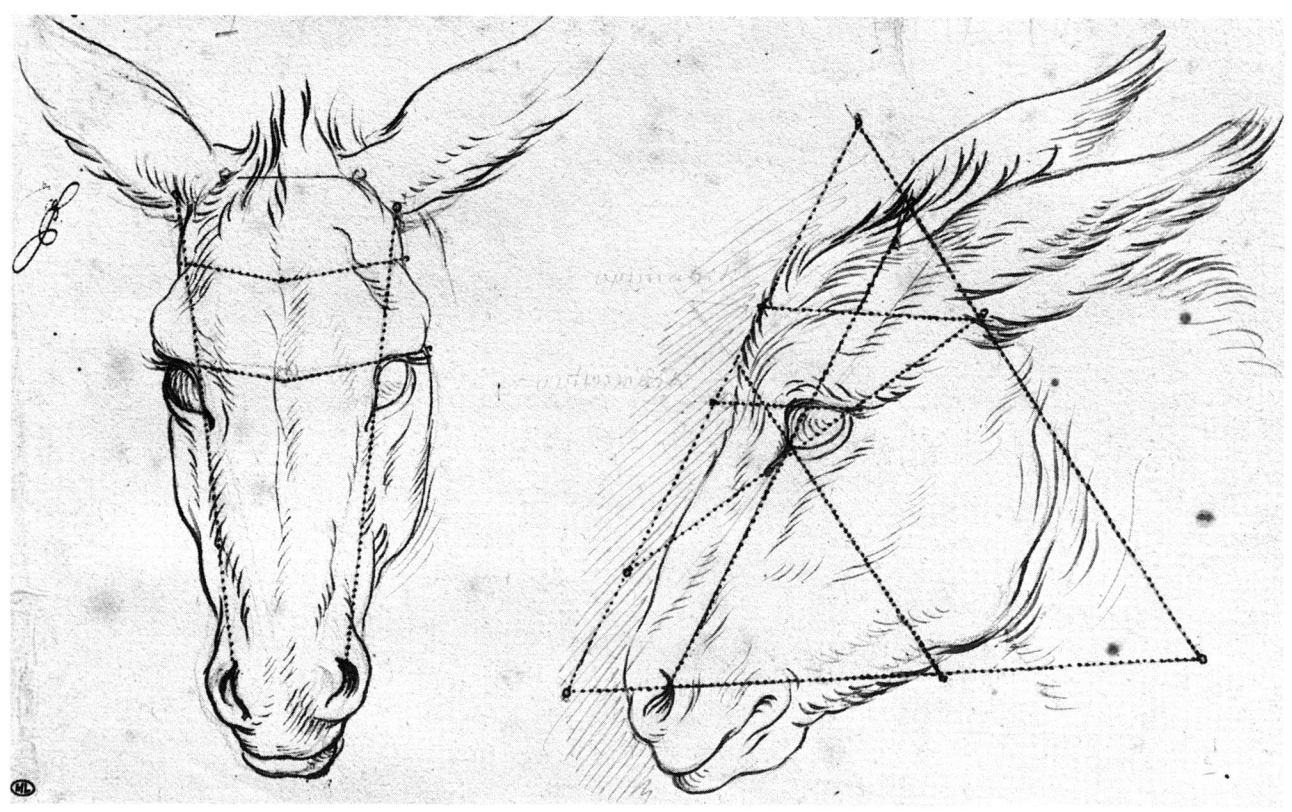

16   Ch. Le Brun, Physiognomische Geometrie, Paris, Louvre, Cabinet des Dessins. Fotos Flammarion

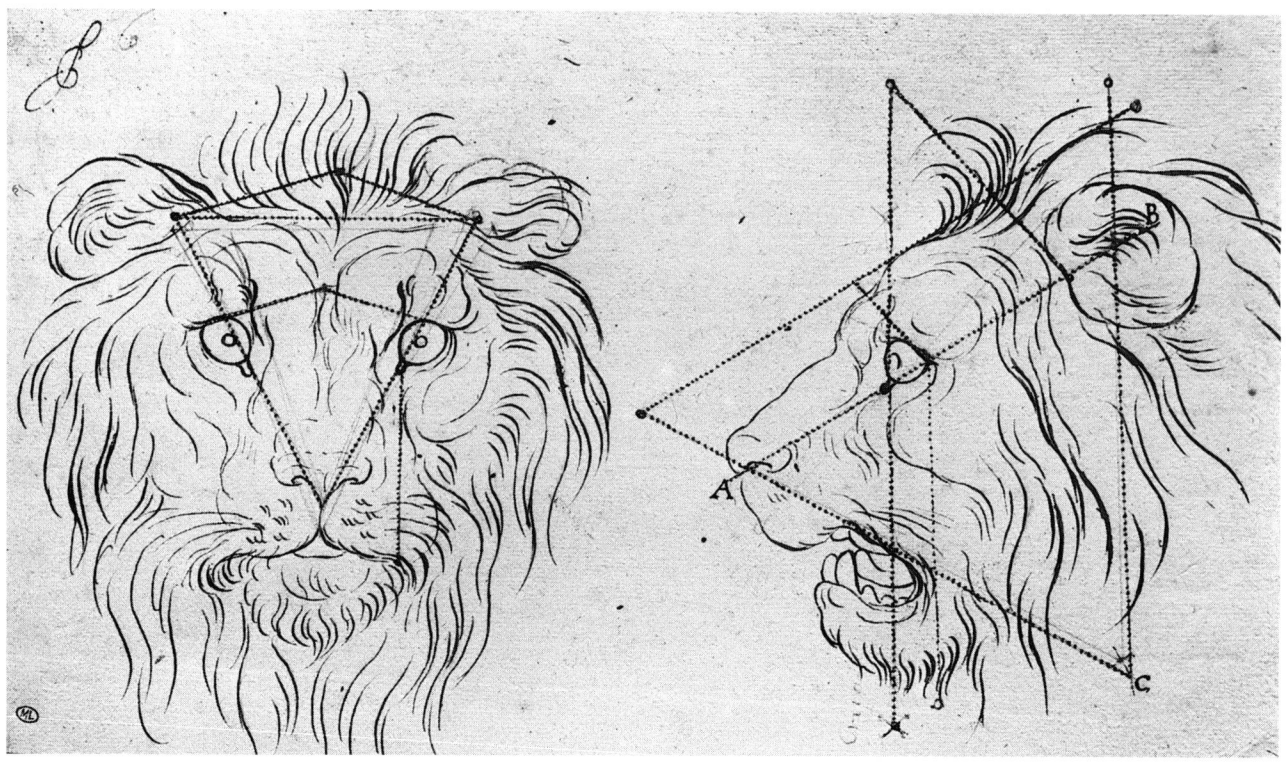

geben nützliche Aufschlüsse über die Anatomie des Charakters. Überhaupt können die Menschen in drei Klassen unterteilt werden: 1. – die mit sanften Leidenschaften, die die Züge der Menschen nicht verändern; 2. – die mit großzügigen Leidenschaften, die den Menschen ein besonderes Gepräge geben; 3. – die mit verdammenswerten und schlimmen Leidenschaften, die die Gestalt der Menschen herabwürdigen. Auch die Tiere ordnen sich nach den Temperamenten, die Löwen sind erregbar und jähzornig, die Leoparden hinterhältig und schlau, die Bären wild, scheu und furchterregend; doch das Problem der Zeichen kompliziert sich durch die Verschiedenheit der Tiere mit ähnlichen Instinkten, wie zum Beispiel die Lüsternheit dem Ziegenbock, dem Esel und dem Schwein gemeinsam ist. Um diesen Schwierigkeiten abzuhelfen und das Zeichen genau bewerten zu können, schlägt Le Brun ein geometrisches Verfahren vor.

Der Geist eines Menschen und die Natur eines Tieres lassen sich durch den Winkel messen, der von den Geraden gebildet wird, die die Achse der Augen schneiden. Befindet er sich auf der Nase, dann ist das Wesen von edlen Leidenschaften beseelt, rückt er zur Stirn hoch, dann handelt es sich um schändliche Antriebe. Die Geometrie des Tierprofils ist besonders erhellend. Man geht so vor, daß man auf einer Zeichnung ein gleichseitiges Dreieck (A-B-C) konstruiert, dessen eine Seite vom Nasenloch (A) zum Ohr (B) geht und den inneren Augenwinkel (E) schneidet. Zu der Figur gehört weiter einerseits eine Parallele zu A-B, die von E ausgeht (E-G), andererseits eine Parallele zu A-B, die das darüberliegende Feld begrenzt (L-K), wodurch die Triangulierungen vervielfältigt werden. Eine Gerade I-H, die von dem äußeren Augenwinkel (I) über das obere Lid zur Stirn (H) verläuft, vervollständigt das Schema (Abb. 16).

Dieses Verfahren enthüllt den Charakter des Tieres. Es ist reißend oder pflanzenfressend je nachdem, ob die Gerade E-G die Schnauze durchquert oder nicht. Bis zur Seite L-K des großen Dreiecks verlängert, trifft diese Linie das Zeichen der Kraft, das, wenn von einem Wulst etwa in der Mitte der Nase begleitet, den Grad an Mut bezeichnet. Selbst die Hasen, bei denen sich die beiden Zeichen verknüpfen, sind ihresgleichen überlegen und zeigen Mut.

»Die dem Nasenhöcker der Tiere zugemessene besondere Bedeutung erstreckt sich auch auf die Menschen.« Die berühmten Männer aus alter wie moderner Zeit hatten alle eine mehr oder weniger ausgeprägte Adlernase. Aber Vorsicht! Bei dem Helden muß dieses Zeichen mit einer hohen und breiten Stirn und dichten Augenbrauen einhergehen. Bei einer kurzen Stirn und einer zu hohen Nase degenerieren die Qualitäten. Die einem Papageienschnabel ähnliche Nase verrät einen dünkelhaften und geschwätzigen Menschen.

> Der Gipfel des Unglücks jedoch ist dem vorbehalten, der mit diesen unheilvollen Zeichen eine wie ein Krähenschnabel auslaufende Nase verbindet: er ist ohne Abhilfe den verdammungswürdigsten Leidenschaften ausgeliefert.

Die Linie I-H, die dem Augenbrauenbogen folgt, gibt ebenfalls eine Reihe von Hinweisen: Scharfsinn, wenn sie sich zur Stirn anhebt, Sanftmut, wenn sie horizontal verläuft, Bosheit, wenn sie sich senkt. Der Winkel, den sie mit der Linie L-K bildet, verrät Geist, soweit er sich oberhalb der Stirn befindet, wie beim Elefanten, beim Affen und beim Kamel, und Dummheit und Blödheit, wenn er darunter liegt, wie beispielsweise bei den Schafen und den Eseln. Ebenso wie bei dem leidenschaftlichen Gesichtsausdruck ist die Augenbraue der Tiere besonders vielsagend.

Morel d'Arleux weist bei diesem sonderbaren Text, der nach den Aufzeichnungen Nivelons und aus Nachrichten zweiter Hand wiederhergestellt wurde, darauf hin, daß er mit Vorsicht zu interpretieren sei, aber die Bilder, die er ihm beigibt, sind authentisch und enthalten die Hauptthemen und physiognomischen Zeichnungen des Meisters, die noch heute im Louvre aufbewahrt werden.[34] Wie in dem Werk Portas findet man dort Menschen- und Tierköpfe einander gegenübergestellt. Die Zahl der Vergleiche hat zugenommen, jeder Typ erscheint in Abwandlungen, zwei oder drei Profile und eine Frontalansicht, aber die Zusammensetzung ist identisch geblieben, ebenso die Suche nach Ähnlichkeiten und das Bestiarium.

---

34 Le Bruns physiognomische Zeichnungen im Louvre geben die wichtigsten Motive im allgemeinen in drei Zuständen wieder: 1. – Umrißzeichnung, soweit Platz ist, begleitet von einem geometrischen Schema; 2. – Schattierte Zeichnung ohne geometrisches physiognomisches Schema; 3. – Skizze auf kariertem Papier. Einige von Morel d'Arleux auf einer Tafel vereinigten Motive finden sich hier auf Einzelblättern. Die Illustrationen zu Morel d'Arleux' Abhandlung sind abgebildet bei L. Métivet, *La Physionomie humaine comparée à la physionomie des animaux d'après les dessins de Charles Le Brun*, Paris 1917. Die von Morel d'Arleux in den geometrischen Schemata verwendeten Buchstaben finden sich nicht alle auf den Zeichnungen im Louvre.

Le Brun hat die *Humana Physiognomia* Portas gründlich studiert, von der es allein in Frankreich drei neuere Ausgaben gab, und er hat die Abbildungen dazu nach seinen eigenen Auffassungen neu geschaffen und dabei einige Beispiele eliminiert sowie andere hinzugefügt. Kein Sokrates-Hirsch mehr und kein Platon-Hund. Der Adler wird nicht mehr von Sergius Galba verkörpert. Drei Männer mit spitzer und gebogener Nase, gespaltenem Mund und riesigen leuchtenden Augen repräsentieren den Raubvogel. Da ihre Stirn nicht sonderlich hoch ist, sind dies keine edlen Helden. Als neue Exemplare gibt es den Papagei (Dünkelhaftigkeit, Geschwätzigkeit), den Bären (Schrecklichkeit, Wildheit), das Kamel (Klugheit) und den Hasen, den Fuchs, den Wolf und das Wildschwein. Das Repertoire wird erneuert und bereichert.

Es sind schöne, kräftige Zeichnungen mit sicherem Kontur und kraftvollem Volumen. Die Tiere sind nach dem Leben gezeichnet, aber das Bemühen um Ausdruck verleiht ihnen, wie ein Akzent, menschliche Intelligenz. Ihr hermetischer Gesichtsausdruck scheint abgründige Welten einzuschließen. Die Menschen dagegen sind stark bestialisiert, ihre Züge vergröbert und entstellt, ihr Wesen ist anschaulicher als bei Porta. Nasen und Münder nehmen mit der größten Genauigkeit die Formen von Schnäbeln und Schnauzen an. Gleichwohl haben die Köpfe nichts Grobübertriebenes oder Karikaturhaftes. Alles ist ernsthaft, alles berechnet und sorgfältig durchdacht (Abb. 17–21).

Die Physiognomik wird in Form von Lehrsätzen, mit Propositionen und Lösungen, vermittelt. Aus dieser anspruchsvollen und methodischen Umgestaltung resultiert eine zweideutige Menschenwelt, die etwas Unheilvolles und Erschreckendes hat, unfähig zu Worten und dem Verstand unzugänglich.

17–21 Ch. Le Brun, Physiognomische Skizze; Mensch-Kamel; Mensch-Widder; Mensch-Adler; Mensch-Käuzchen. Paris, Louvre, Cabinet des Dessins. Fotos Flammarion

17

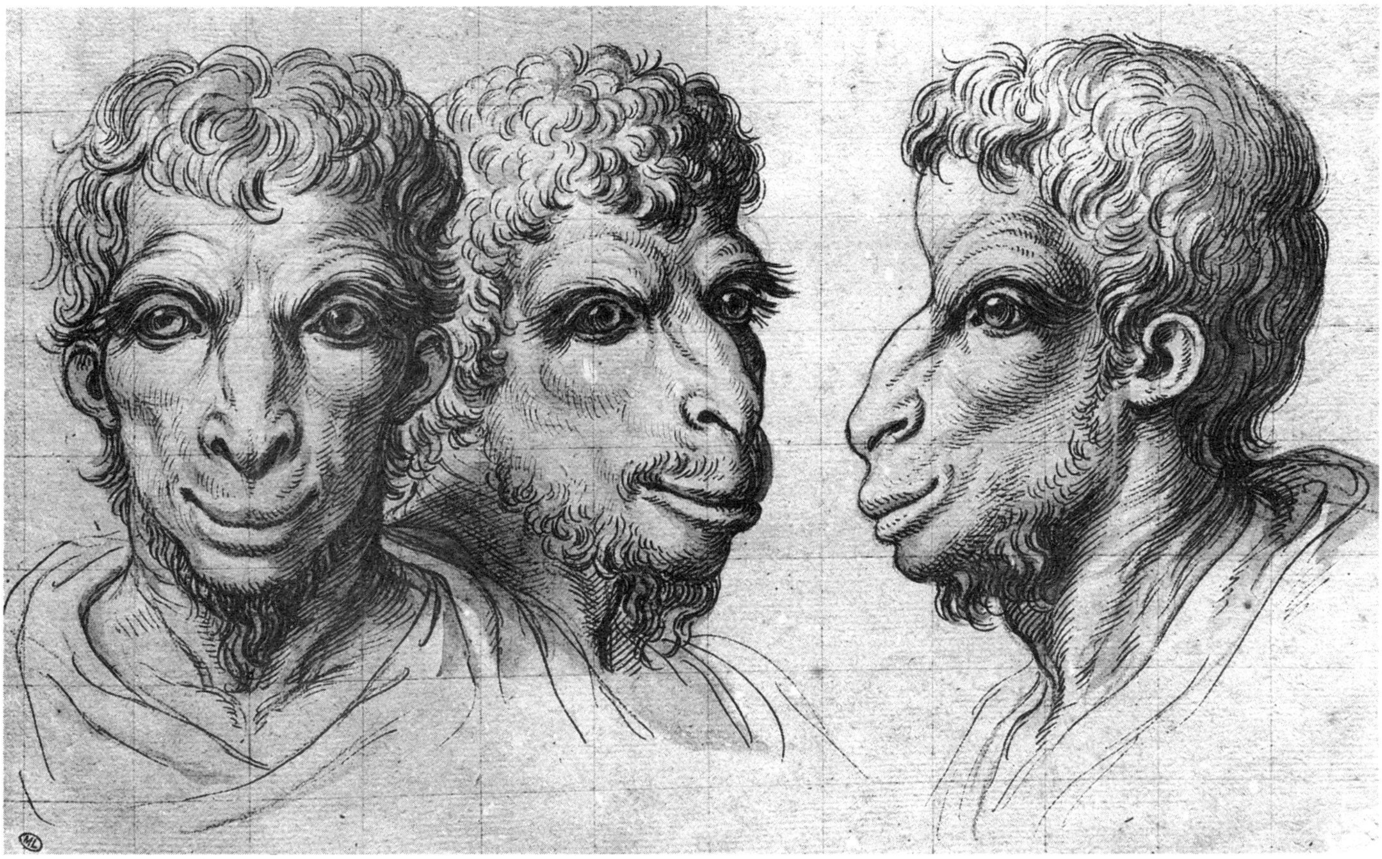

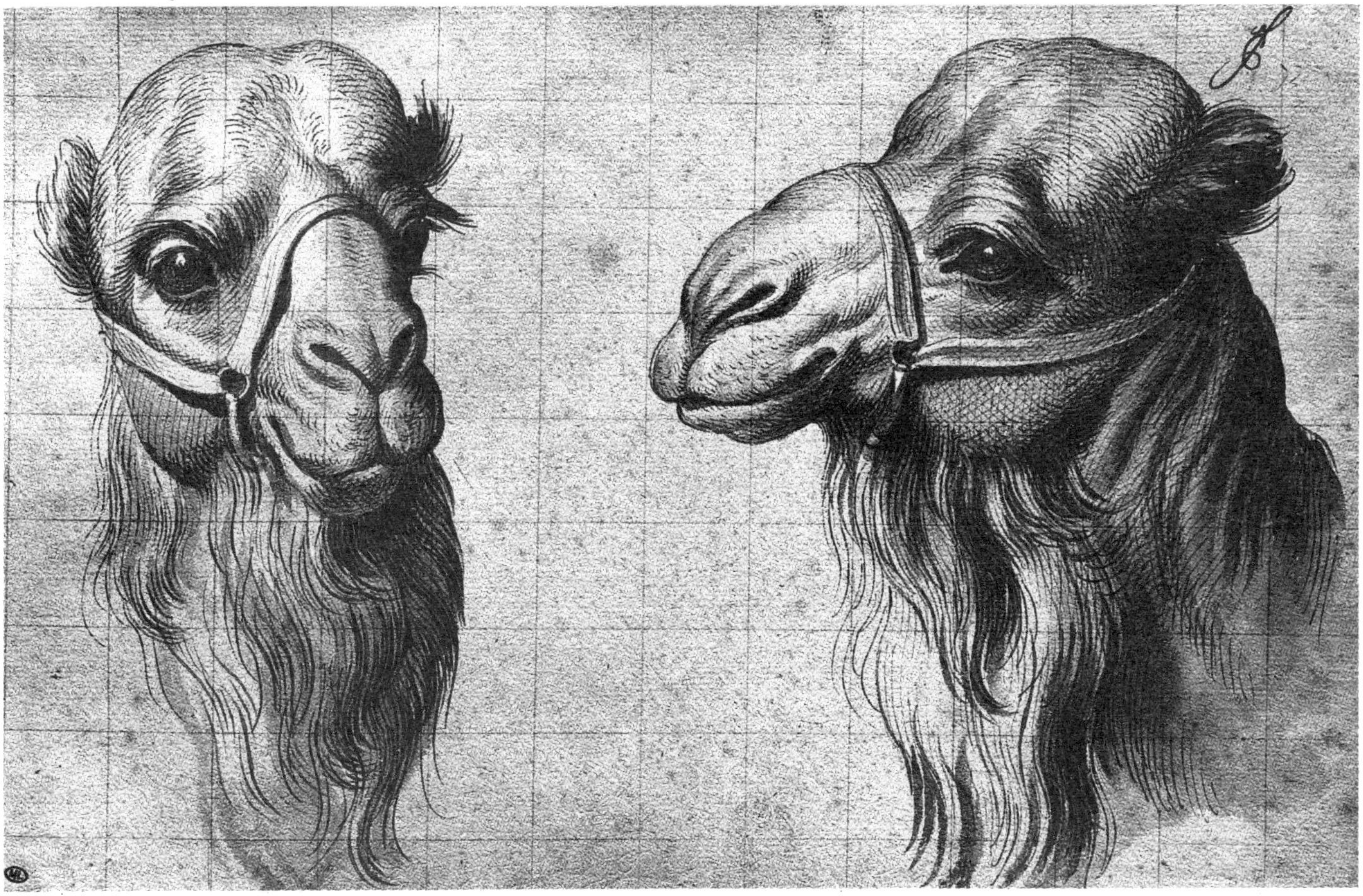

18

19

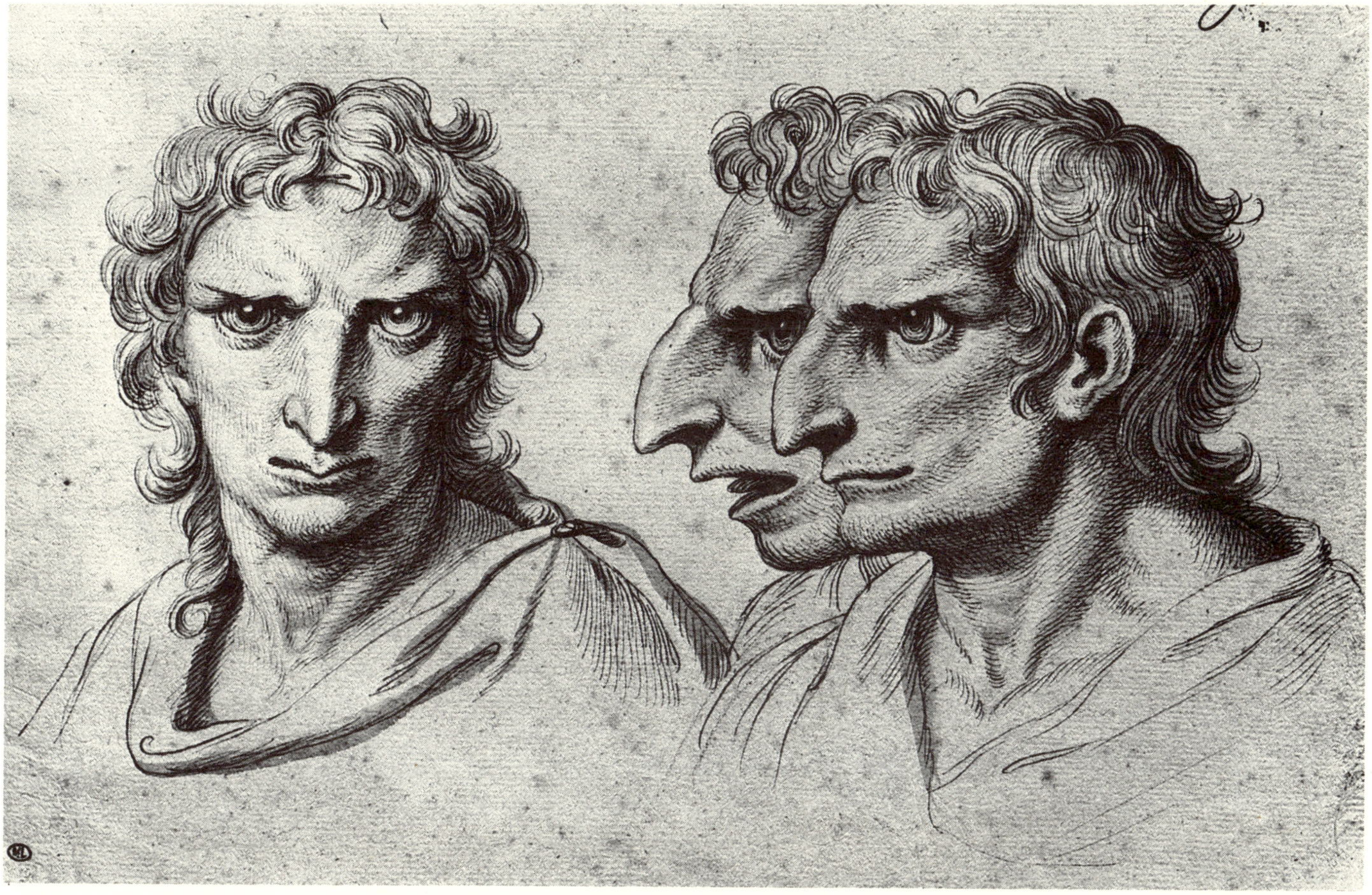

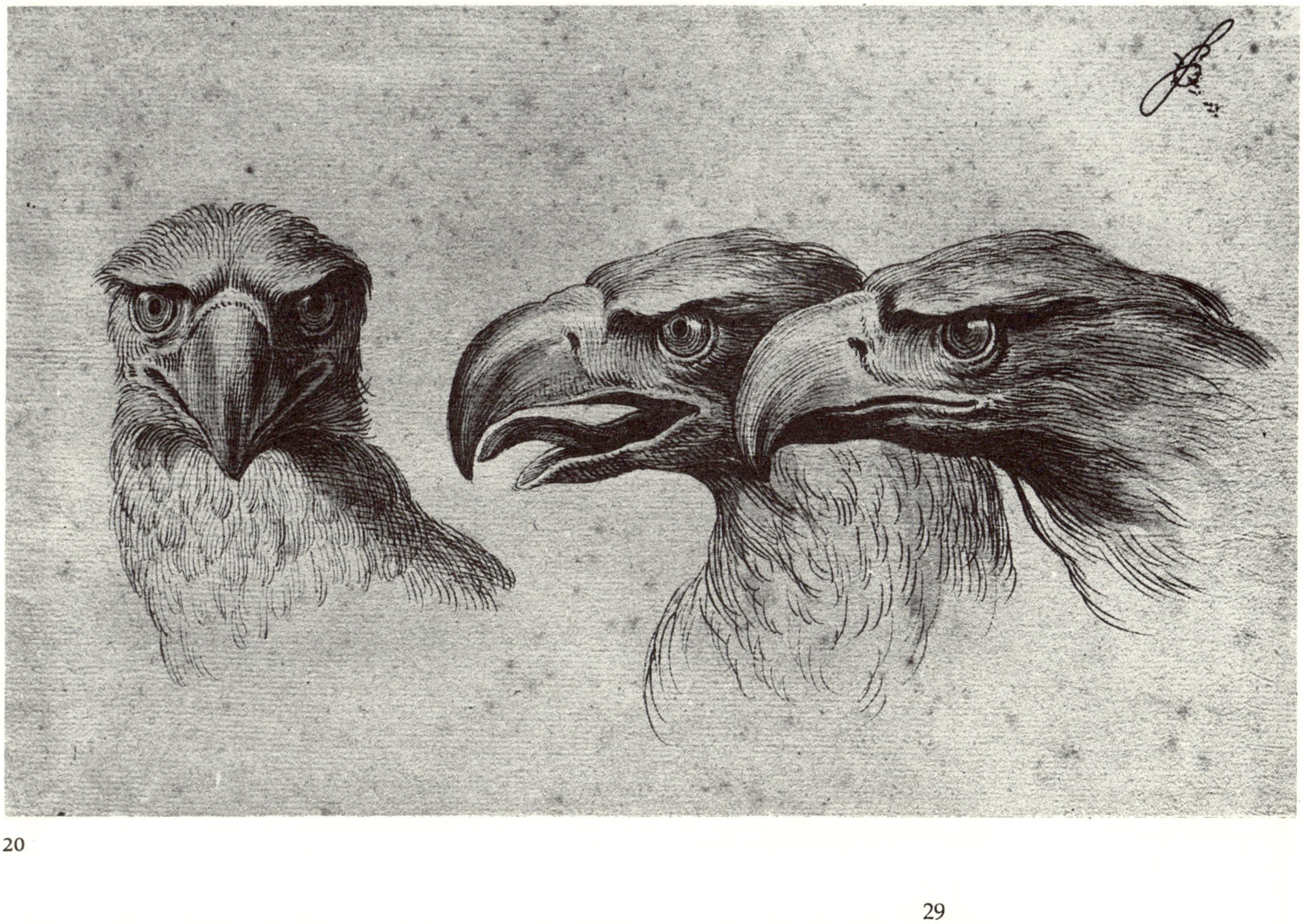

20

21

Dieses intensive und zweideutige Leben verdichtet sich in den Augenbrauen und in den Augen, und auch hier wieder ist die Zirbeldrüse der Ursprung dieser Konzentration der Wirkungen. Le Brun hat seine Experimente auf diesem Gebiet noch dadurch bereichert, daß er einen Löwen und ein Pferd mit menschlichen Augen zeichnete (Abb. 22), und seine Gesichter haben alle die Augenbrauen und Augen der jeweiligen Tiere, was ihnen ein zugleich sehr vertrautes, nichtssagendes und abwesendes Aussehen gibt. Bei der Verpflanzung der Gesichtsteile ging der Künstler methodisch vor, indem er sie einzeln studiert hat.

22   Ch. Le Brun, Pferd und Löwe mit Menschenaugen. Foto Flammarion

Mit Augen übersäte Bildtafeln dienen dabei als eine Art Katalog, aus dem man auswählen kann. »Aussehen und Bewegung von Augen und Brauen«, heißt es in der Legende der Originalzeichnungen im Einklang mit der Formulierung im *Traité des Passions*. In mehreren Reihen angeordnet, sind es die Augen und Augenbrauen des Menschen, des Affen und Kamels, des Tigers, von Luchs und Katze, von Fuchs, Schwein, Widder und Schaf. Geöffnete Augen, geschlossene Augen, schwere, faltige, vorgewölbte, flache Lider, gerunzelte, hochgezogene, gesenkte Augenbrauen, sich sträubendes oder dünnes Haar, entspannte oder kontrahierte Muskeln scheinen abwechselnd Gleichgültigkeit und Aufmerksamkeit, feurige und phlegmatische Charaktere zu veranschaulichen. Diese Vorführung lebendiger Organe hat etwas Dramatisches, und auf den ersten Blick weiß man nicht, welchem Wesen sie

31

23 Ch. Le Brun, Verschiedene Stellungen und
Bewegungen von Augen und Augenbrauen
beim Tiger und Luchs. Paris, Louvre, Cabinet des Dessins. Foto Flammarion

gehören, und sie scheinen ohne weiteres austauschbar. Die Zeichnungen sind nach der Natur
gemacht, doch der Anblick dieser geäugten Seiten, mit beunruhigenden, gedankenvollen
und mysteriösen Blicken führt in eine übernatürliche Welt (Abb. 23, 24).

Die Illustrationen der Theorien der Tiergestalt, die seit dem 16. Jahrhundert einander
folgen, arbeiten mit denselben Gegebenheiten und denselben Typen, doch ihr Geist wird ein
anderer. Den Zusammenstellungen Portas mangelt es nicht an Strenge und auch nicht an
Bosheit. Bei Rubens übertragen die Tiere ihren Adel auf die Menschen. Le Brun macht sie zu
bedrohlichen Wesen, deren Unmenschlichkeit und Realität einer minuziösen Genauigkeit
der Formgebung zu verdanken sind. Die auf die Systeme der Fabelwelt aufgepfropfte
moderne Geometrie und Physiologie verstärken nur deren visionären Grundzug. Ohne
Zweifel sind es diese Zeichnungen, die der erste Maler des Königs bei einer Sitzung der

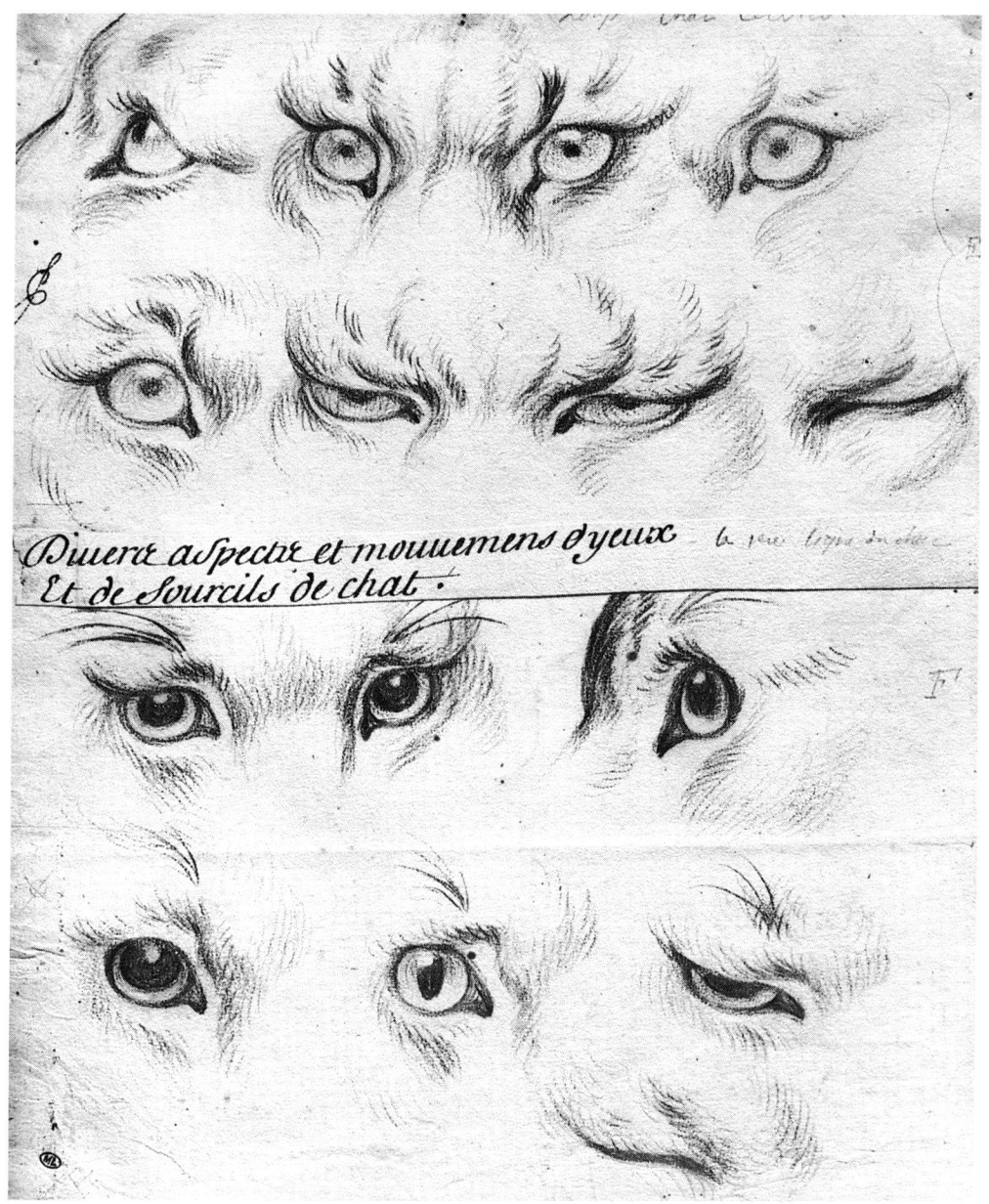

24 Ch. Le Brun, Verschiedene Stellungen und
Bewegungen von Augen und Augenbrauen
bei der Katze. Paris, Louvre, Cabinet des
Dessins. Foto Flammarion

Académie de Peinture seinen Akademiekollegen vorgeführt hat. Das Protokoll vom 28. März
1671 hält fest:

> M. Le Brun hat über seine letzte Vorlesung über Physiognomik berichtet und die Demonstrationen
> vorgeführt, die er dafür gezeichnet hat, Köpfe von Tieren oder Menschen, an denen man die Zeichen
> erkennen kann, die ihre natürlichen Neigungen anzeigen.[35]

Colbert war bei dieser Sitzung anwesend und zeigte sich sehr befriedigt.

---

35 A. de Montaiglon, *Procès-verbaux de l'Académie de Peinture*, Bd. 1, Paris 1875, S. 358–359. Jouin zufolge (a. a. O., S. 303,
Anm. 1) stammen die im Louvre befindlichen physiognomischen Zeichnungen aus der Sammlung Jabach, die sie
vor 1670 besaß und sie erst 1672 und 1676 an Colbert abtrat. Folglich konnten sie für die erwähnte Demonstration
nicht verwendet worden sein. In wessen Besitz die Skizzen auch gewesen sein mögen, von denen Le Brun eine
vierte Fassung auch für sich behalten haben kann, sicher ist jedenfalls, daß diese Bilder 1671 der Akademie
vorgeführt wurden.

25 L. Simonneau der Jüngere, Physiognomie
des Ziegenbocks nach Le Brun, vor 1727.
Foto B.N.

In seiner Kurzfassung ist der Traktat ohne Illustrationen erschienen, die jedoch durch gesondert angefertigte Stiche bekannt waren. Etienne Gantrel (gestorben 1706) hat Tafeln für *La Phisionomie du Loup* und *La Phisionomie du Bouc* geschaffen. Eine Reihe von physiognomischen Kompositionen finden sich im *Livre de Pourtraiture*[36], nach Le Brun gestochen von L. Simonneau le Jeune (gestorben 1727) (Abb. 25). Auch bei Hertz in Augsburg[37] werden Abbildungen angekündigt. Diese Abbildungswerke scheinen eine sehr weite Verbreitung

36 *Livre de Pourtraiture pour ceux qui commencent à dessiner, inventé et dessiné par Monsieur Le Brun*, o. O. u. J.
37 C. H. von Heineken, *Dictionnaire des artistes dont nous avons des Estampes*, III, Leipzig 1789, S. 422.

gehabt zu haben, doch bis 1806 (Morel d'Arleux) finden sich Theorie und Praxis in getrennten Publikationen.

Die Tierphysiognomik, die sich lange Zeit als populäre Menschenkenntnis und Wahrsage-kunst mit den Handbüchern der Chiromantie sowie astrologischen und medizinischen Rezepten verbreitet hatte und allgemeinverständlich war, erfährt nun in einem akademischen Milieu und auf der Grundlage moderner Erkenntnisse eine Erneuerung. Sogar die cartesische Anatomie der Leidenschaften trägt bei zur Wiederbelebung einer menschlichen Fabelwelt, indem sie ihr fremdes Leben und fremde Blicke leiht. Die phantastischen Formen werden neu durchdacht und neu gebildet im Bemühen um positive Wissenschaft, die die uralten Zeichen aus dem Geist der Zeit neu bewertet. Von einem Künstler ersten Ranges ausgeführt, bilden sie einen Abschluß und eine Zwischenstufe.

Diese unerwartete Wiederaufnahme einer Theorie und einer Anschauung in dem Augen-blick, als sie zum Niedergang und Ende bestimmt schienen, blieb vielleicht ohne unmittelba-ren Einfluß. Indem Le Brun das alte Wissen wieder aufgriff und in die neuen Strömungen integrierte, blieb er hinter seiner Zeit zurück und war ihr doch zugleich voraus. Fast ein Jahrhundert muß man warten, bis sein System mit wirklicher Macht zur Geltung kommt.

Zweifellos bleibt die menschliche Fauna dem Denken immer präsent. Sie gehört zu einer Grundschicht der Einbildungskraft und erneuert sich beständig in den Allegorien, den Emblemen und Fabeln, ohne dort jedoch immer denselben Platz einzunehmen. Seit dem Ende des 18. und in der ersten Hälfte des 19. Jahrhunderts erleben wir ihre mächtigste Ausbreitung seit dem Mittelalter.

Diese Erneuerung gibt sich an allen Formen zu erkennen: Tiere, die sich wie Menschen betragen, Tiere mit Menschenköpfen, Menschen mit Tierköpfen wuchern in der Bildwelt mit unerschöpflicher Lebendigkeit. Alle Grenzen des Tierreichs verwischen sich. Die Revolution gebiert ihr eigenes Bestiarium. La Fayette, immer zu Pferde, wird häufig als ein Mischwesen dargestellt (1791). Die königlichen Tiere, die von den Sansculotten in den Tempel geführt werden, sind ein Truthahn (Ludwig XVI.), eine Wölfin (Marie-Antoinette) und junge Wölfe (1792).[38] Die Mitglieder des Rates der Emigranten haben tiergestaltige Gesichter.[39] Ohne Ausnahme finden alle Klassen der Gesellschaft Eingang in diese Fabelregion. Von 1818 bis 1825 erscheinen Folgen von Studienköpfen nach der Natur, Sammlungen von Gesichtern, Groteskengalerien und Vogelcharakteristiken (*Têtes d'études d'après nature*, *Le Magasin du visage*, *La Galerie des grotesques*, *Les Oiseaux caractérisés*, begleitet von Wortspielen, wie »l'Abbé Casse«, (*la bécasse*, die Schnepfe) oder »le Père Dreau« (*le perdreau*, das junge Rebhuhn).[40] Um 1825 spezialisiert sich D.-F. Boissy auf Affendarstellungen. Schließlich betreten jetzt die großen, zu Beginn des Jahrhunderts geborenen Künstler die Bühne: Grandville (1803–1847), Gavarni (1804–1866) und Daumier (1808–1897), jeder von ihnen in seiner Weise heimgesucht von der Bestialität des Menschen und dem Einbruch der politischen Tierwelt. Die Menagerien und naturgeschichtlichen Kabinette füllen sich mit Merkwürdigkeiten. Deutschland folgt der Bewegung mit Kaulbach an der Spitze. In England veröffentlicht Cruikshank seine *Zoological Sketches* (1834). Die ›Tiermanie‹ des Jahrhunderts ist keine vorübergehende Mode einer satirischen Gattung, sie ist vielmehr eine Obsession, die einem bestimmten Natur- und Lebensgefühl entspricht.

Zwei Elemente lassen sich in der Entfaltung dieser Schätze unterscheiden. Einmal kommt es zu einer Renaissance der mittelalterlichen Tierepik – es ist die Zeit der wiedererwachenden Gotik –, aber in zeitgenössischem Gewand, zum anderen kommt es zu einer Entfesselung der Phantasie, vorbereitet von einer Wissenschaft, die das Material dafür bereithält und deren Entwicklung sich parallel vollzogen hat.

Um 1770 wird mit den Arbeiten Campers (1722–1789) ein neues Interesse an der Erfor-schung der Leidenschaften sowie für die Physiognomik und ihre definitive Eingliederung in die moderne Anthropologie sichtbar. Und es sieht so aus, als hätte Le Brun bei diesen Forschungen zur geometrischen Messung der menschlichen Intelligenz Pate gestanden.

Die Vorträge, die der holländische Arzt 1774 bis 1778 vor der Zeichenakademie in Amsterdam gehalten hat, nehmen die Themen wieder auf, die der erste Maler Ludwigs XIV. 1671 und 1678 vor der Pariser Akademie erörtert hatte. Camper spricht

---

38 A. Blum, *La Caricature révolutionnaire*, Paris o. J., Nr. 554, Tafel, S. 180.
39 B. N., coll. Hénin, CXXIX, 11383.
40 J. Grand-Carteret, *Les Moeurs et la caricature en France*, Paris 1888, S. 124.

über den Ausdruck der verschiedenen Leidenschaften durch die Gesichtszüge und über die bewunderungswürdige Ähnlichkeit, im Bau des Menschen, der vierfüßigen Tiere, der Vögel und Fische.[41]

Der erste Vortrag enthält auch eine Würdigung seines Vorgängers:

Niemand aber hat diese Lehren in eine schönere Ordnung gebracht als Le Brun. (...) Zu seinem ewigen Ruhme gereicht es, daß alle Nationen nicht nur seine Vorschriften und Regeln befolgt, sondern auch seine Zeichnungen und Muster allgemein zur Richtschnur gewählt haben.

Bei der Mimik meldet Camper einen Vorbehalt gegenüber der großen Bedeutung an, die man dem Sitz der Seele zugemessen hat. Ihren Mechanismus soll man vielmehr in der Wirkungsweise der Gesichtsmuskeln und -nerven suchen. Die Vorschläge, die er macht (neun Gemütsbewegungen), bringen freilich nichts wesentlich Neues, obwohl sein morphologischer Aufweis der Beziehungen zwischen den Arten die Grundlagen tiefgreifend verändert.

Der Mensch ist das vollkommenste der Geschöpfe, weil er aufrecht gehen und sitzen kann. Er ist das einzige Wesen, das auf dem Rücken zu liegen vermag. Doch alle Wesen sind mit denselben Teilen gebildet und nach denselben Prinzipien. Die Vögel und die Fische müssen in die Klasse der vierfüßigen Tiere eingeordnet werden, ebenso wie die Pferde und die Elefanten. Die Skelette von Mensch, Hund, Adler und Pinguin zeigen in den entsprechenden Teilen erstaunliche Ähnlichkeiten. Die zoologische Welt ist bei all ihrer Verschiedenheit eine Einheit. Als Anatom möchte Camper auch leichte und sichere Verfahrensweisen angeben, wie man Tiere zeichnen und, einem Proteus gleich, eins ins andere verwandeln kann. Mit wenigen Strichen kann man eine Kuh in einen Storch verwandeln und den Storch in einen Karpfen.

Das Verfahren wird an zwei Figuren demonstriert (Abb. 26). Um die Kuh in einen Vogel zu verwandeln, muß man ihren Rumpf aufrichten, aus den Vorderbeinen Flügel machen und den Hals verlängern und dünner machen. Ein sich aufbäumendes Pferd erfährt die folgenden Verwandlungen: die Hüften rücken näher zusammen, die Vorderfüße hängen nach unten, Lenden und Schenkel fallen in eine vertikale Linie, und der Rücken verliert seine konvexe Form. Ein Tier in dieser Haltung sollte natürlich, wie der Mensch, einen weniger langen Hals haben, einen runden Kopf mit vorspringender Nase und eingezogener Kinnlade sowie kürzere Füße. Man braucht bloß den physiologischen Gesetzen zu folgen, wenn man die Zeichnung berichtigt (auch muß man den Füßen fünf Zehen geben), und schon ist die Verwandlung der vierfüßigen Tiere abgeschlossen. Am Ende seiner Darlegungen, die er bewußt paradox formuliert, bringt Camper selbst die Befürchtung zum Ausdruck, daß es ihm nicht gelungen sei, den Malern hinreichende Regeln an die Hand gegeben zu haben, daß er aber hoffe, »eine etwas erweiterte Einsicht in den Plan des allgemeinen Baues der Tiere geöffnet« zu haben, aus dem sich eine geheimnisvolle und enge Verwandtschaft der Wesen ergibt.

Die Theorie des Gesichtswinkels, die den Gelehrten bekannt gemacht hat, präzisiert diese Auffassungen.[42] Der Mensch nähert sich dem Tier mit der zunehmenden Neigung der Geraden, die von der Stirn zur Oberlippe gezogen wird. Die ersten Feststellungen wurden an Zeichnungen getroffen, die sich auf einer Ebene nebeneinander befanden. Indem man die Gesichtslinie nach vorne neigte, erhielt man eine Gesichtsbildung, »die der Antike angehörte«, gab man ihr dagegen eine rückwärtige Neigung, einen Neger »und schließlich das Profil eines Affen, eines Hundes, einer Gans«. Eine einfache Verschiebung der Achse bringt nach und nach verschiedene Geschöpfe zur Erscheinung und lokalisiert sie zugleich auf der Stufenleiter der Entwicklung.

---

41 P. Camper, *Discours prononcé à l'Académie de dessin sur le moyen de représenter d'une manière sûre les diverses passions . . . et sur l'étonnante conformité qui existe entre les quadrupèdes, les oiseaux, les poissons et l'homme et enfin du beau physique*, Utrecht 1792; zit. nach der deutschen Übersetzung von G. Schaz, Berlin 1793.

42 P. Camper, *Dissertation sur les variétés naturelles qui caractérisent la physionomie des hommes de divers climats . . . On y a joint aussi une dissertation du même auteur sur la meilleure forme des souliers*, Utrecht und Paris 1791 und 1792.

PL. VIII.

Fig. 13.

Fig. 12.

T. Kirk sculp.

26 P. Camper, Verwandlung einer Kuh in einen Vogel und eines vierfüßigen Tieres in einen Menschen, 1791. Foto B. N.

Das geometrische Verfahren schließt, alles in allem, an die Tradition Le Bruns an, der auch schon mit Winkeln arbeitete, geht aber von neuen Gegebenheiten aus und führt den Gedanken einer abgestuften geistigen und physischen Entwicklung ein. Ehe Camper zu seinen Schlußfolgerungen kommt, gibt er eine Übersicht über seine Beobachtungen an Leichen, die er als Amsterdamer Anatomieprofessor sezierte, an den Schädeln, die er aus Afrika und Asien erhielt, und an der griechisch-römischen Skulptur. Bei den Antiken wurde die Auswahl sehr sorgfältig getroffen. Die Mehrzahl der Stiche nach Gemmen war des »gotischen Geschmacks« verdächtig. Auch die Zeichnungen Montfaucons befriedigten nicht, und Dürer konnte man nicht vertrauen, da er, bei aller Begabung, die Keime eines schlechten Geschmacks gesät hatte, der in der Folge ganz Europa, sogar mit Einschluß Italiens, verdarb. Es sind die ausgezeichneten Werke Winckelmanns, die die meisten Anregungen und besten Abbildungen lieferten.

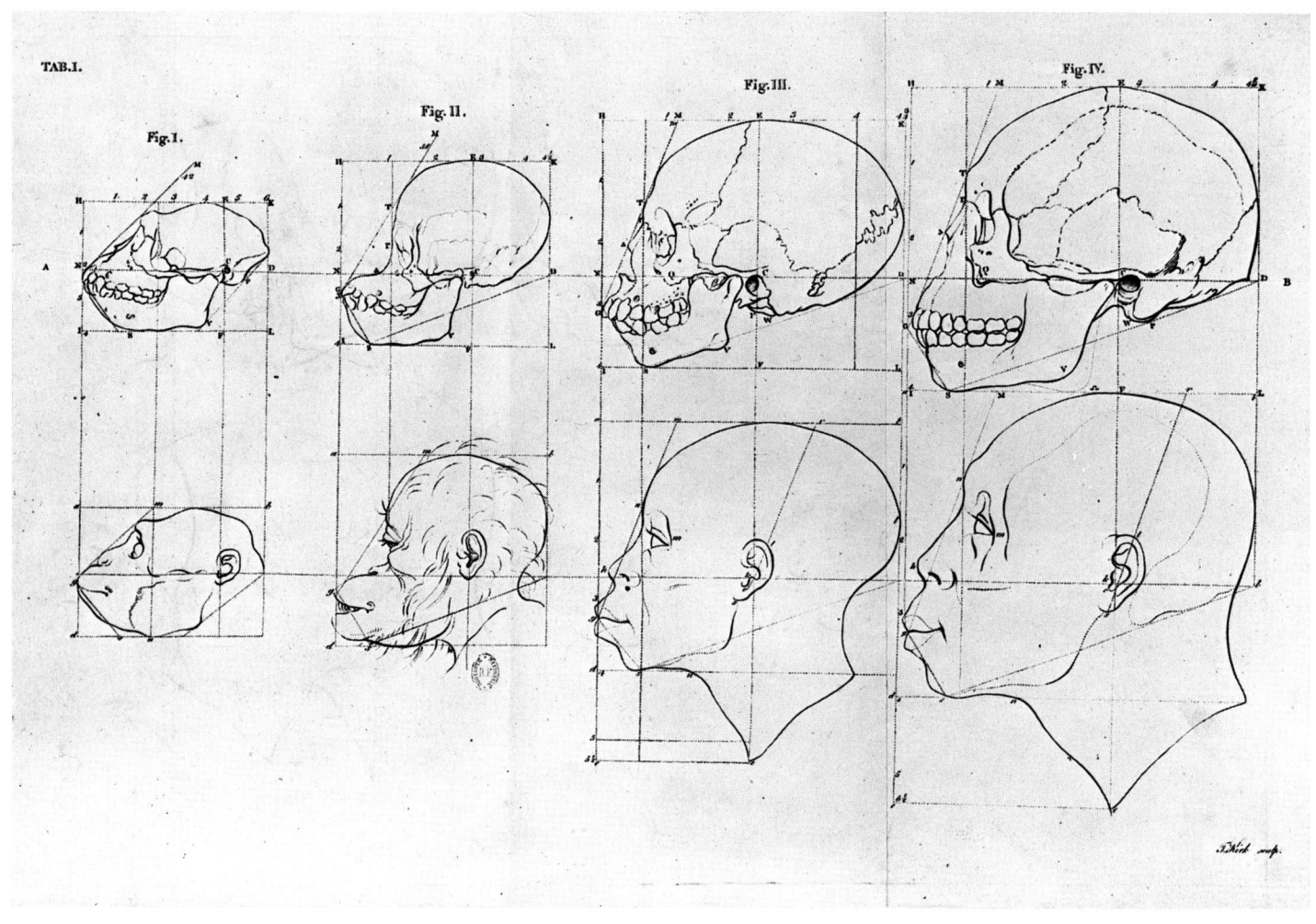

27   P. Camper, Abstufung des Gesichtswinkels vom Affen bis hin zu Apoll, 1791. Fotos B. N.

Ein spezieller Apparat aus einem horizontalen Brett und einem Rähmchen mit gespannten Drähten diente dazu, die Maße zu nehmen und die Achsen der Köpfe möglichst genau festzulegen. Man hat damit eine sehr große Zahl von Zeichnungen angefertigt. Aus diesen Untersuchungen ergab sich, daß der Gesichtswinkel sich von 42 Grad bei geschwänzten Affen und 58 Grad beim Orang-Utan, über 70 Grad bei einem jungen Neger und Kalmücken, 80 bis 90 bei einem Europäer, 90 bei einer römischen Skulptur bis zu 100 Grad bei den alten Griechen veränderte. Jenseits dieser Grenze wird der Kopf unförmig. Zwei Tafeln (Abb. 27) illustrieren diese Abfolge von Profilen und Gesichtern von einem affenähnlichen Geschöpf bis zu Apoll, bei dem man sogar den Schädel rekonstruiert hat. Obwohl Camper selbst eine Schranke zwischen Mensch und Tier errichtet in einer Abhandlung[43], in der er die geläufigen Theorien, wonach der Neger von einem Weißen und einem Orang-Utan abstammt, widerlegt, entwirft er einen Film, in dem deren Bilder stufenweise ineinander übergehen. Das Werk, das in der Anthropologie Epoche gemacht hat, ist erst 1791 erschienen, nach dem Tod seines Verfassers, der darüber aber vor den Akademien von Amsterdam 1770 und Paris 1778 vorgetragen hatte.

---

43   P. Camper, *Naturgeschichte des Orang-utangs und einiger anderer Affenarten*, Düsseldorf 1782.

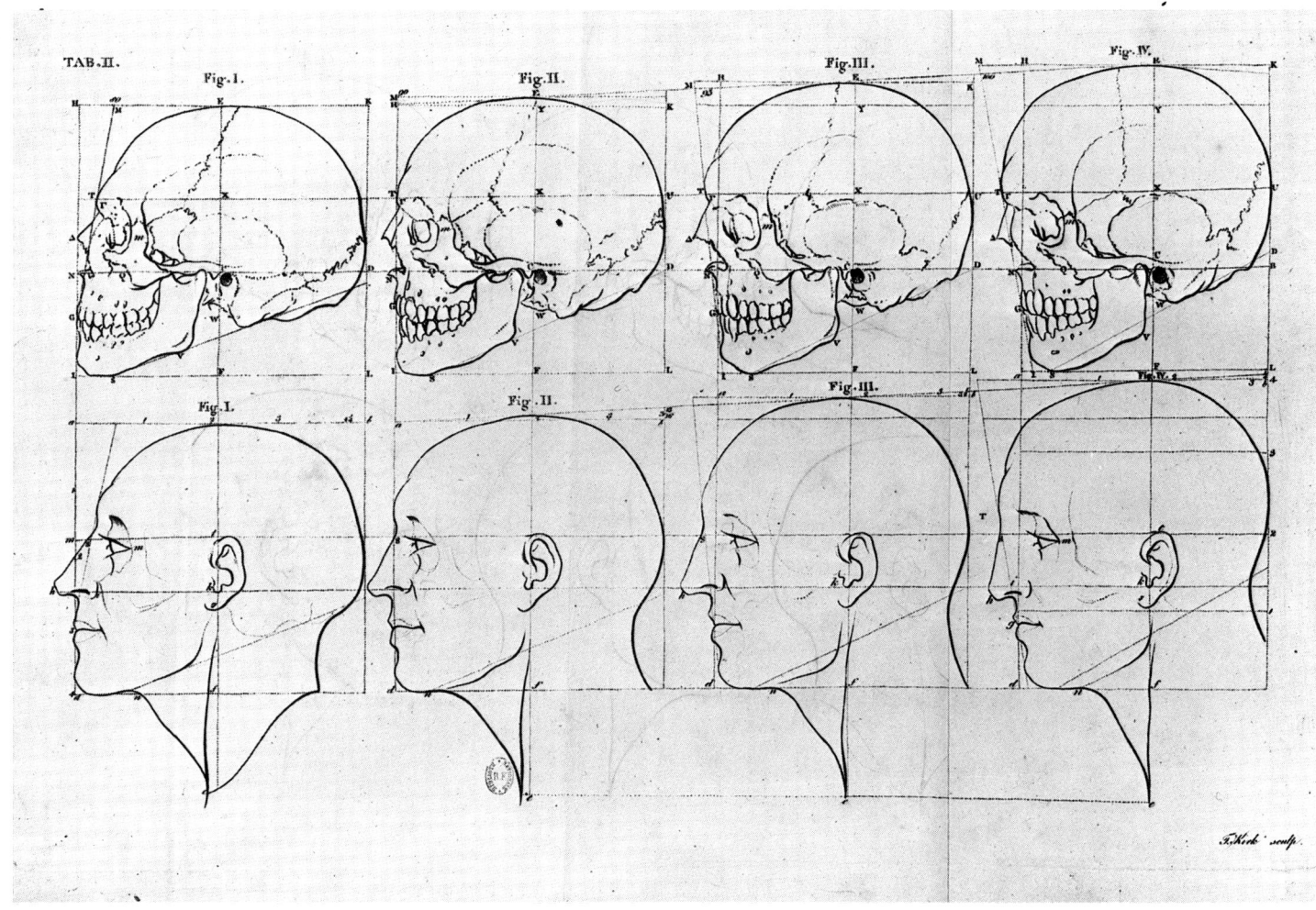

Inzwischen begann jedoch ein anderer, zwanzig Jahre jüngerer Gelehrter wichtige Werke über die Physiognomik zu veröffentlichen. Lavater (1741–1801), ein Schweizer Theologe und Dichter, behandelte diesen Gegenstand erstmals 1772 in einer Sitzung der Naturforschenden Gesellschaft von Zürich. Die Veröffentlichung seines Vortrages rief eine lebhafte Diskussion hervor, aus der die vier Bände *Physiognomische Fragmente* hervorgegangen sind, zunächst auf deutsch (1775–1778)[44], dann in einer vervollständigten und umgearbeiteten französischen Ausgabe, erst in Den Haag (1781–1803)[45], dann in Paris (1806–1809)[46] in zehn Bänden, besorgt von Moreau de la Sarthe. Das Werk ist zugleich eine Enzyklopädie der Theorien über diesen Gegenstand wie auch des Bildnisses in der Kunst mit einer Galerie historischer Gestalten, ausgeführt von den Künstlern aller Zeiten, unter ihnen Raffael, Michelangelo, Holbein, Rembrandt, Poussin, Hogarth ... Zwei bedeutende Männer, Chodowiecki und Goethe, haben an diesem Werk mitgewirkt. Chodowiecki hat Abbildungen dafür geschaffen, und

---

44   J.-C. Lavater, *Physiognomische Fragmente*, Leipzig und Winterthur 1775–1778.

45   J.-G. Lavater, *Essai sur la Physiognomonie*, Den Haag 1781–1803.

46   J.-G. Lavater, *L'Art de connaître les hommes*, Paris 1806–1809.

Goethe hat tätigen Anteil an der Untersuchung genommen.[47] Hundertzweiunddreißig von 1773 bis 1792 über diesen Gegenstand ausgetauschte Briefe sind von Funck veröffentlicht worden.[48] Nach Mitteilung Lavaters hat Goethe ganze Abschnitte dieser Fragmente geschrieben und sogar Zeichnungen beigetragen.

Bei der Fülle des bunt zusammengewürfelten Stoffes, der sich auf alle Zweige der Doktrin erstreckte, das Charakteristische der Leidenschaften, den Ausdruck der verschiedenen Lebensalter, die Physiognomie der Schönheit, der Krankheit, des Temperaments ... wurde die tierische Physiognomik zunächst vernachlässigt. In der deutschen Ausgabe (1776) wird sie erst vom zweiten Band an und in den beiden folgenden Bänden behandelt. In der Haager französischen Ausgabe sind alle zoologischen Bemerkungen im neunten Fragment des zweiten Bandes zusammengefaßt (1783).

Lavater erwähnt die Theorien Portas mit abfälligen Kommentaren, aber seine Kritik richtet sich weniger gegen die Grundlagen als gegen die Auswahl seiner Beispiele, die die Zahl zweifelhafter Fälle vermehren und dabei die auffälligsten Ähnlichkeiten übergehen. Affe, Pferd und Elefant sind in seiner Abhandlung schlecht vertreten, und doch haben diese Tiere die engste Beziehung zur menschlichen Gattung. Nichts ist wahrer als die Gleichsetzung von Charakter und Gestalt, doch die Analyse sollte genauer sein und der Einbildungskraft mißtrauen. Die Abbildungen hierzu in den *Physiognomischen Fragmenten* sind Portas *De Humana Physiognomia* entlehnt – unter ihnen die Gegenüberstellung Sokrates-Hirsch –, während die französische Ausgabe auf Le Brun (Stier-Mensch) zurückgreift, auf das *Livre de Pourtraiture* mit den Stichen von Simonneau.

Diese Kapitel beschäftigen sich hauptsächlich mit der Physiognomie der Tiere, aber ihre Untersuchung benutzt Verfahren und Kriterien, die für den Menschen entwickelt wurden: der Ausdruck der Tierköpfe und -schädel wird in ganz analoger Weise beschrieben. Beim Fisch, am Mund und seinem Verhältnis zum Auge, ist die Bosheit nicht zu übersehen. Im Blick des Pferdes zeigt sich Falschheit, am Bogen des Nasenbeins Zorn, am Maul Trägheit. Beim Elefanten drückt sich »das *Gewaltsame* seines Charakters in der Menge und Größe, das *Feine* in der Rundung und Gewölbtheit seiner Knochen, das Weichliche in der Masse des Fleisches« aus, und »seine erhabene gewölbte Stirn zeuget (...) von seinem starken Gedächtnisse«. Der Löwe hat ein »Gesicht« mit einer Stirn, die der unserer Gattung gleicht. Die Elemente sind hier vertauscht, es handelt sich nicht mehr um Zeichen der Tierheit, sondern das Bild der Menschen legt sich über die Tierwelt und enthüllt deren Wesen, selbst durch den Gegensatz, wie zum Beispiel beim Affen, der uns gleichwohl am nächsten steht:

Wo ist am Affen die Stirn des Menschen – wenn das Haar durchgekämmt ist?

ruft Lavater im Verlauf seiner Darlegungen aus,

wo die besonders gezeichnete Augbraue – in deren Bewegung Le Brun den Ausdruck aller Leidenschaften findet und in denen allein noch so viel mehr zu finden ist, als Le Brun drinn fand?

Die den Text begleitenden fünfundzwanzig Affenköpfe (Abb. 28), geistvoll gezeichnet, als sollten sie eine Fabel illustrieren, haben ein ausgesprochen menschliches Aussehen, gerade auch wenn man sie neben die Beschwörung des höherstehenden Wesens hält.

Alle Formen werden mit vertrauten Begriffen gedeutet, und der Physiognomiker zeigt sich verwirrt, wenn er auf eine Anatomie trifft, die in keine der geläufigen Kategorien paßt, wie das Ohr des Elefanten, ein großes, glattes, geschmeidiges, weiches Ohr, das wahrscheinlich sehr bedeutungsvoll, dessen Bedeutung aber unmöglich zu erkennen ist.

---

47 L. Hirzel, Goethes Anteil an Lavaters Physiognomik, *Neues Reich* 1878, S. 597–611, und E. von der Hellen, *Goethes Anteil an Lavaters Physiognomischen Fragmenten*, Frankfurt a. M. 1888.

48 H. Funck, *Goethe nnd Lavater (Schriften der Goethe-Gesellschaft*, Bd. 16), Weimar 1901.

Des Singes etc. XXIV. P. 124.

28 J.-G. Lavater, Affenköpfe, nach der französischen Ausgabe von 1783. Foto B. N.

Die zoologischen Darlegungen eines Autors, der zunächst keinerlei Beziehung zu diesem Gegenstand hatte, haben verwundert, und man hat sich gefragt, wie er auf den Gedanken gekommen sein mag, sie in sein Werk aufzunehmen. Die Erklärung dafür hat Goethe gegeben. Auf die Frage, die Eckermann ihm 1829 stellte, »ob Lavater eine Tendenz zur Natur gehabt«, antwortete Goethe:

> Durchaus nicht, seine Richtung ging bloß auf das Sittliche, Religiöse. Was in Lavaters *Physiognomik* über Tierschädel vorkommt, ist von mir.

Dieses Stück, das erste, das Systematik in die *Fragmente* brachte, kam hinzu, als der zweite Band bereits im Druck war. Es ist ebenfalls Goethe gewesen, der seinen Freund auf die *Physiognomik* des Aristoteles hinwies und dabei die Gesamtheit der Probleme zur Sprache brachte.

Das Fragment über Tierschädel[49] enthält alle Elemente der Methode, die auch in allen anderen Fällen befolgt wird. Das Skelett ist ein Schema der äußeren Formen, das deren Gegebenheiten nüchtern und bündig zusammenfaßt. Die Zeichen werden abgelöst und treten aufdringlich hervor. Es ist fast eine Karikatur, jedoch in einer verwandelten Welt. Diese Köpfe haben mit ihren Kieferknochen, ihren Zähnen, ihren tiefen Augenhöhlen eine zugleich übernatürliche und wahre Ausdruckskraft und enthüllen eine Schicht unterhalb des Lebens. In seinen Analysen verfährt Goethe wie ein Osteologe und forscht dabei gleichwohl nach den Spuren des Geistes. »Das Abgehen des Schädels vom Augenknochen« beim Hund zeigt ihm »Bestimmtheit der Sinneskraft«. Beim Wolf trägt der untere Kieferknochen das Gepräge der Härte, während die Hyäne, die sich durch ihr Hinterhaupt von den übrigen unterscheidet, mit diesem harten und massiven Hinterkopf »eisenmäßige Hartnäckigkeit« aufweist. Die langen Zähne des Bibers, die einander bogenförmig berühren, verraten Gutartigkeit und Schwäche. Was den Elefanten angeht, so sind bei ihm Schädel, Hinterhaupt und Stirn »wahrer natürlicher Ausdruck von Gedächtnis, Verstand, Klugheit, Kraft und – Delikatesse« (Abb. 29). Wir haben gesehen, daß Lavater diese Schlußfolgerungen nuanciert hat.

Es sind Wahnvorstellungen. Die Einleitung in dieses Kapitel stellt die Menschen den Tieren gegenüber, indem die alte Vorstellung des Mikrokosmos wiederaufgenommen wird. Der menschliche Schädel ruht auf der Wirbelsäule wie ein Gewölbe auf dem Grundpfeiler und ist ein Abbild des Himmels, während beim Tier der Kopf am Rückgrat nur anhängt und sein Gehirn nur das Ende des Rückenmarks ist, in seinem Umfang auf das für die Lebensgeister Nötige beschränkt. Doch die Knochen der Vierfüßler werden vom Dichter gemäß den anthropomorphen Zeichen entziffert. Diese Anschauung enthält mit ihren krassen Effekten und durch ihre philosophische und literarische Seite bereits den Keim des modernen Expressionismus.

Dieselbe Erweiterung und Verkehrung der Methode findet sich bei Tischbein wieder, der sich von 1781 bis 1782 bei Lavater in Zürich aufhielt und mit Goethe Italien bereiste (1787). Seine Theorien »Natur und Meinung« verleihen den Tieren das Temperament der Menschen (das sanguinische denen, die sich von Pflanzen ernähren, das cholerische den Fleischfressern)[50], und die Tierphysiognomik, die er 1795 in Neapel veröffentlichte, ist ganz von diesen Überlegungen bestimmt.[51]

Nachdem Lavater die Physiognomie des Menschen und die Physiognomie der Tiere getrennt, aber auf derselben Grundlage und nach demselben System der Analyse behandelt hat, schließt er mit einer Entwicklungstheorie. Der letzte, posthum erschienene Band (französisch 1803) zeigt, analog der Camperschen Übersicht, die sukzessiven Veränderungen der Arten. Der Autor behauptet, daß er die Idee dazu bereits hatte, ehe er die Abhandlung des holländischen Gelehrten kennenlernte, und daß er exakter sei: die Gesichtslinie bis zu 90 Grad ansteigen zu lassen, sei ein Irrtum, denn die schönsten europäischen Köpfe überschritten nicht 80 Grad. Die antiken Götter und Heroen, die 100 Grad erreichen, seien weder von natürlicher Schönheit, noch menschlich wahr. Und er schlägt seine eigene Abstufung des

---

49 Das Fragment über Tierschädel, siehe *Goethes Werke*, XXXIV, 2, *Naturwissenschaftliche Schriften*, ed. R. Steiner, Berlin o. J., S. 69–72.
50 J. H. Tischbein, *Aus meinem Leben*, Braunschweig 1861, S. XXI.
51 J. H. Tischbein, *Têtes de différents animaux, dessinées d'après nature pour donner une idée plus exacte de leur caractère*, Neapel 1795, 2 Bde.

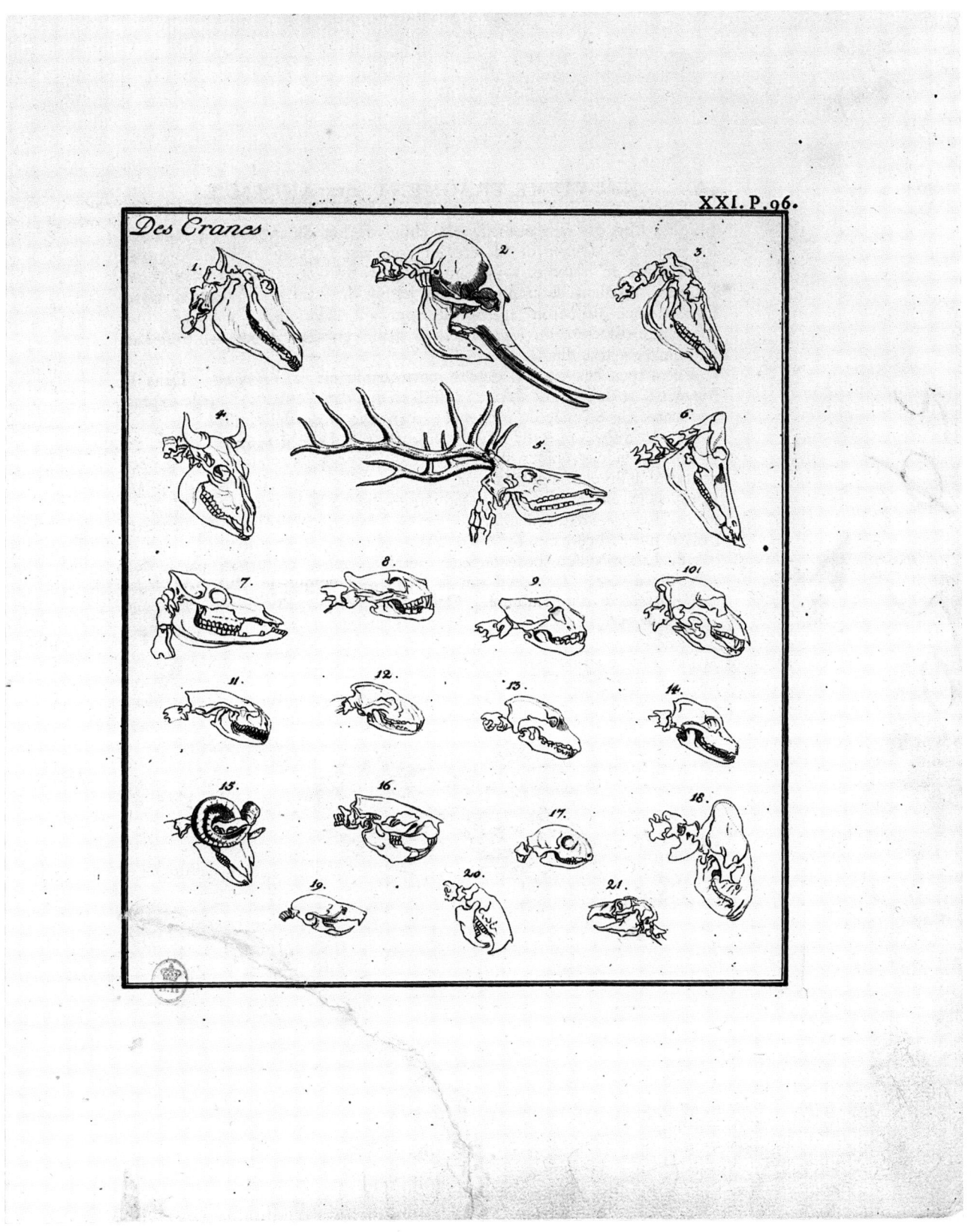

29   Goethe-Lavater, Tierschädel, Ausgabe von 1783. Foto B. N.

Gesichtswinkels vor, die er als »Tierlinie« bezeichnet, woran man eine Entwicklung ablesen kann, die ebenfalls mit Apoll abschließt, jedoch nicht vom Affen, sondern vom Frosch ausgeht und nicht acht, sondern vierundzwanzig Stufen durchläuft (Abb. 30). Die Geschöpfe, die nach der ersten Gestalt des Frosches, des »aufgeblähten Bildes der unedelsten und tierischsten Natur«, bis zur Mitte dieser Entwicklung aufeinander folgen, machen eine zunehmende Vermenschlichung durch. Es sind phantastische Monstren, aus denen langsam die Nase, die Stirn und das Kinn hervortreten, während Mund und Nase kleiner werden. Der klügste Frosch (Nr. 3), die erste Stufe jenseits der Roheit (Nr. 10), die erste Stufe des menschlichen Charakters bei 60 Grad (Nr. 12) gehören der reinen Phantasie an. Dann kommen die Mischung von Schwachsinn und Güte (Nr. 14) und die Köpfe mit einem Gesichtswinkel von 70 Grad, die Würde und Vernunft mit der bei Nr. 22 erreichten Vollkommenheit verbinden. Die griechischen Profile (Nr. 23 und 24) in ihrem Streben nach Schönheit überschreiten die Norm. Ihre Stirn ist dumm und das Auge ausdruckslos. Das nichtswürdige Tier, der antike Gott, die Menschen aller Kategorien und die gemischten Wunderwesen finden sich in ein und derselben Gruppe versammelt. Innerhalb derselben Gegebenheiten und in Abhängigkeit von derselben Gesichtslinie vollzieht sich eine ständige Metamorphose. Es handelt sich nicht mehr wie bei Camper um eine strenge Demonstration an den geometrischen Umrissen des Lebens. Die Entwicklung wird wie ein launiger Einfall entrollt, mit erfundenen Wesen, enthält aber dasselbe Kaleidoskop menschlicher und tierischer Formen. Gilbert Lascaut[52] hat die Frage gestellt, ob es sich hier nicht um eine bewußte oder unbewußte Erinnerung an den Mythos von Latona, der Mutter Apolls, handeln könnte, die die lykischen Bauern, die ihr die Achtung versagten, in Frösche verwandelte.

Die Lavatersche Tafel hat für diese Spiele der Paradoxien empfängliche Geister stark beeindruckt. In seinem Aufsatz über die Karikaturisten schreibt noch Baudelaire[53]:

> Man hat mit dem Kopfe Jesu und mit dem Apolls Versuche angestellt, und ich glaube, man ist dahin gelangt, den einen der beiden auf die Ähnlichkeit mit einer Kröte zurückzuführen.

Zweifellos hat der Dichter der *Fleurs du Mal* sich für diese abgestuften Abbildungen des Niederen und des Vollkommenen in demselben Körper interessiert.

Die Forschungen des Anthropomorphismus und Zoomorphismus bleiben nicht bei diesen Spekulationen stehen. Auf Lavater folgt der Mediziner Gall (1758–1828), der einen neuen Zweig der Wissenschaft, die Phrenologie, begründet, deren Lehre darin besteht, die Fähigkeiten von Mensch und Tier aus der Schädelbildung, der Form des Gehirns zu erkennen.[54] Anstelle einer einzigen Drüse, die der Sitz der ganzen Seele ist, wie bei Descartes, gibt es siebenundzwanzig Organe (ihre Zahl wächst im folgenden bis auf siebenunddreißig); Jedes dieser Organe entspricht einer von den vielfältigen Funktionen der Drüse. Um diese lokalisieren zu können, hat Gall zahllose Schädelkapseln untersucht und ist zu einer detaillierten Topographie der Charakterzüge und Leidenschaften gelangt. Das Organ der Güte ist so in einem länglichen Wulst des Stirnknochens entdeckt worden, der besonders ausgeprägt ist bei Mark Aurel, Antonin, dem hl. Vincent de Paul und Heinrich IV. Die Tiere haben ihn an derselben Stelle. Die Pferde, bei denen diese Region hervortritt, sind zahm, gelehrig und gut; wenn diese eingesunken ist, sind sie tückisch und neigen zum Beißen. Es handelt sich nicht mehr, wie bei Goethe, um einen der Mimik ähnlichen Ausdruck. Der Osteologe arbeitet mit reinen Formen, kommt aber zu den gleichen Ergebnissen. Das Material für diese Beobachtungen kam aus Ställen und Gefängnissen, es waren Köpfe von Enthaupteten, Abgüsse von Totenschädeln, darunter derjenige Kants, und Bildnisse der Alten. Gall lebte umgeben von Köpfen und Schädeln und entzifferte auf deren Oberfläche die Welten, die sie einschlossen. Genau umgrenzt in bestimmten Regionen lassen sich an ihrer Oberflächengestalt alle Fähigkeiten, alle Neigungen, Liebe, Eitelkeit, Stolz, List, der Hang zum Töten und der Sinn für Worte ablesen. In der Verteilung von Höckern, Mulden, Flächen des Schädelkastens ist das moralische Bild gleichsam eingezeichnet.

---

52 G. Lascaut, *Ecrits timides sur le visible*, Paris 1979, S. 346, siehe Ovid, *Metamorphosen*, I, VI, 313 ff.
53 Zitiert nach J. Pommier, *La Mystique de Baudelaire*, Paris 1932, Kap. 1: La Physiognomie, S. 16.
54 F.-J. Gall, *Anatomie et physiologie du système nerveux en général et du cerveau en particulier avec des observations sur la possibilité de reconnaître plusieurs dispositions intellectuelles et morales de l'homme et des animaux par la configuration de leur tête*, 1818.

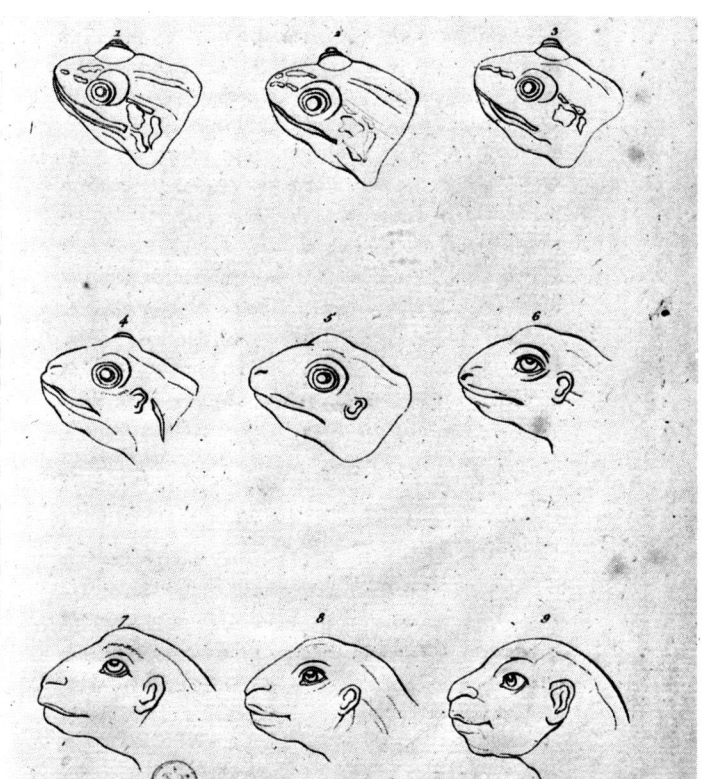

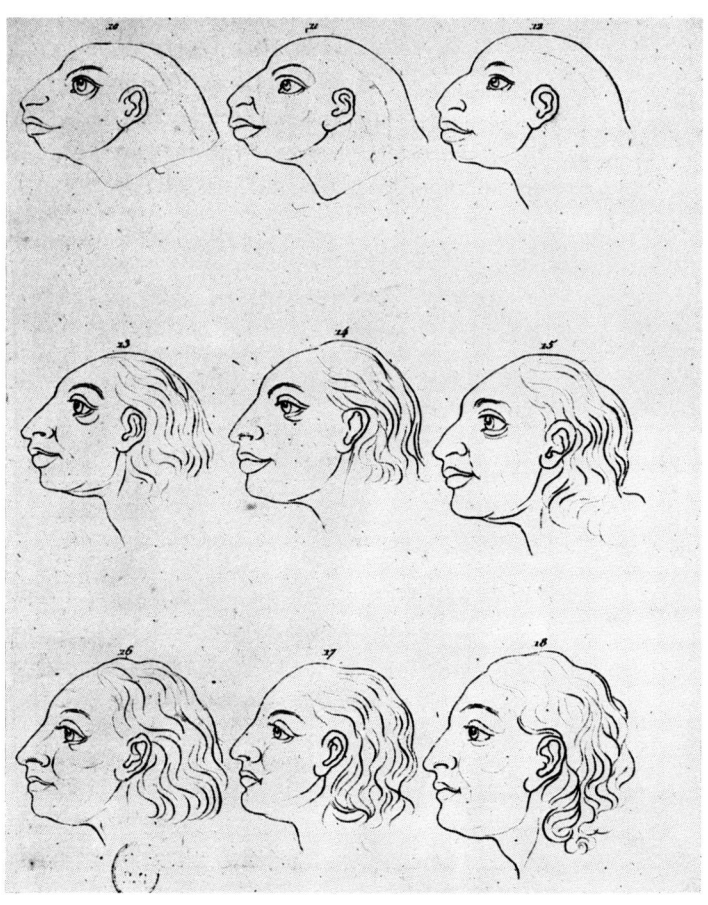

30   J.-G. Lavater, Vom Frosch zu Apoll, französische Ausgabe von 1803. Fotos B. N.

Der Vergleich mit der Tierwelt gehört wesentlich zu dieser Methode. Als Tier darf der Mensch nicht von der übrigen lebendigen Welt isoliert werden. Der Unterschied besteht vor allem in der Komplexität der Organe und im Grad ihrer Wirksamkeit, während die Topographie analog und die Wirkungsweise identisch ist. Die Funktion einer Drüse erschöpft sich nicht im moralischen Bereich, sie ruft vielmehr auch physische Reaktionen hervor, die sich auf die Gebärden übertragen. Diese »Pantomime« wird von der Lokalisierung ihrer Triebkraft bestimmt: Hat sie ihren Sitz in den unteren Regionen des Gehirns, dann neigen sich Kopf und Körper, dagegen richten sich diese auf, wenn sie höher lokalisiert ist, und die Organpaare erzeugen symmetrische Bewegungen.

Um diese Regel zu erweisen, hat der Phrenologe die spontanen Reaktionen aller Wesen beobachtet und erstaunliche Ähnlichkeiten beispielsweise beim Ausdruck der Zuneigung festgestellt, deren Organ, in der Hinterhauptregion lokalisiert, bei einer starken Bewegung den Kopf nach hinten und zur Seite neigt. Auf »Raffaels *Madonna mit dem Hasen* legt Maria diese Region des Kopfes an die entsprechende Stelle des Kindes«, während Katzen, die ihre Zuneigung bekunden, ihren Kopf seitwärts von oben nach unten bewegen und das Organ sanft an der Person reiben, die sie liebkosen. Das Organ der Umsicht, das in den Scheitelknochen sitzt, bewegt den Kopf zugleich rundum und nach hinten, und dies geschieht in derselben Weise beim Menschen, beim Eichhörnchen, beim Hasen und den vorsichtigen Vögeln, wie dem Grünspecht. Das in den Schläfen lokalisierte Organ der Künste bewirkt eine Drehung des Kopfes, abwechselnd nach beiden Seiten, sowie bei den Vögeln, die einen Gegenstand betrachten, und den Hunden, die auf der Lauer liegen. Die Modistin, die einen gerade fertiggewordenen Hut betrachtet, macht eine analoge Gebärde, indem sie ihr Werk bald in die Nähe des rechten, bald in die Nähe des linken Organs bringt. Piranesi, wie er – über seine Kunst nachdenkend – auf seinem Grab dargestellt ist, befindet sich gerade im Begriff, dieselbe Bewegung auszuführen. Die Gebärdensprache der Menschen und der Tiere gehört derselben Physiologie an und drückt sich mit denselben Zeichen aus.

Bei allen Unterschieden ihrer Auffassungen und Methoden gemeinsam sind Camper, Lavater und Gall Wiederbelebung und Entwicklung der alten Ansicht von dem innigen Zusammenhang der Formen, Charaktere, Vermögen und Leidenschaften der belebten Natur. Das alte okkulte Denken, das im Umkreis des Menschen gewachsen ist, erneuert sich in der positiven Forschung, ohne jedoch seinem Geist untreu zu werden. Die Wissenschaft vom Unbekannten trifft immer wieder aufs Unlösbare. Je mehr sie sich verfeinert, desto mehr läutern sich ihre Vorstellungen; je mehr sie sich bemüht, auf sicherem Boden Fuß zu fassen, desto mehr verfängt sie sich in Fiktionen. Der wissenschaftliche Habitus, mit dem ganzen Apparat von anatomischen Schnitten, Diagrammen, Tafeln und technischen Ausdrücken führt zu dem ungeheuren Erfolg dieser Abhandlungen. In den Augen der Romantiker waren die drei Gelehrten faustische Gestalten in der Durchdringung des menschlichen Phänomens. Ihr Ansehen verbreitete sich in der ganzen Welt, und ihre Lehren wurden in den unterschiedlichsten Milieus Mode. Campers Werke erschienen 1803 in Paris, 1821 in London. Besonders tief war in Frankreich der Einfluß des Denkens von Lavater. Erheblich dazu beigetragen haben der elsässische Dichter Pfeffer, in dessen Haus sich die Schriftsteller des Sturm und Drang versammelten, und die Wechselfälle der Revolution, durch die die Kontakte der Emigranten mit dem Zürcher Pastor zunahmen.[55] Auf die Pariser Ausgabe der *Fragmente* von 1806–1809 folgt eine zweite im Jahre 1820, zwei Jahre nach den letzten Bänden des Gallschen Werkes. Gall läßt sich 1808 in Paris nieder und sammelt einen Kreis von Anhängern um sich.

Wie immer man auf ihre Erkenntnisse und die Art ihrer Forschungen reagiert, diese Gelehrten erscheinen als außergewöhnliche Gestalten – »eine der eigenartigsten Gestalten des Jahrhunderts« nennt Mirabeau (1786)[56] Lavater, der von ihm als Magier und Frömmler behandelt wird, eine bizarre Mischung aus Schwachsinn und Geist, Ahnungslosigkeit und Kenntnisreichtum, Cagliostro verwandt. In einem popularisierenden Werk (1836) ist zu lesen[57]:

> Es gibt eine Sorte von Menschen, die das Privileg haben, in die unaussprechlichen Geheimnisse des Denkens hinabzutauchen, im Schoß der unendlichen und ewigen Wesen zu baden. Eingehüllt in die Begrenztheit des Körpers und die Frist der Zeit, zerbrechen sie Form (. . .) und besitzen die Gabe des zweiten Gesichts.

---

55 G. Finsler, *Lavaters Beziehungen zu Paris in den Revolutionsjahren 1789–1795*, Zürich 1898.
56 *Lettre du comte de Mirabeau à M . . . sur M. M. Cagliostro et Lavater*, Berlin 1786.
57 T. Thoré, *Dictionnaire de Phrénologie et de Physiognomonie à l'usage des artistes*, Paris 1836.

III   Ingres, Porträt Mademoiselle Rivière. Paris, Louvre. Foto Flammarion

Dazu gehören Pythagoras, Platon, der hl. Johannes der Apokalypse, Dante, Swedenborg, Hoffmann . . . und auch Lavater gehört dazu, während Gall den Genius verkörpert, der das wissenschaftliche Leben Europas erneuerte. Die Maßlosigkeit dieser Urteile bringt wenn nicht die genaue Bedeutung, so doch die Erregung und die lebhafte Anteilnahme zum Ausdruck, die ihre Arbeiten weckten.

Das Bild des Menschen, das damals durch ihre Erkundungen der Realität eine tiefe Wandlung erfuhr, konnte von der modernen Anthropologie nicht unberührt bleiben. In der Geschichte der Formen ist das Verhältnis zwischen poetischer Vision und wissenschaftlichen Lehren sogar niemals derart eng gewesen. Das gilt ebenso für die Literatur wie für die Kunst.

Man weiß, wie sehr Balzac sich für Physiognomik und Phrenologie interessiert hat.[58] Er erwähnt sie, wo immer er kann:

> Die *Physiognomik* Lavaters hat eine wahrhafte Wissenschaft hervorgebracht, die schließlich unter den menschlichen Kenntnissen Platz genommen hat. Gall hat mit seiner schönen Schädellehre das Lehrgebäude des Schweizers vollendet und vervollständigt und dessen klugen und erleuchtenden Beobachtungen die sichere Grundlage gegeben,

erklärt der Verfasser der *Menschlichen Komödie* in seiner *Physiologie du mariage* (ab 1824), und er bedient sich häufig ihrer Methode, um seine Helden zu beschreiben. Die Balzacsche Darstellung schließt eine physiognomische Analyse ein, und zwar im allgemeinen bei der Einführung seiner Figuren. Oft geht diese über Seiten, mit einer Aufzählung der äußeren Zeichen des Charakters und der Leidenschaften, und dabei kommen auch die Tiere vor.

Mit seiner großen Nase, den flachen Nasenflügeln und dem übergroßen Mund erinnert der Alte in *Le Centenaire* (1822) an einen Stier. Die Physiognomie des Wunderheilers, der über eine große Macht und magnetische Kräfte verfügt, ist die des Löwen (*Ursule Mirouet*, 1841). Der Comte Adam hat das Aussehen einer Ziege (*La Fausse Maîtresse*, 1842). Beim Père Séchard erkennt man die bärenartige Physiognomie (*Les Illusions perdues*, 1837). Der Graf hat eine bizarre Ähnlichkeit mit einem Hund (*Massemilla Doni*, 1839), Bongrand mit einem Fuchs (*Ursule Mirouet*), Céleste mit der Maus (*Les Petits Bourgeois*). Es kommen Nasen vor, die dem Schnabel der Krähe ähneln (Moreau in *Un Début dans la vie*, 1842) oder wie der des Adlers gekrümmt sind (M. d'Hausterre in *Une Ténébreuse Affaire*, 1841), Katzenaugen (Bonifac Cointet, *Les Illusions perdues*), Raubvogelaugen (*Le Vicaire des Ardennes*, 1822) oder die einer Ziege (Goupil, *Ursule Mirouet*). Es handelt sich dabei nicht um spontane Bilder. In diesen Beispielen ist die Theorie von dem durch das Zeichen des Tieres geprägten Menschen wirksam. Balzac selbst hebt diese hervor, wenn er in *La Recherche de l'absolu* (1834) darauf hinweist, daß das Gesicht von Balthazar Claes, das einem Pferdekopf ähnelt, einen weiteren Beweis geben könnte für die Richtigkeit der »wissenschaftlichen Lehre, die jedem menschlichen Gesicht die Ähnlichkeit mit dem eines Tieres zuschreibt«. Dieses Pferdeantlitz hat übrigens auf seiner großen Stirn jene Höcker, in welchen Gall die poetischen Welten lokalisiert hat.

Die Physiognomik des Schriftstellers begnügt sich also nicht damit, eine strenge Anwendung der neuesten Verfahren der Anthropologie zu sein. Zugleich weckt sie die Träume und Spekulationen einer früheren Zeit zu neuem Leben. Die »wissenschaftliche Lehre«, deren Gesetz beschworen wird, entspricht nicht den seit Camper entwickelten Auffassungen, sondern gehört früheren Perioden an. Es handelt sich um eine Rückkehr zu primitiven Vorstellungen und Formen, doch die Rückkehr selbst verdankt sich einem Element der Zeit.

Die Publikation Lavaters durch Moreau de la Sarthe (1806–1809) enthält nicht nur das Werk des Schweizer Physiognomikers. Das Werk wird vielmehr vervollständigt /durch eine Übersicht über die modernen (Camper, Gall) und alten Theorien, wobei die letzteren, hintereinander angeordnet, einen besonders großen Raum einnehmen. Nach der »Tierlinie« und der »Physiognomik der Tiere« folgt das Kapitel über die »Beziehungen zwischen der Gesichtsbildung des Menschen und der Tiere«. Die Äußerungen über Porta sind sehr zurückhaltend, und die Bilder des Stier-Menschen von Le Brun-Simonneau aus der Ausgabe von 1783 (Den Haag), die der Edition von Moreau de la Sarthe beigegeben sind, werden als

---

58 Siehe Baldensperger, *Études d'histoire littéraire*, Paris 1910, S. 51–91, Les théories de Lavater dans la littérature française; G. M. Fess, *The Correspondence of physical and material factors with character in Balzac*, Philadelphia 1924; J. Lethève, Balzac et la phrénologie, *Esculape*, März 1951, S. 55–62. Zu Lavaters Einfluß auf Balzac allgemein, siehe A. Prioult, *Balzac avant la Comédie Humaine*, Paris 1936, und M. Bardèche, *Balzac romancier*, Paris 1940.

eine Karikatur beschrieben, auf der das Auge kraß übertrieben dargestellt ist und schlecht zu einem allzu menschlichen Mund paßt. Dann geschieht etwas Unerwartetes: Der Herausgeber ergreift in einer Anmerkung Partei für den gelehrten Neapolitaner, der »in der Regel ungewöhnlich geistvoll« sei, und wirft ihm lediglich vor, den Hund, das vielleicht liebenswerteste und für die menschliche Gesellschaft so wichtige Tier, vernachlässigt zu haben. Und diese beiden von Lavater so schlecht behandelten Autoren füllen dann auch den Hauptteil des Buches (Band IX, 1807). Man findet dort alle Fassungen der *Physiognomie* des ersten Malers Ludwigs XIV., die Kurzfassung (Testelin) und die Fassung von Nivelon-Morel d'Arleux, die ein knappes Jahr zuvor erschienen war, die gesamte Folge seiner Zeichnungen (darunter auch die Stier-Menschen), vermehrt durch Auszüge aus Porta mit den auf jeden Typus bezüglichen Zitaten aus den Klassikern (Aristoteles, Adamantios, Polemon, Albertus Magnus, Rhases) und schließlich den ganzen letzten Teil von *De Humana Physiognomia*.[59] Das Ganze bietet sich dar als eine Synthese und Neubewertung des klassischen Repertoires und wird nun zusammen mit den fortgeschrittenen Ansichten und Praktiken verbreitet. Die letzte Erweckung dieser Lehren geschieht in den Werken selbst, die über sie hinausgegangen waren, dabei aber dieselben Fragen aufgriffen und dieselbe Beunruhigung zu erkennen gaben.

Die Abhandlung wurde 1820 neu aufgelegt, und wir wissen auch, daß Balzac »einen großartigen Lavater« gekauft hat und 1822 binden ließ, zweifellos ein Exemplar dieser letzten Auflage. Seine Beschreibungen von Menschen mit einem den Tieren ähnlichen Mienenspiel zeigen übrigens erstaunliche Übereinstimmungen mit den hier vorkommenden Köpfen.

> *Claes* . . . seine Nase, im übrigen zweifellos vollkommen, war überlang, und die Nasenlöcher schienen sich nach und nach immer mehr zu öffnen. Sein Mund voller Anmut war zwischen der Nase und einem jäh vorspringenden Kinn eingezwängt, die Form seines Gesichtes dagegen lang und oval.

Das ist der Pferd-Mensch Le Bruns (Abb. 31). Die starke und flachgedrückte Nase, der große Mund des Alten im *Centenaire* entsprechen ebenso genau dem Stier-Menschen der Folge dieser Zeichnungen. Das funkelnde Bild des Hexenmeisters, dessen »auf einzigartige Weise schiefe Züge einen schrecklichen und niederschmetternden Eindruck machen«, erinnert an den Löwen-Menschen mit dem gequälten Gesicht, der flammenden Mähne, den wilden Augen, wie er in dieser Sammlung dargestellt ist (Abb. 32). Es kann kein Zweifel daran bestehen, daß Balzac bei der Zusammenstellung seiner Bildnisgalerie oft in *L'Art de connaître les hommes* geblättert hat, wo er eine Sammlung unerschöpflicher Vorbilder fand, die er bald mit raschen, knappen Worten, bald, ohne das geringste Detail einer technischen Analyse auszulassen, beschrieben hat.

Wenn das Bild des tiergestaltigen Menschen in der Literatur einen derartigen Wiederhall hat finden können, so ist sein Einfluß auf die Bildwelt noch unvergleichlich größer. Man hat darauf hingewiesen[60], daß Ingres' Bildnis von Mlle Rivière »den Typ eines Schafes wiedergibt, mit den großen leuchtenden Augen unter einem prächtigen Augenbrauenbogen, und uns mahnt, ihr nicht zu sehr zu vertrauen« (Tafel III).

Die Abhandlung von Grose, Mitglied der Antiquarischen Gesellschaft zu London und angesehener Mediävist (er hat einen wichtigen *Essai* über die gotische Architektur verfaßt) hat diese Beziehungen für die Karikatur geltend gemacht (1788).[61] Der Archäologe weist in diesem Zusammenhang auf die neapolitanische Ausgabe der *Humana Physiognomia* von 1621 und auf die Zeichnungen von Hogarth hin, der auf seinem *Hafen von Calais* den Frauen Fischgesichter und seinem *Russischen Herkules* das Aussehen eines Bären gegeben hat. Die Skizzen jedoch, die er zeigt, sind nach seiner eigenen Methode zusammengesetzt. Sein *Ideal eines Hundekopfes* (äußerste Gleichgültigkeit) baut auf einem Kreis auf, das *Ideal eines Katzenkopfes* (schlaue Arglist, Verschlagenheit) auf einem Fünfeck. Auf eigenartige Weise vermischen sich bei der Erkundung von Ausdrucksdeformationen die geometrische und die zoomorphe Tradition der menschlichen Gestalt. Das Buch, das eine der ersten technischen Abhandlungen über die Gattung der Satire ist, ist 1802 französisch erschienen[62], doch seine Lehre verbreitet sich in Frankreich in unmittelbarem Zusammenhang mit den wissenschaftlichen und literarischen Moden der Zeit.

---

59 Aus einer Reihe von Veröffentlichungen von Physiognomiken dieser Zeit seien genannt: *Scriptores physiognomoniae veteres*, Altenberg 1780, und J. B. Porta, *Le Physionomiste ou l'observateur de l'homme avec des rapprochements sur la ressemblance de divers individus avec certains animaux*, Paris 1808.
60 Henri Lapauze, *Ingres, sa vie et son œuvre*, Paris 1911, S. 52. Hinweis von J.-F. Chevrier.
61 F. Grose, *Rules of Drawing Caricatures*, London 1788.
62 F. Grose, *Principes de caricature suivis d'un essai sur la peinture comique*, Paris 1802.

31 und 32 Ch. Le Brun, Mensch-Pferd und Mensch-Löwe, nach der Lavater-Ausgabe von Moreau de la Sarthe, 1820. Fotos B. N.

Alles wirkt wie eine Entfesselung der Phantasie im menschlichen Bestiarium, das sich mit wachsender Macht nach 1820–1830 in der Bildwelt ausbreitet. Gleichwohl werden in jedem Augenblick die charakteristischen Formen und Kombinationen erneuert. Den Alphabeten aus Tierköpfen (1836) von Michel Delaporte, der sich auch auf Teufelsdarstellungen spezialisiert hat, geht eine Folge von Tafeln voraus (1834)[63], die die Gestalten Le Bruns nach den letzten Ausgaben von Moreau de la Sarthe wiedergeben. Der *Traité physiologique de la ressemblance animale* (1839)[64] von F. Lehnert, einem elsässischen Tiermaler, gibt eine Variation über dasselbe Thema, indem er die Figuren in Dreiergruppen anordnet und sie nach der letzten Mode kleidet (Abb. 33). Grandville stellt in seiner *Animalomanie* von 1836, die 1842 eine

33 F. Lehnert, »Physiologische Abhandlung von der Tierähnlichkeit«, 1839.
Foto B. N.

34 J.-J. Grandville, »Gleich und gleich gesellt sich gern«, 1842. Foto B. N.

Neuauflage erlebt[65], die dem Menschen befreundeten Tiere – die Katze, die Hunde, das Schaf und die Vögel – ihren Besitzern gegenüber, deren Gesichter dieselben Züge zeigen (Abb. 34). Der Künstler greift auch die Einteilung des Camperschen Gesichtswinkels und die Tierlinie Lavaters auf, wobei er aber die Entwicklung umkehrt: »Der Mensch steigt zum Tier hinab« (1843)[66], und Apoll zum Frosch (1844) (Abb. 35 und 36).[67] Der Scherz nimmt weniger die Entwicklungstheorie aufs Korn als den Wert des Menschen. Im Milieu der Künstler folgte man den Forschungen der Gelehrten aufs genaueste, doch immer noch ist es Le Brun, der bei Lavater den größten Eindruck gemacht hat, und von ihm geht auch in diesen Kompositionen die Erneuerung der humanistischen Intentionen aus. Der verspätete Einfluß tut seine Wirkung und erstreckt sich auf eine ganze Gruppe von Lehrgebäuden. Die vielschichtige Entwicklung, die in ihren gelehrten Verirrungen die alte Zoologie des Menschen erneuert hat, führt schließlich zu deren Wiederbelebung auf allen Ebenen. Die Obsessionen, die bei Daumier (1832–1839) eine dramatische Form annehmen[68] und im übrigen zwischen Fabel und

63 Michel de la Porte, *Observations de Lavater sur le système Lebrun*, Paris 1834.
64 *La Charivari*, Januar, Februar und März 1839.
65 Unter dem Titel *L'Homme, son esprit, ses goûts et ses habitudes, dessins de Grandville*, Paris 1842.
66 *Le Magasin Pittoresque*, 1843, XIII, S. 108.
67 Ebd., 1844, XII, S. 272.
68 L. Delteil, *Honoré Daumier*, Paris 1925, Nr. 38, Gesicht mit den Zügen eines Hundes, 1832; Nr. 45, affenähnlicher Kopf, 1832; Nr. 207, löwenartiger Kopf, 1834; Nr. 565, vogelgestaltiger Kopf, 1839.

35 J.-J. Grandville, »Der Mensch steigt zum Tier hinab«, 1844. Foto X

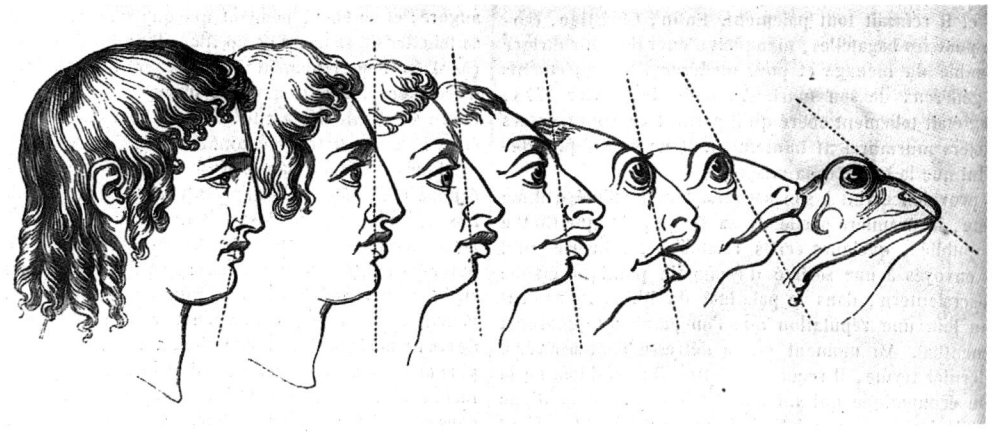

36 J.-J. Grandville, »Apoll steigt zum Frosch hinab«, 1844. Foto X

37 H. Daumier, »Eine große Zeit . . .«, 1841. Foto B. N.

Leben oszillieren, zählen zu dieser erneuten und letzten Blüte uralter Traditionen (Abb. 37). In England gehören Cruikshanks *Zoological Sketches* (1834) derselben Strömung an (1834). Doch alle Typen solcher Gestaltungen mit den Tieren und mit Menschen darstellenden Mischwesen, die jetzt die Illustrationen zu La Fontaine, zu den Drolerien und Satiren bevölkern, sind unabhängig von ihrer unmittelbaren Herkunft ein Reflex dieser Anthropologie. »Luchs mit Schafs-Gesicht«, »Karnickelkopf, wo eine Schlange war«[69], so beschreibt Gavarni, »der Poet der Naturgeschichte des Menschen«[70], einige seiner Sujets, und die Darstellung einer Pariser Ballszene mit galoppierenden Pferden als Symbol der Politik des Landes (1842)[71], die Grandville als Bild der verkehrten Welt entworfen hat, gibt Balzac wiederum Gelegenheit, seine Überzeugungen zu proklamieren:

> Der Karneval, Sire, ist das einzige, wodurch der Mensch den Tieren überlegen ist. Diese Erfindung kann man ihm nicht streitig machen. Hier erhält man die Gewißheit darüber, welche engen Bande die Menschen mit der Tierwelt verknüpfen, denn da kommt es zu einem solchen Ausbruch der tierischen Leidenschaften des Menschen, daß man an ihrer Verwandtschaft nicht mehr zu zweifeln vermag.

Zwar äußert sich Balzac hier zu einer Posse, doch die Ausdrucksweise seines Gedankens und sogar die Begriffe selbst hängen unmittelbar mit den in gelehrten Werken und positiven Wissenschaften behandelten Fragen zusammen. Auch waren es diese strengen Erörterungen, die die romantischen Gestaltungen angeregt haben. Die von tierischen Zügen wie von einer Erinnerung geprägten Menschen[72], der Zirkus der dressierten Tiere, klüger und gewandter als wir, das burleske Spiel der Karikatur verbinden sich in den überkommenen Spekulationen über die geheimen Verbindungen zwischen den Wesen. Auch wenn man keine spezifischen Zeichen nachweisen kann, steht die Vorstellung einer mit einer bestimmten Volksgruppe oder sozialen Klasse, mit einem »realistischen« Bild des Menschen, von dem die Romantik besessen war, verknüpften Tierwelt im Einklang mit dem Wesen und der Natur dieser Welt.

Die Surrealisten unserer Zeit konnten gegenüber diesen Spekulationen über die Gestalten der Tierwelt nicht gleichgültig bleiben, und einige von ihnen haben von deren Grundfiguren Gebrauch gemacht. Massons Porträt von Philippe Soupault, einem der Begründer dieser Bewegung, schließt unmittelbar an sein Vorbild, den Löwenmenschen von Rubens, an, der in der ersten Auflage dieses Buches abgebildet war.[73] Auch heute noch sind es die ältesten Illustrationen dieser Lehre, die zu neuen Gestaltungen anregen (Abb. 39 und 40).

Die Gedanken der Antike, die das Mittelalter und die Renaissance hindurch fortbestanden und sich in den Spekulationen des 17. Jahrhunderts erneuerten, haben in ihren vielfältigen Aspekten neues Leben gewonnen. Es ist ein merkwürdiger Widerspruch, daß die neuen Ideen der Wissenschaft vom Menschen die primitiven, von einer Vision und einem Gefühl getragenen Auffassungen neu belebt und verbreitet haben. Bis in unsere Tage manifestiert sich in unseren Bewegungen und Zügen das Urtier. Der Fotograf, der für eine Pariser Wochenzeitung diese Ähnlichkeiten festgehalten und durch Gegenüberstellung mit Köpfen von Zeitgenossen hervorgehoben hat, tat dies spontan, ohne sich Gedanken über ihre tiefere Bedeutung zu machen, gewiß nicht anders, als dies ursprünglich an der Schwelle der Zeiten geschah. Die Romantiker haben dieselben Ähnlichkeiten entdeckt, freilich auf dem Umweg über die Theorien und Legenden, die aus ihnen entsprungen sind.

38 G. Cruikshank, *Zoological sketches*, 1834. Foto B. N.

---

69 E. und J. de Goncourt, *Gavarni*, Paris 1873, S. 130 und 184.

70 Paul de Saint-Victor in *D'après nature* von Gavarni, Paris 1859, S. 8.

71 J.-J. Grandville, *Scènes de la vie privée et publique des animaux*, Paris 1842, Voyage d'un lion d'Afrique à Paris, von Balzac, S. 100 und 105.

72 G. de Maupassant, in *Soeurs Rondoli:* »Eine Ähnlichkeit in Gebärden, Bewegungen und Haltung, man möchte sagen wie aus der Erinnerung stammend . . .«, zitiert bei Baldensperger, a. a. O. (Anm. 58). Zur Bildwelt der Zeit, siehe J. Wechsler, *A Human Comedy, Physiognomy and Caricature in 19th century Paris*, London 1982.

73 J. Baltrusaitis, *Aberrations*, Paris 1957, Abb. 10; *Le Monde*, 11. Januar 1980, S. XV.

40   P. P. Rubens, Löwenartiger Kopf. Foto B. N.

39   Porträt Philippe Soupault von André Masson, *Le Monde*, 1981. © Spadem

41   M. Dubus, Zerstörung von Sodom und Gomorrha, 17. Jahrhundert. Sammlung J. Combe, Paris. Foto Flammarion

BILDER IM STEIN

Betrachtest du von Flecken bedeckte oder aus Steinen aller Art zusammengesetzte Mauern, um dir irgendeine Szene vorzustellen, so kannst du darauf etwas den Landschaften mit dem Schmuck ihrer Gebirge, Flüsse, Felsen, Ebenen, tiefen Täler und Hügel Entsprechendes, in vielfältiger Weise angeordnet, erkennen. Sehen kannst du dort auch Schlachten und Figuren in rascher Bewegung, merkwürdige Gesichter und Kleider und eine Unzahl von Dingen, die du in eine klare und vollständige Form bringen kannst.

Und dies erscheint verworren auf den Mauern, wie im Klang der Glocken: in ihren Schlägen kannst du alle Klänge und Worte finden, die du dir vorstellen magst.[1]

Dieser Text, übrigens einer der berühmtesten von Leonardo, läßt sich unmittelbar auf ein merkwürdiges Bild beziehen, das auf den ersten Blick nichts als ein Mauerstück aus Bruchstein darzustellen scheint, aus dem dann aber phantastische Landschaften hervortreten.[2] Der Mörtel wirkt wie darübergelegte Öffnungen, ähnlich den Maschen eines Netzes. Versteinerte Bäume, an Felsen angesetzt, bilden ein unregelmäßiges Gerüst, das geäderte Steine einfaßt und den Blick in grenzenlose Räume freigibt, mit Flüssen und Tälern, Bergen und Seen. Die Erde ist eine von Felsen übersäte Wüstenei. Im oberen Bereich ragen überall zerklüftete Ruinen auf, die immer bizarrere Formen annehmen – Dolmen, Menhire, weitgespannte Bögen, zusammengestürzte Mauern, Galgen –, Unermeßlichkeit von Tod und Strafe, und darin irren, weglos, mikroskopisch kleine Gestalten umher. Ganze Dörfer liegen zerstört wie nach einem Brand oder Erdbeben, nur noch Gerippe. Es ist eine Katastrophenlandschaft, die sich nach oben im mineralischen Geäder wie im Rauch einer Brandstatt auflöst (Abb. 41).

Rechts im Vordergrund in einer Höhle stehen zwei Gestalten, die eine in bittender Haltung, hinter einem rohen Tisch (einem Altar?); links vom Eingang eine weitere Gruppe von drei Menschen, die wie ein Relief aus einer Felswand hervortreten. Die lebendigen Gestalten und die Gestalten aus Stein scheinen gleichwohl an demselben Vorgang beteiligt und sind in gewisser Weise der Schlüssel zu der Komposition, deren Visionen ganz und gar dem Gestein abgewonnen sind. In diesem Bild ist alles rätselhaft und verwirrend, und doch kann man eine Geschichte aus der *Genesis* darin erkennen. Die drei Figuren, die auf geheimnisvolle Weise aus dem Felsen hervortreten, sind die drei Männer, die Abraham vor der Zerstörung von Sodom und Gomorrha erschienen, während die beiden anderen den Erzvater zeigen, der Jehova gegenüber Fürbitte leistet für die beiden verurteilten Städte. Es sind die Städte der Ebene und die ganze mit den Bewohnern der Städte und den Pflanzen der Erde verwüstete Ebene, die man rundum am Horizont sich ausbreiten sieht. Bei der Entfesselung der Elemente, von denen sie verschlungen werden, handelt es sich um den Regen aus Schwefel und Feuer, den der Herr vom Himmel fallen ließ. Die Gestalten, die im Gewirr von Wurzeln und Ruinen in Gruppen von zweien oder dreien ihres Weges ziehen, sind die Überlebenden. Es handelt sich nicht so sehr um eine genaue Illustration als um eine Beschwörung, die in den Flecken und Steinbildungen sichtbar wird, wie die Worte, die man »im Klang der Glocken« vernimmt.

Das Bild stammt von einem in Den Haag ansässigen flämischen Künstler, Matieu Dubus (1590–1665), und wurde um die Mitte des 17. Jahrhunderts ausgeführt. Das Verfahren war von einer gewissen Zeit an verbreitet, wurde aber im allgemeinen direkt auf Steine angewandt. Wir kennen mehrere Bilder, wo die Figuren auf Achat oder Marmor gemalt sind, deren Geäder selbst die Landschaftsszenerie bildet. Philipp Hainhofer, ein Augsburger Kunstliebhaber und Kaufmann, spezialisierte sich sogar auf deren Handel. Die Kunstschränke, die er 1617 an den Herzog von Pommern, Philipp II., und 1632 an den Schwedenkönig Gustav Adolf lieferte, enthielten zahlreiche in dieser Weise konzipierte Platten.

Die Beschreibung des ersten dieser Möbel, die bei dessen Fertigstellung gemacht wurde, zählt die bemalten Steine auf und erwähnt bei einigen, daß sie figürliche Darstellungen zeigten, so einen Jaspis mit den drei Parzen, »welcher gar schöne landtschafften vnd gebew,

---

1 Der Text Leonardos gehört zu ms. 2038 der Bibliothèque Nationale, Paris, und ist 1492 datiert. Vgl. A. Chastel, *Léonard de Vinci par lui-même*, Paris 1952, S. 100.
2 Das Bild gehört Jacques Combe, Paris. Siehe J. Combe, Matieu Dubus, *L'Amour de l'Art*, 1935, S. 325–326.

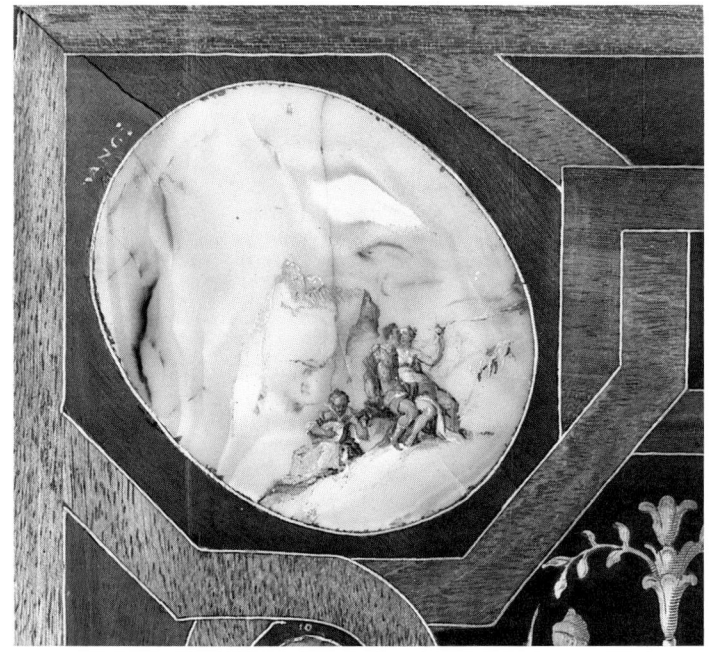

42 Malerei auf Achat: Sanguiniker, Phlegmatiker, Choleriker und Melancholiker. Berlin,
Pommerscher Kunstschrank. Kunstgewerbemuseum, Staatliche Museen Preußischer
Kulturbesitz, Berlin. Foto des Museums

gleichsam von sich selbst gibt«.[3] Dieses gelehrte Spiel von Materie und Bildthema, dessen Träger die Materie ist, findet sich in verschiedenen Kompositionen wieder. Die Medaillons der Vier Temperamente zeigen allegorische Figuren auf Achaten, deren glänzende, geäderte Oberfläche den Eindruck von Tiefe und Licht vermittelt (Abb. 42). Man erkennt Gewässer, Felsen, Öffnungen des Himmels. Jede Gemme wurde ihrem Thema entsprechend ausgewählt: feste Schichtungen mit weiten Wellenlinien für die Phlegmatiker (ein Meergott und ein Triton), rissige Strukturen für die Melancholiker (ein Mann und eine Frau in Meditation versunken) und für die Sanguiniker (ein Liebespaar mit einer Musizierenden), leuchtendes Geäder für die Choleriker (zwei Krieger in Waffen und ein Löwe).[4] Es ist ein halb abstrakter Schmuck, der das Bild begleitet wie Musik die Rezitation eines Gedichtes.

---

3 O. Doering, Des Augsburger Patriciers Philipp Hainhofer Beziehungen zum Herzog Philipp II. von Pommern-Stettin (*Quellenschriften für Kunstgeschichte und Kunsttechnik*, N. F. VI), Wien 1894, S. 321.
4 J. Lessing und A. Brüning, *Der Pommersche Kunstschrank*, Berlin 1905, Tafel XLI. Der Pommersche Kabinettschrank wird im Kunstgewerbemuseum Berlin (West) aufbewahrt.

In einigen Fällen scheint die Ikonographie unmittelbar der Arabeske entsprungen. Der
Kunstschrank des schwedischen Königs enthält zwei große Achatplatten (43 × 35,5 cm), bei
denen das Schauspiel des Durchzugs durchs Rote Meer und des Jüngsten Gerichts gleichsam
aus dem Gewölk heraustritt.[5] Johann König (1586–1635), der diese Szenen komponierte,
brauchte nur der Zeichnung des Steins zu folgen. Der Zug der Kinder Israels bewegt sich
durch eine Lücke in den Marmorierungen, die dem geteilten Meer gleicht. Die Wolkensäule
und die zusammenstürzenden Wasser lösen sich aus dem Gewölk, und die Wagen, die Reiter
und die ganze Armee des Pharao werden von den Steinbildungen verschlungen (Abb. 43).
Die Szene des Weltendes zeigt die Verdammten, die in einer düsteren Flut versinken,
während Christus, auf dem Regenbogen zwischen der Jungfrau und dem hl. Johannes

---

5   J. Böttiger, *Ph. Hainhofer und der Kunstschrank Gustav Adolfs in Uppsala*, Stockholm 1910, II, Tafel 24 und 25.

44   J. König, Jüngstes Gericht, gemalt auf einen Achat. Uppsala, Kunstschrank Gustav Adolfs, 1632. Foto Universität Uppsala

thronend, ebenso wie die Erlösten in der beruhigten oberen Zone erscheint. Die milchigen Adern und das dunkle, tiefe Gewölk sind das Bild einer kosmischen Umwälzung (Abb. 44). Der Schrank ist außerdem mit Marmortäfelchen geschmückt; eine von ihnen stellt das Meer dar, auf dem eine nach Callot kopierte Seeschlacht stattfindet (Abb. 45).[6]

Hainhofer ließ seine Bildersteine aus Italien kommen. Im Briefwechsel mit seinem Bruder in Florenz 1611 ist mehrfach von Mineralien die Rede, die die Umrisse von Landschaften und

45   Seeschlacht nach Callot, auf Marmor gemalt. Uppsala, Kunstschrank Gustav Adolfs, 1632. Foto Universität Uppsala

Bäumen zeigen. Diese Steine bezeichnet er oft als florentinisch: In dem Bericht über seine Reise nach Innsbruck, wohin er sich 1628 begibt, um einen von Erzherzog Leopold von Österreich als Geschenk für den Großherzog der Toskana bestellten Schrank abzuliefern, werden »florentiner stainen« erwähnt, »mit selbs gewachsenen landschafften und gebäwen« und in dem Bericht von der Reise nach Dresden »aine schöne Landschafft, welche Gott vnd die natur im Florentinischen gebürg in ainem marmelstein, gleich wie aine Statt mit ainem grossen thurn wachsen lassen«. Der Schrank war ganz und gar mit Achaten, Karneolen, Chalzedonen und Jaspis besetzt, mit kleinen in Öl ausgeführten Bildern darauf, um Kunst und Natur, »ars vnd natura mit ain ander spilen«[7] zu lassen.

---

6   Ebd., Abb. 57 und Tafel 28. Der Stich Callots stellt ein Gefecht von vier Galeeren des Großherzogs der Toskana gegen türkische Schiffe dar. Nach Baldinucci wurde diese Schlacht vor Korsika ausgetragen.

7   O. Doering, *Des Augsburger Patriciers Philipp Hainhofer Reisen nach Innsbruck und Dresden (Quellenschriften für Kunstgeschichte und Kunsttechnik, N. F. X.)* Wien 1901, S. 44, 116 und 161.

Ganz zur Kunst wird dieses Spiel von Natur und Kunst dann, wenn auch der Marmor von der Malerei wiedergegeben wird. Landschaften, Häuser, Schiffe im Sturm, menschliche Gestalten und ganze Szenen tauchen in mineralischen Mäandern auf, die mit der Hand nachgebildet sind. Die Dorfkirche von Appending (Bayern) besitzt mit der Verkleidung ihrer Altäre in falschem Marmor aus Holz eine schöne Sammlung solcher Fälschungen. Das Ganze stammt aus der Werkstatt von Vater und Sohn Zellnes, die auf »gemalte Marmorierungen« spezialisiert waren, in denen der Barock dem Spiel seiner Phantasie nachgeht, selbst auf einem Untergrund, der keinerlei Anhaltspunkte dafür bietet.[8]

Die Wundersteine, in denen man eine Spiegelung der umgebenden Welt sah, sind in dieser Zeit Mode. Man findet sie in den meisten der sogenannten Kunstkammern, in denen Kunstwerke, wissenschaftliche Instrumente, exotische Gegenstände und alle natürlichen Kuriositäten zusammengetragen wurden, besonders aber in einer der berühmtesten Sammlungen dieser Art, Schloß Ambras in Tirol, der Wiege der Habsburger Sammlungen. Im Jahre 1687 verzeichnet ein Reisender im vierzehnten Saal »Steine, die Bäume, Früchte, Muscheln und Tiere darstellen und bloße Werke der Natur sind«.[9] Es handelt sich nicht nur um panoramaartige Ansichten, sondern aus dem schattenhaften Linienspiel treten auch belebte Wesen und Gegenstände hervor.

46　Gekreuzigter Christus, unbearbeiteter Marmor. Kopenhagen, 1696

Manchmal werden diese Wunderdinge in den Sammlungskatalogen mit genaueren Angaben zu ihrem Aussehen erwähnt. Besonders aufschlußreich ist der von Olaus Worm, einem Kopenhagener Arzt, 1655 in Leiden veröffentlichte Katalog.[10] Wie Hainhofer bezeichnet er diese Steine als florentinisch. Im allgemeinen sind sie aschfarben, aber durchsetzt von dunklen Flecken und Linien, die Türme, Tempel, Gebirge, Flüsse und ganze Städte zur Erscheinung bringen. Die Sammlung enthielt drei solche Stücke: 1. einen ungeschliffenen Marmor mit einer Stadt an zwei Flüssen, schroffen Türmen und Ruinen, »fein umrissen, als wären sie vom Pinsel eines Künstlers gemalt«; 2. einen geschliffenen Stein, ebenfalls mit einem Turm, Gebäuden und unregelmäßig verteilten Häusern; 3. eine Erdkugel, ebenmäßig von der Natur gebildet.

8　J. Le Brun und P. Sutermeisters, *L'Apogée du baroque*, Lausanne 1966, S. 186.

9　M. Misson, *Nouveau voyage d'Italie*, Den Haag 1691, S. 98, Brief aus Innsbruck vom 7. Dezember 1687.

10　O. Worm, *Museum Wormianum*, Leiden 1655, S. 44.

47 Ferrareser Marmor. Stadtansicht und zerstörte Stadt, Amsterdam 1703. Foto B.N.

Der Kommentar fügt hinzu, daß ein anderer Marmorstein, der Marmor vom Berg Sinai, einem italienischen Naturkundigen, Ferrando Imperato (1599), zufolge[11], ähnliche Eigenschaften besitze: der Stein habe eine weißliche Farbe, spiele aber gelegentlich ins Rote und enthalte pflanzliche Bildungen. Wo immer man ihn breche, entdecke man dunkle Zeichnungen von Bäumen und Sträuchern.

Das Königliche Museum derselben Stadt verwahrte auch Marmorsteine mit »verschiedenen fein gezeichneten Gestalten«, darunter Christus am Kreuz, der sich »in der Buntheit seiner Farben wie bei den Florentiner Steinen, wo die Natur selbst Städte, Türme und Dächer hervortreten läßt«, in Umrissen zeigt. Ein Stich bildet diesen Stein ab (Abb. 46). Man erkennt ein gerahmtes Bild mit dem Gekreuzigten, der als eine helle Gestalt zwischen Sonne und Mond erscheint. Adern und Risse lassen eine gebirgige Landschaft erkennen.[12] Der Katalog[13] bemerkt hierzu, daß Athanasius Kircher berichte, im Jahre 1644 sei auf einem Feld bei Tivoli ein Stein mit dem Monogramm INRI gefunden worden, und so existiere ein Marmor- oder Feuerstein, der die Gestalt der Jungfrau auf natürliche Weise abbilde. Die *Ephemerides Medico-Physicae Germanorum* von 1670 verzeichnen einen Marmorglobus mit dem Wappen des Hauses Österreich.

Dreißig äußerst seltene Stücke »florentinischen Marmors« befanden sich im Museum Brackenhoffer in Straßburg[14], und in Kiel gab es »florentinischen Marmor«, in dem die Natur wie in den Steinen vom Sinai Bäume eingezeichnet hatte.[15]

Die Abbildungen eines holländischen Sammelwerkes machen uns mit einigen dieser Seltenheiten bekannt.[16] Es sind zwei Stücke »ferraresischen Marmors«, von denen das eine durch seine dichten Schichtungen eine langgestreckte städtische Landschaft mit gezackter Silhouette zeigt, während man auf dem anderen Ruinen erkennt, die den Verwüstungen auf dem Bild von Dubus ähnlich sehen (Abb. 47). Es gibt auch einen »ägyptischen Marmor« mit

11 F. Imperato, *Dell'Historia naturale libri XXVII*, Neapel 1599, S. 662.
12 O. Jacobaeus, *Museum regium . . .*, Kopenhagen 1696, S. 46, Tafel XI, Abb. 1.
13 In der zweiten Auflage des Katalogs, Kopenhagen 1710, Pars II, 1, §§ 56–59.
14 E. Brackenhoffer, *Museum Brackenhofferianum Argentinense*, Straßburg 1677, S. 78.
15 J. D. Major, *Museum Cimbricum oder so genannte Kunstkammer*, Plön 1688, S. 2.
16 G. E. Rumphius, *D'Amboinsche Rariteitkammer*, Amsterdam 1705, Tafel LVI.

dem Bild des hl. Paulus, das freilich nachgearbeitet scheint, und einen »deutschen Achat«, dessen einzelne Lagen, wahrscheinlich nicht ohne das Kunstmittel der Einlegearbeit, eine ländliche Galerie zeigen, die sich auf ein Tal hin öffnet. Gelegentlich findet man Hinweise[17], daß in deutschen Bergwerken auch Steine mit Pflanzen und Fischen gefunden wurden.

Auf einem Nürnberger Flugblatt, 1631 datiert[18], ist die Erscheinung einer aus der Stadtmauer nahe dem Westtor herauswachsenden Löwengestalt abgebildet, bei der es sich aber um eine politische Allegorie handelt: der schwedische Löwe, bereit, sich auf den Drachen des Papsttums zu stürzen, wiedergegeben in der damals beliebten Lithologie (Abb. 48).

Italien, das diese Mineralien nach ganz Europa lieferte, besaß ebenfalls Sammlungen.[19] Die Kataloge der Sammlung Settala in Mailand (1664)[20] und der Sammlung Cospi in Bologna (1677)[21] beschreiben verschiedene Stücke Feuerstein (von ovaler Form mit der Zeichnung eines Kreuzes), Alabaster (mit einem majestätischen bärtigen Kopf), Achat (mit dem Grundriß einer fünfeckigen Festung)[22] und viele Stücke »florentinischen Marmors«. Fremde wie Worm haben diese Dinge berühmt gemacht, erläutert der italienische Text. Die natürlichen Bilder unterscheiden sich von den gemalten durch ihr Eindringen in die Tiefe, sie befinden sich nicht bloß an der Oberfläche wie die von der Kunst ausgeführten Gestalten. Der ganze Stein wird von ihrer Zeichnung durchdrungen. Im florentinischen Marmor ist die Landschaft vorherrschend: Städte-, Gebirgs-, Seelandschaften unter wolkenverhangenem Himmel. Die Beschreibungen schlagen genau die Themen an, die uns bei den von den Künstlern des Nordens geschaffenen Kompositionen begegnet sind.

48 Der Löwe von Nürnberg, Flugblatt, 1631. Foto Flammarion

> Die Bilder sind so gelungen, daß selbst die Kunst sie nicht verbessern könnte . . . An der Stelle, wo diese Bilder angebracht sind, bilden sie einen Schmuck, der würdiger ist als gewisse Tapisserien und selbst der Purpur.

In beiden Sammlungen wird ein identisches Thema erwähnt. In der Mailänder Galerie befinden sich:

> zwei Täfelchen eines in der Mitte entzwei geschnittenen Steines, die das brennende Ilion in einer so natürlichen Weise zeigen, wie Zeuxis es nicht besser hätte malen können.
> Ein weißer, rot, dunkel und in anderen Farben geäderter Marmor, bei dem die Natur die Farben so verteilt hat, daß sie das Unglück Trojas, die in Flammen stehende Stadt und Burg in Erinnerung rufen,

wurde in der Bologneser Sammlung aufbewahrt. Man muß zum Vergleich das Gemälde von Dubus heranziehen, bei dem die Steine mit Pinselstrichen von Ockerrot, Ockergrün und Ockerbraun auf Elfenbeingrund gemalt sind, und man findet hier auch die verwüsteten Städte wieder. Die von dem Flamen geschaffene Mauer besteht aus florentinischem Marmor und zeigt eine ähnliche Vision. Nur die Deutung ist eine andere. Italien sieht ein antikes Epos, und der Norden eine biblische Katastrophe. Die Steinäderungen werden übereinstimmend mit Bränden in Zusammenhang gebracht. Die zitierten Texte bestätigen die ikonographische Deutung des Gemäldes, obwohl sie sich auf andere Gestaltungen beziehen.

In einem dieser Werke werden auch von Künstlern bearbeitete Marmorstücke beschrieben. Der Mailänder Katalog erwähnt zwei: eines mit einem Gebirge und einer Grotte und der hinzugefügten Darstellung des hl. Hieronymus mit dem Löwen, das andere die Darstellung eines Baumes mit Vögeln darauf. Der Katalog erwähnt ausdrücklich, daß alle diese Hinzufügungen sich der Kunst verdanken: »ars pinxit«, »ars adaptavit«, im Unterschied zu den sonst für die natürlichen Bilder gebräuchlichen Wendungen: »a natura sine omnis artis ministerio«, » a natura depicti«. In diesem Punkt ist man genau.

17 M. B. Valentini, *Historia simplicium reformata sub Musei Museorum titulo*, Frankfurt a. M. 1704, S. 42.
18 E. Holländer, *Wunder, Wundergeburt und Wundergestalt*, Stuttgart 1921, Abb. 109.
19 Unter anderem in Rom (Museum Qualdi und Museum Kircher), in Verona (Museum Calzolari), in Mailand (Museum Settala), in Bologna (Museum Aldovrandi und Museum Cospi). Siehe Ph. Buonanni, *Museum Kicherianum*, Rom 1709, S. 208; F. Calzolari, *Museum Calceolarium Veronese*, Verona 1622, S. 419.
20 P. M. Terzago, *Museum Septalianum . . .*, Tortona 1664, S. 41 und 142.
21 L. Legati, *Museo Cospiano . . .*, Bologna 1677, S. 173 ff.
22 Steine mit polygonalen Festungen abgebildet bei Rumphius, a. a. O. (Anm. 16), Tafel LVI, Abb. A, B, C und D.

IV   Ruinenmarmor. Sammlung Cl. Boullé, Paris. Fotos Flammarion

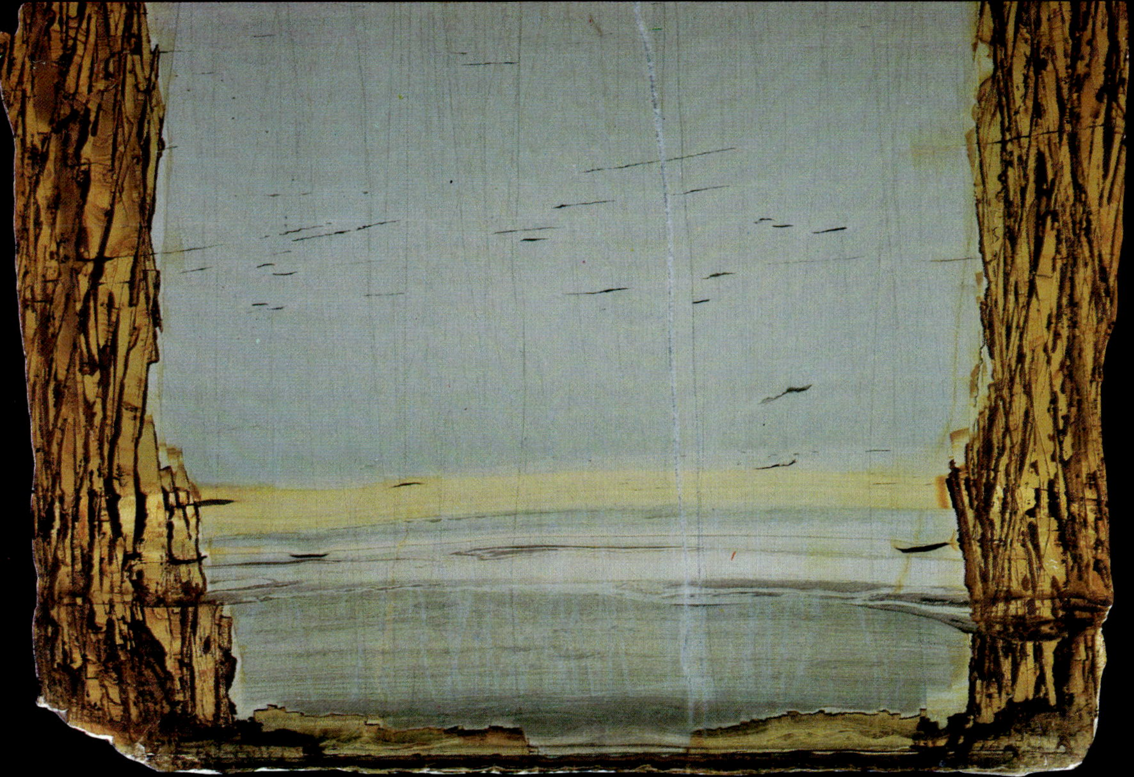

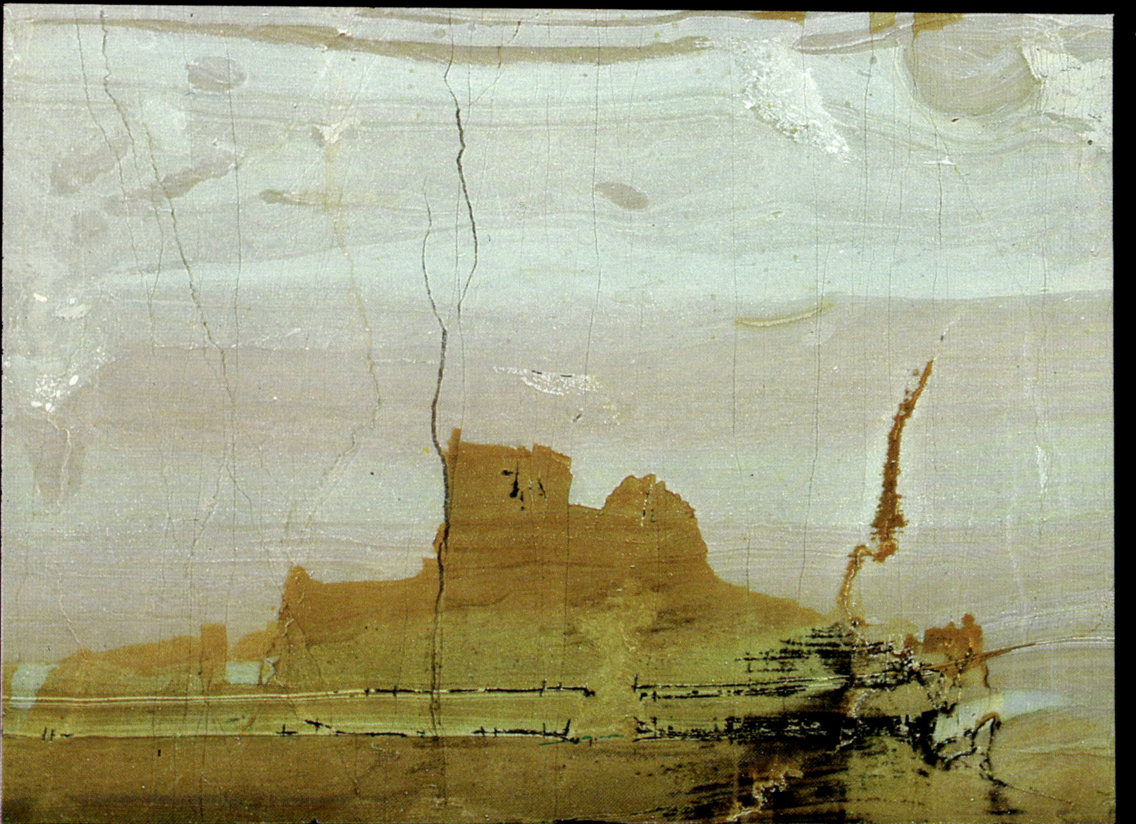

49   Antonio Carracci, Maria mit dem Kind und dem hl. Franziskus und der Verkündigung, gemalt auf einer Alabasterplatte, vor 1618. Neapel, Nationalmuseum, Palazzo di Capodimonte. Foto Soprintendenza delle Belle Arti, Neapel

Zwei Antonio Carracci (1589–1618) zugeschriebene, aus der Sammlung Farnese stammende und gegewärtig im Nationalmuseum in Neapel befindliche Kompositionen[23] illustrieren diese Praxis. Sie stellen die Jungfrau mit dem Kind, den hl. Franziskus und die Verkündigung dar, gemalt auf einem Alabastertäfelchen (Abb. 49), dessen Flecken Licht und Schatten des Himmels wiedergeben. Maria, mit dem Kind auf den Knien, lehnt auf einem luftigen Mäander, die Taube des Heiligen Geistes läßt sich auf einer verfließenden Aureole nieder, und der Engel taucht gleichsam aus dem im Wind aufreißenden Nebel auf. Der Maler hat seine anmutigen Gestalten mit Bedacht angeordnet, doch das übernatürliche Element, der Hauch des Geheimnisses, verdankt sich der Natur.

---

23   Siehe den Katalog der Carracci-Ausstellung in Bologna (*Mostra dei Carracci*, Bologna 1956, Nr. 113, S. 247–248) mit dem Hinweis, daß, Malvasia zufolge, derselbe Künstler eine Andromeda auf Alabaster für den Kardinal Orsini gemalt hat. Auf diese Beispiele hat uns A. Chastel hingewiesen.

50   Bonavita, Der Sturz des Saulus. Ajaccio, Museum Fesch. Foto Giraudon

51   A. Kircher, Die unterirdische Welt, Feuer und Wasser, 1664. Fotos Flammarion ▷

Bei Bonavita ereignet sich in einem mineralischen Sturm, der Menschen und Pferde mitreißt, der *Sturz des hl. Paulus,* gemalt auf buntem Marmor (Ajaccio) (Abb. 50).

Die Steine, die eine Bildwelt enthalten, Marmor und Achat mit aufgewühlten Landschaften, in denen man Gestalten lebendig werden läßt, findet man im Laufe des 17. Jahrhunderts mit zunehmender Häufigkeit, und sie entspringen alle einer Spekulation über die Kunst der Natur und die Natur der Kunst, für die Stein und Leben im Überschwang barocker Phantasie einander überlagern und durchdringen. Sie entstammen uralten Legenden und metaphysischen Spekulationen, die sich mit diesen Gestaltungen erneuern.

Die vollständigste Zusammenfassung dieser Lehren gibt Athanasius Kircher, der in Rom ansässige deutsche Jesuit, ein Visionär und Gelehrter von grenzenlosem Wissensdrang. Sein 1664 erschienenes Werk[24] ist eine Kompilation aus vielen Quellen, denen er aber zugleich neues Leben gibt in einer Synthese, die Teil einer ausgreifenden Kosmogonie ist. Seine *Unterirdische Welt* ist grandios und phantastisch (Abb. 51 und 52). Meere aus Feuer und Wasser, miteinander verbunden durch Kanäle und Flüsse, die die Ozeane und die Vulkane über der Erde speisen, durchziehen sie in ihrer ganzen Ausdehnung. Der Schnitt durch die

---

24   A. Kircher, *Mundus subterraneus,* Amsterdam 1664.

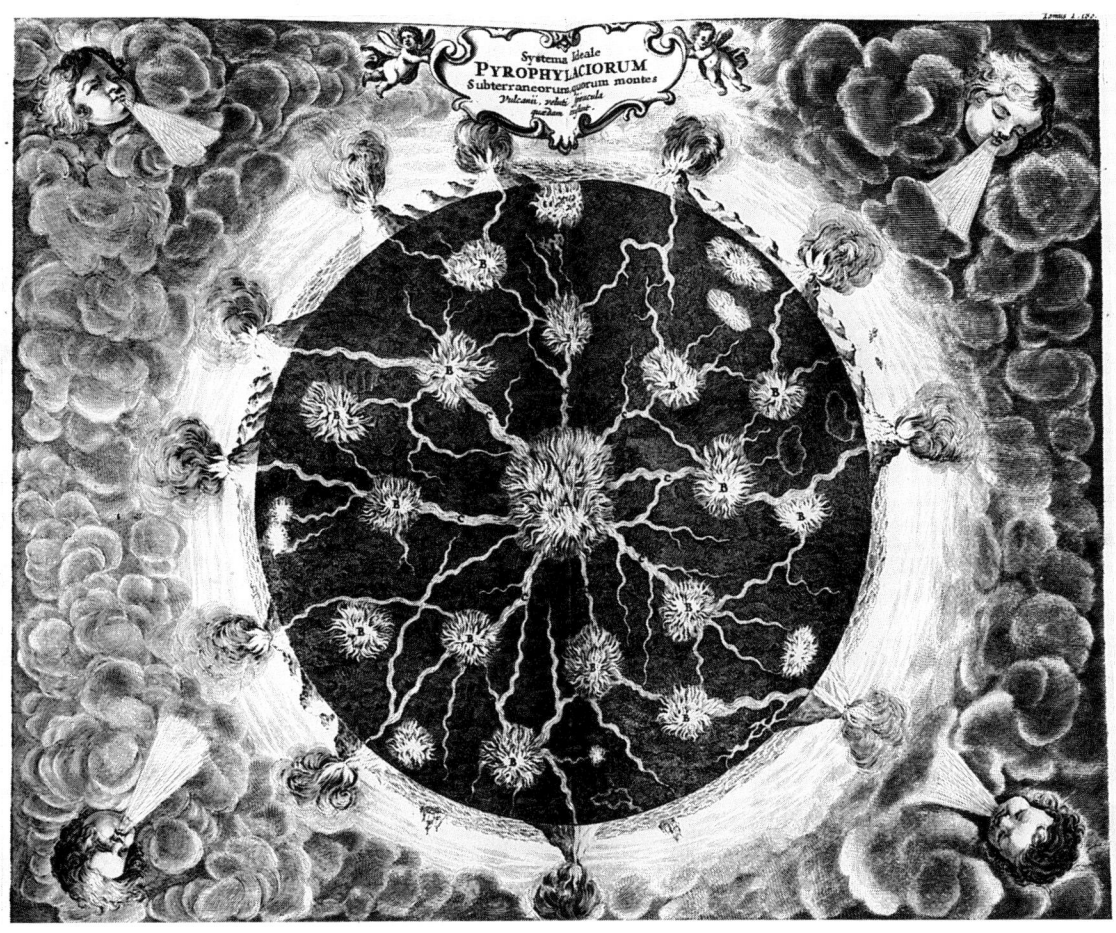

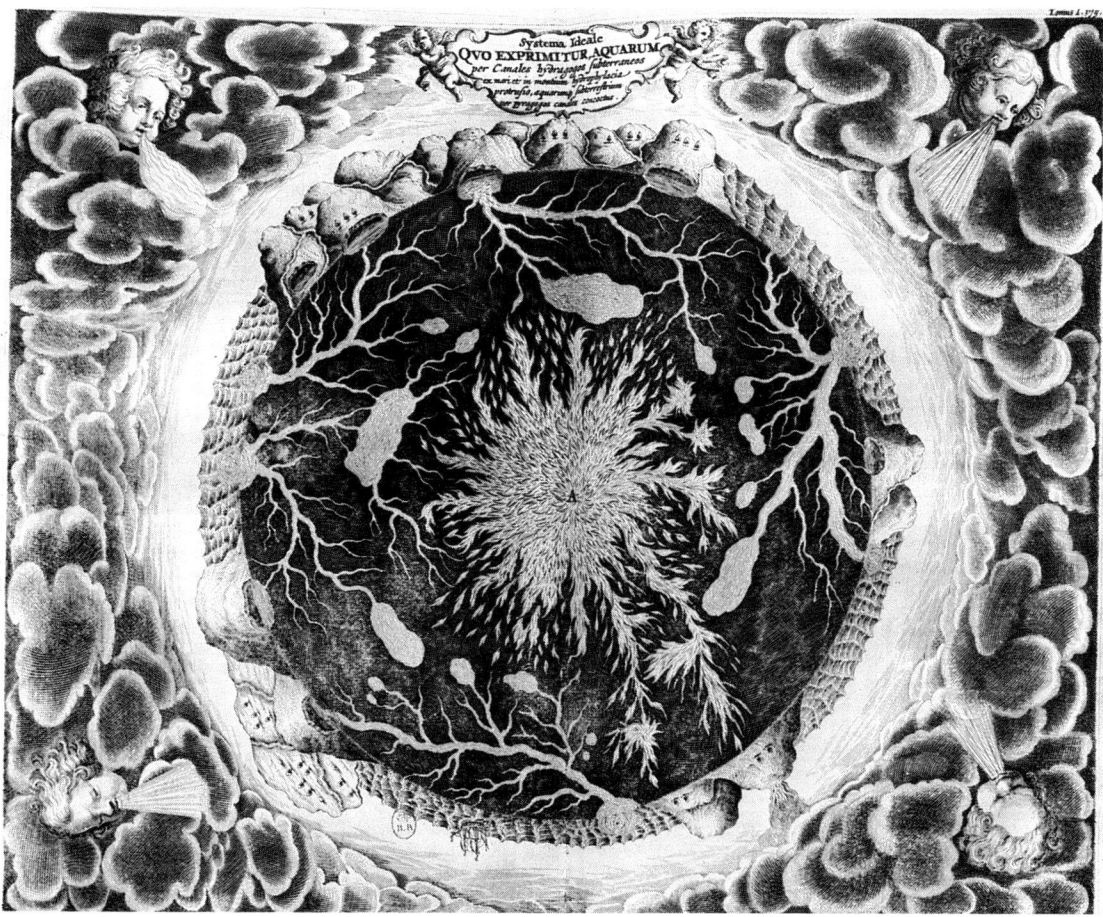

52 A. Kircher, Die unterirdische Welt, ein Vulkan. Foto Flammarion

Erdkugel wirkt mit ihren Höhlungen und Arterien wie ein tierischer Organismus. In den Höhlen hausen Menschen und Dämonen, wilde Tiere und Drachen. Mineralien und Metalle bilden sich dort von selbst und nehmen oft ein merkwürdiges Aussehen an. Die Natur ist ein Geometer, ein Optiker, der allen Fortschritten der Perspektive folgt, und sie ist ein Maler. Sie denkt und wirkt wie ein Mensch oder besser, sie ist der Wirkung derselben übergeordneten Kräfte unterworfen. Der erste Abschnitt des VIII. Buches, das der Mineralogie gewidmet ist, handelt ausführlich von den Formen, Gestalten und Bildern, welche die Natur in die Steine und Gemmen einzeichnet, und von ihrer Herkunft und ihren Ursachen.

Der Verfasser geht methodisch vor. Er gruppiert die Steine nach ihren bildlichen Motiven (Abb. 53–56): geometrische Figuren und alle Buchstaben des Alphabets; Himmelserscheinungen – die Asteriten mit den Sternen, zunehmendem Mond und Sonne; irdische Welt – Landschaften, Vegetation, Städte Lebewesen – Vögel, Vierfüßler, Menschen; religiöse Darstellungen – Christus, die Jungfrau mit dem Kind, Johannes der Täufer, der hl. Hieronymus. Und er erklärt die Bildungen auf vier Weisen: 1. – zufällig; 2. – Beschaffenheit des erzeugenden Bodens und Anlage der Formen und Flüssigkeiten zur Versteinerung; 3. – Magnetismus, der die ähnlichen Formen zusammenballt; 4. – göttliche und himmlische Verfügung.

Pflanzen und Steine entstehen aus derselben Erde, in der ihre Substanzen sich mischen. Daraus ergibt sich eine Verschmelzung. Die pflanzliche Substanz dringt in die Mineralien ein und verwandelt sich in versteinerte Kräuter und Früchte. In Kristallen und Marmorgestein breiten sich Bäumchen aus. Einige Steine, die die Gestalt von Tieren haben, sind Fossile. Vollkommene Bilder entstehen auch in einem Boden oder in Substanzen, die für ihre Aufnahme günstig sind, wie auch unter dem Einfluß magnetischer Ströme, die wie eine Galvanoplastik wirken. In derselben Weise bilden sich auch die Heiligengestalten in den

Vrbs Turrita

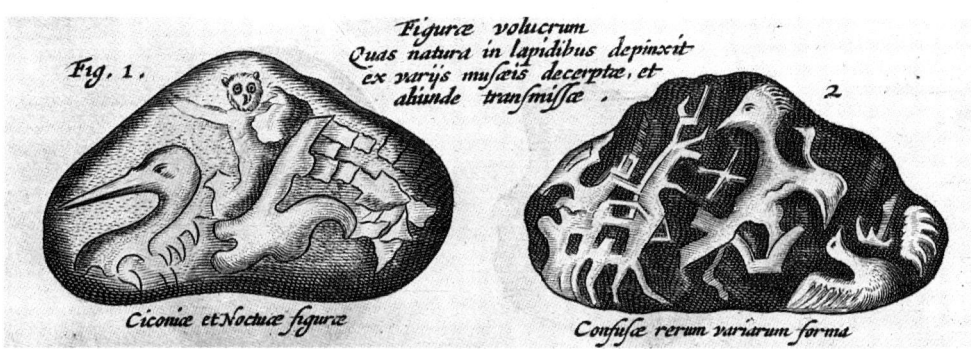

Figuræ volucrum
Quas natura in lapidibus depinxit
ex varÿs musæis decerptæ, et
aliunde transmissæ.

Fig. 1.

2

Ciconiæ et Noctuæ figuræ

Confusæ rerum variarum forma

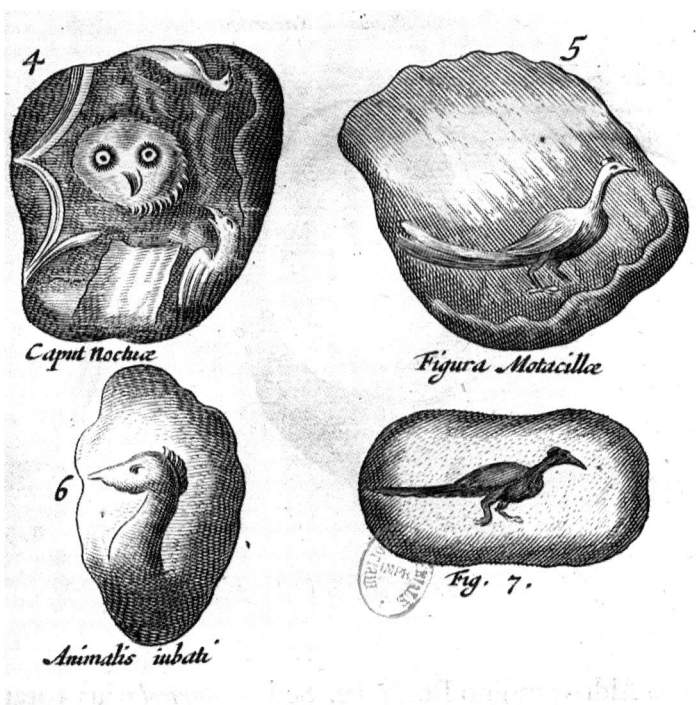

4

5

Caput Noctuæ

Figura Motacillæ

6

Fig. 7.

Animalis iubati

53 und 54   A. Kircher, Stadt mit Türmen, natürliches Bild im Marmor und Steine mit Vogelbildern, 1664. Fotos Flammarion

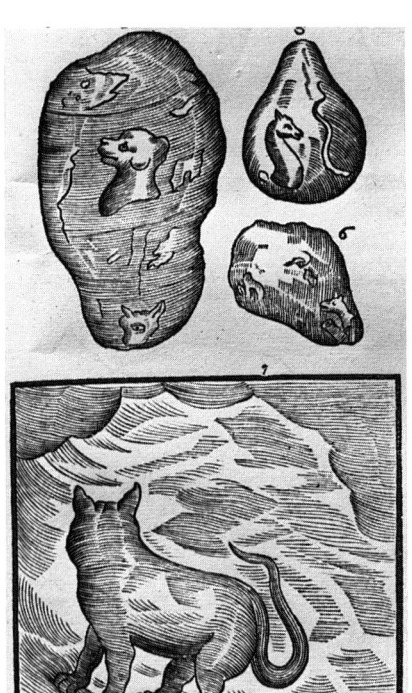

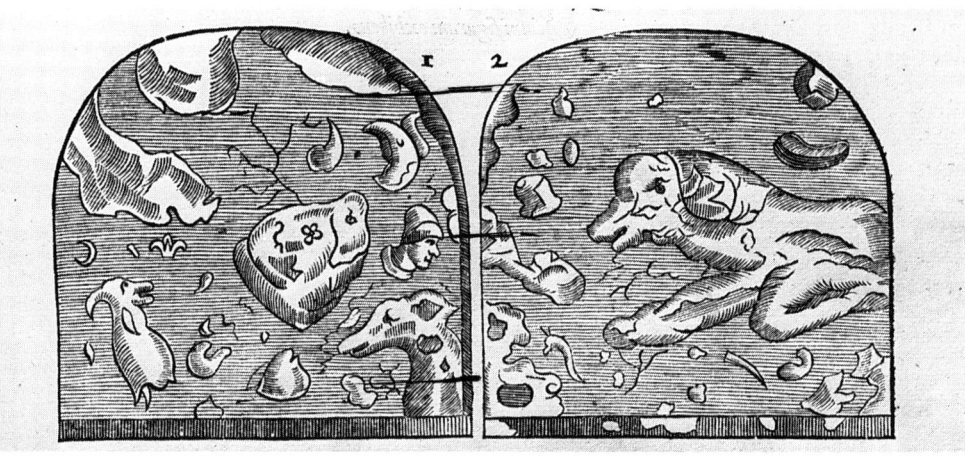

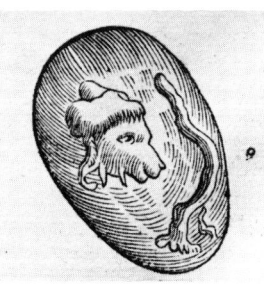

55 A. Kircher, Steine mit Bildern von vierfüßigen Tieren, 1664. Foto Flammarion

Steinen. Kultische Gegenstände und Kruzifixe, die bei Erdarbeiten verschüttet wurden, drücken sich im Gestein nach einer bestimmten Zeit ab, so wie dies bei der Inschrift INRI in Tivoli der Fall war. Zwischen zwei vergrabene Marmorplatten eingeschlossen, dringt die Gestalt schließlich tief in ihre Substanz ein. Doch all diese unmittelbaren Ursachen werden wirksam nur durch die göttliche Vorsehung, die in der Natur eine so große Zahl von Wundern bewirkt. Der Entstehung von Bildern in Steinen liegt dieselbe Kraft zugrunde wie der Entstehung neuer Sterne am Himmel und von Monstren auf der Erde.

Im selben Buch werden auch chemische Rezepte angegeben. Die Figuren müssen auf Papier gemalt werden, indem man der Farbe Vitriol und andere ätzende Flüssigkeiten beimischt. Zwischen zwei sorgfältig polierte Marmortäfelchen gelegt, dringt die Malerei nach zwei oder drei Monaten in deren Substanz ein. Das läßt sich auch unmittelbar auf einer Marmorfläche mit Ammoniak und Salpetersäure in einer Verbindung mit anderen Bestandteilen erreichen. Die Zeichnung wird sich dann ganz in den festen Körper eingeprägt haben. Zweifellos waren viele dieser Bildersteine Fälschungen.

Der Text ist mit Beispielen, die in den Museen (vor allem der Sammlung Aldovrandi, ein einziges Stück aus der Sammlung Kircher) aufbewahrt und über die ganze Welt, vom Heiligen Land bis Chile, verstreut sind, illustriert. Bald treten die Gestalten unklar aus den Flecken und Unebenheiten hervor, bald heben sie sich scharf umrissen ab. In manchen Fällen liefert der Illustrator das entsprechende Bild, indem er nur wenige Züge ändert.

Ihren Ursprung haben diese Visionen in der antiken Welt. Plinius führt in seinen Büchern über die Gemmen und über die Steine, »der größte Wahn der Menschen«, eine ganze Reihe ähnlicher Erscheinungen an. Wenn ein Block parischen Marmors in bestimmter Weise aus dem Felsen herausbrach, dann zeigte er auf einmal das Bild des Silen (XXXVI, *IV*). In Spanien, in der Gegend von Munda, wo Caesar den jungen Pompeius besiegte, findet man Steine, die, wenn man sie zerbricht, den Kontur der flachen Hand zeigen (XXXVI, *XXIX*). Die Asteriten bergen Sonnen und Monde in sich (XXXVII, *XLVII*). Schließlich sollen die Äderungen eines im Besitz von Pyrrhus befindlichen Achats »auf natürliche Weise und ohne daß die Kunst dazu beigetragen hätte« eine mythologische Gruppe dargestellt haben: Apoll, eine Leier in Händen, die neun Musen und sogar die einzelnen Attribute jeder der Göttinnen (XXXVII, *III*). Zu diesem Wunder ergänzt Solin (um 230)[25] noch andere. Wenn die Achate von erster Qualität sind, dann zeichnen ihre Adern verschiedene Naturdinge: Die aus Indien stammenden Achate bilden bald Wälder, bald Tiere ab. Die »Autoglyphen«, die das Bild der Göttermutter tragen, und die »philadelphischen« Steine, die Menschen darstellen (wenn man ihren Namen ausspricht, dann lösen sie sich von ihrer Umgebung und vereinigen sich), und die mit Bändern in menschlicher Gestalt geschmückten Kristalle kommen in der Plutarch zugeschriebenen *Abhandlung von den Flüssen* vor, einer apokryphen Schrift, die man vor 227 datieren konnte.[26] Ihre Beschreibung ist mit Hinweisen auf eine Reihe von Quellen begleitet: Ktesiphons *Abhandlung von den Pflanzen*, die *Abhandlung von den Steinen* des Aristobul und die *Tragischen Geschichten* oder *Thraker* von Trasyll, dem Mendesier.

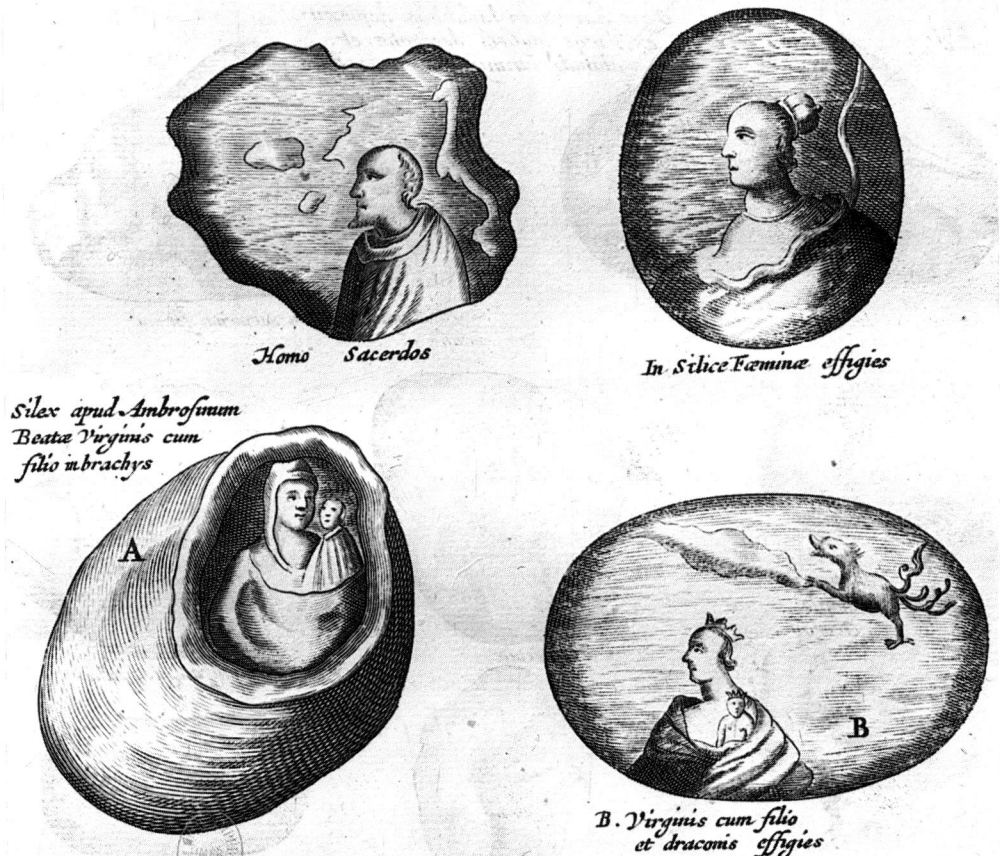

56 A. Kircher, Steine mit Bildern von Menschen, 1664. Foto Flammarion

Alle Arten der von Natur bildgeschmückten Steine waren den griechisch-römischen Steinschneidern bekannt, und aus ihren Angaben entstanden die Legenden, die sich im Abendland bis zur Herausbildung der modernen Mineralogie verbreitet haben.

Das Mittelalter, das die überkommenen phantastischen Gestaltungen ständig vermehrt hat, hat zunächst die Legendenbildung um den Achat bereichert, indem es ihn nach und nach in ein System integrierte, das die religiösen Texte mit den wissenschaftlichen Lehren in Einklang brachte.

---

25 C. J. Solin, *Polyhistor*, Paris 1847, S. 101.
26 F. de Mély, *Les Lapidaires de l'Antiquité et du Moyen-Age*, Bd. III, Paris 1902, S. LIV, 30 und 31.

Die Gemme des Pyrrhus wird nicht mehr nur mit einem einzigen Thema verknüpft. Das *Lapidarium* des Marbodus, von dem mehrere Fassungen vom 11. bis zum 15. Jahrhundert bekannt sind[27], zeigt eine ständige Umbildung. In seinem lateinischen Gedicht nimmt der Bischof von Rennes den Text des Plinius direkt auf. Es sind immer noch die Musen und Apoll, die erscheinen:

Auf wunderbare Weise Natur und nicht ein Werk der Kunst.

> Natura, non artis opus, mirabile dictu.

In einer französischen Fassung vom Ende des 12. Jahrhunderts handelt es sich nicht mehr um die antiken Götter.

Man sieht darin die Gestalt von Königen, / die von Natur in ihm ist, / oder das Abbild anderer Wesen.

> De reis i véit om la figure
> Ke est en li de sa nature,
> Ou d'altre beste la semblance . . .

Dagegen heißt es am Anfang des 14. Jahrhunderts vom Achat:

Er hat weiße und blaue Adern, / und es sind darin verschiedene Gestalten / von Bäumen und gekrönten Königen, / von wohlgeschmückten Göttern / und Formen wilder Tiere. / Der König Pyrrhus, der so weise war, / trug diesen Stein an seinem Finger.

> Vainnez i hat blanches ou perses
> Et s'i hat figures diverses
> D'arbres et de rois coronés
> De damedex bien aornés
> Et formes de bestes sauvages.
> Li roi Pirrus qui tant fut sages
> Portoit ceste pierre en son doi.

Das Repertoire verändert und erweitert sich. Der Jean de Mandeville (gestorben 1372) zugeschriebene *Lapidaire*[28], der aber in Wirklichkeit erst im 15. Jahrhundert verfaßt zu sein scheint, enthält keinerlei mythologische Erinnerung mehr, weder König Pyrrhus noch Apoll. Die Achate mit natürlichen Gestalten kommen aus Indien (wie die, von denen Solin spricht), sind verschiedenfarbig und »haben Bilder von unterschiedlicher Gestalt: die einen sind Köpfe von Menschen, die anderen haben die Gestalt von Bäumen, wilden Tieren und Vögeln«. Die ganze Welt taucht aus ihrer geäderten Substanz auf. Sie sind Bildsteine par excellence. Doch viele antike Siegel, deren Herkunft unbekannt ist, werden von einer bestimmten Zeit an als Kunstwerke »a natura non ab arte« betrachtet. Das *Steinbuch* von Alphons dem Weisen und die *Abhandlung von den Mineralien* des Albertus Magnus bestätigen das.

Das Geheimnis der geschnittenen Gemmen und der Kameen mit ihren Monstren und ihren Göttern hat die Phantasie beschäftigt.[29] Die *Exodus*-Stelle (XXXI), wo Jehova zu Moses sagt, daß er Bezaleel vom Stamme Juda berufen habe, »kunstreich zu arbeiten an Gold, Silber, Erz, kunstreich Steine zu schneiden und einzusetzen«, und ihm Oholiab vom Stamme Dan zum Gehilfen gebe, hat der griechisch-römischen Antike Eingang in die Bibel verschafft. Alle übernatürlichen Tugenden und Kräfte werden diesen geschnittenen Kleinodien von den legendären Goldschmieden verliehen. Aber es gibt darunter auch Steine, die von der Natur und von Gottes Gnade geschaffen wurden. Die Gestalten, die Gott in sie hineinlegt, verdoppeln ihre Kraft. Sie werden ihnen von den Sternen noch in dem Augenblick zugetragen, wo sie im Schoß der Erde wachsen, so weiß es ein mystisches Buch eines Philosophen, Magiers und Königs von Israel, Gethel, das im Mittelalter häufig zitiert wird.[30] Nach Conrad von Megenberg (1304–1374) soll dieses Werk, das vom astrologischen Denken

---

27 Das *Lapidarium* des Marbodus ist veröffentlicht in Migne, *Patr. lat.*, CLXXI. Zu seinen französischen Ausgaben siehe L. Pannier, *Les Lapidaires français du Moyen-Age, des XIIe, XIIIe et XIVe siècles*, Paris 1882.

28 J. de Mandeville, *Le Lapidaire du XIVe siècle*, Wien 1862, S. 23; zur Datierung der Abhandlung siehe L. Pannier, a.a.O., S. 191.

29 Zur Verbreitung der antiken Steinschneidekunst im Mittelalter, siehe F. Mély, *Du rôle des pierres gravées au Moyen-Age*, Revue de l'Art chrétien, 1893, und J. Baltrusaitis, *Le Moyen-Age fantastique, Antiquités et Exotismes dans l'Art gothique*, Paris 1981, S. 25–30.

30 Auszüge aus dem Buch Gethels in den *Lapidarien* von Hugues Ragot, Conrad von Megenberg (Tethel) und Mandeville (Techel). Siehe F. de Mély, Du rôle des pierres gravées . . ., a.a.O., S. 198; J. de Mandeville, a.a.O., S. 122; C. von Megenberg, *Das Buch der Natur*, Greifswald 1897, S. 402.

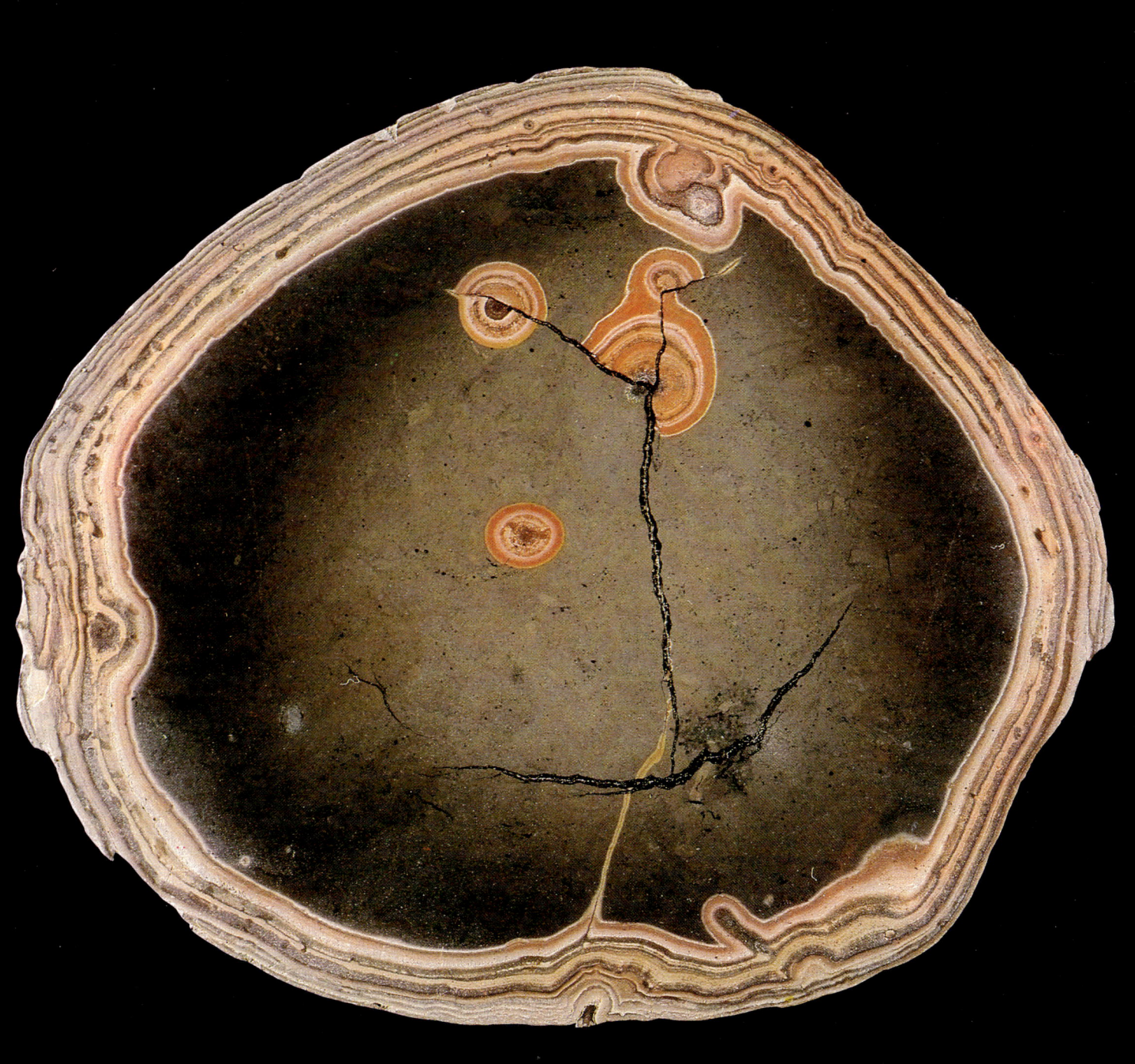

Alexandriens und des Orients tief geprägt ist, während des Aufenthaltes der Hebräer in der Wüste erdacht worden sein, als sie alle ihre Hoffnungen in Zauberei und Talismane setzten. Die Wahnvorstellungen schlagen selbst auf dem Boden des Alten Testamentes Wurzeln.

Eine Stütze und Bestätigung finden diese astrologischen Theorien in der *Meteorologie* des Aristoteles (Buch III, *VII*), wo die Mineralien in den Ausdünstungen entstehen, die im Schoß der Erde erzeugt werden. Die Gestirne üben nämlich, Albertus Magnus zufolge[31], ihren Einfluß leichter auf luftige Substanzen in Bewegung aus. Man weiß auch, daß es Positionen der Gestirne am Himmel gibt, die die Erzeugungssubstanz menschlicher Gestalten derart trüben, daß sie sich zu schrecklichen Monstren verändern. Der Abdruck dieser menschlichen und anderen Gestalten in den Steinen, die festgewordene Dämpfe sind, kann also keinen anderen Grund haben, als daß die Bilder darin ganz oder teilweise erscheinen. Besonders wirksam ist dieser Einfluß beim Onyx, einer Art Achat, dessen Substanz sehr weich ist. Einen solchen besitzt der Dreikönigsschrein in Köln mit zwei übereinanderliegenden Köpfen und einer Schlange, die in ihrem aufgesperrten Maul einen Äthiopierkopf hält, in die weißen Äderungen des Steins von der Natur und nicht von der Kunst gemalt. Aber auch die Kunst kann eingreifen, indem sie Darstellungen und farbige Substanzen verbindet, die dann von der Natur oder durch alchemistische Verfahren zu Steinen gehärtet werden. Die Elemente des Kircherschen Lehrgebäudes sind seit dem 13. Jahrhundert formuliert.

Von den übrigen Mineralien kann auch der Marmor, dessen Äderungen und Flecken ihm durch himmlische Anordnung mit der größten Kraft eingeprägt und eingesenkt sind, in seinen Bruchstücken Bilder entstehen lassen. Albertus Magnus führt als Beispiel nicht nur den Silen von Paros, sondern auch einen bärtigen und gekrönten Kopf an, der auf einer Wand der Kirche in Venedig zu sehen war.

Die Steine können vom Wasser geschaffen werden, was ihnen gelegentlich ein befremdliches Aussehen gibt. In bestimmten Gegenden der Pyrenäen nehmen sie baumartige Formen an. An den Küsten Dänemarks hat man ein Nest mit Vögeln, die im Meer versteinert waren, gefunden. Ein Brunnen verwandelte alles, was in ihn getaucht wurde, in Stein, wie Kaiser Friedrich an seinem Handschuh erprobte. Der Gorgonenmythos meint nichts anderes als die mineralische Kraft und die Empfänglichkeit der Säfte für solche Wirkungen. In allen diesen Fällen handelt es sich jedoch nicht um in den Stein eingelassene Gestalten, sondern um eine direkte Verwandlung des Stoffes innerhalb derselben Form.[32] Alle diese Steinwunder werden der Reihe nach in ein vollständiges und kohärentes System gebracht.

Die Gelehrten des 16. Jahrhunderts setzen die Spekulationen über diese Gegenstände fort, bald mit Rückgriff auf antike Quellen, bald in einer Ausweitung der mittelalterlichen Phantasien. Astrologie und Alchemie, alle magischen Wissenschaften beherrschen noch die Köpfe, und die Mineralogie gehört oft noch ganz in den Bereich des Wunderbaren. 1566 erscheint in Venedig ein Buch über die von der Natur geschaffenen Gemmen, in dem die wichtigsten Abhandlungen darüber, unter ihnen das Buch von Gethel (Thetel), gesammelt sind.[33] Man beruft sich immer wieder auf die Theorien von Albertus Magnus, und Pomponazzi zitiert längere Auszüge daraus (um 1520).[34] Cardano äußert 1550 Zweifel hinsichtlich des Achats des Pyrrhus[35]: ein Künstler habe diese mythologischen Figuren gemalt, und die Natur habe das übrige getan, denn die Gemme sei an einem Ort vergraben gewesen, »wo gewöhnlich Achate wachsen«. Er selbst aber besitze zwei unbezweifelbare Beispiele: in dem einen habe die Natur die Kreise der Himmelssphäre und die wie über den Wassern gerundete Erde eingemalt, in dem anderen scheint eine Öffnung des Bodens Rauch auszustoßen, der die Luft »überschatte«. Die Beschreibung könnte auf Achatstücke passen, in denen man die

---

31   Albertus Magnus, *De Mineralibus et rebus metallicis.* Vgl. Ausgabe Venedig 1542, Buch II, Kap. I, S. 209 und Kap. II, S. 211 ff.

32   Ebd., Buch I, Kap. IX, S. 154.

33   L. Dolce, *Libri tre nei quali si tratta delle doverse sorti delle gemme che produce la natura,* Venedig 1566.

34   P. Pomponazzi, *De naturalium effectum admirandorum causis,* Basel 1556.

35   G. Cardano, *De Subtilitate . . . ,* Nürnberg 1550, und *De la subtilité et subtiles inventions, ensemble les causes occultes et raisons d'icelles,* Paris 1556, S. 137 ff.

Darstellung kosmischer Wirbel gesehen hat. Der Achat bildet Wälder, Wiesen, Tiere, Flüsse, Blumen und Bäume ab. Später sieht man dann noch mehr:

In seinem Eis/lebhaft eingeprägt das Gesicht/von Menschen und von verschiedenen Tieren./Die Erde, der Himmel, die Sterne,/das Meer, von Winden aufgewühlt, und Segel./Berge, Felsen, Flüsse und grüne Wälder . . .

> . . . en sa glace
> Vivement empreinte la face
> D'Hommes et d'animaux divers,
> La terre, le ciel, les étoiles,
> La mer grosse de vent et voiles,
> Monts, rochers, fleuves et bois verts . . .
> *Rémi Belleau, 1576*[36]

Fische, wilde Tiere, Vögel, Wälder, tiefe Höhlen./Flüsse sind von Natur darin eingraviert . . .

> Poissons, bêtes, oiseaux, bois, antres cavés.
> Pleine, fleuves y sont par Nature engravés . . .
> *Isaac Habert, 1585*[37]

Die wissenschaftliche Poesie scheint weniger von Plinius[38] als von Marbodus und Mandeville inspiriert. Die Aufmerksamkeit Cardanos richtet sich aber vor allem auf die Legende von den Steinen im allgemeinen.

Die Steine leben, sie erleiden Krankheit, Alter und Tod. Die losgehauenen Steine wachsen. Die Steine bedecken sich mit Figuren. Alberti zufolge zeigte ein auf einem Feld bei Verona gefundener Stein das Siegel Salomons, das von der Natur ganz genau gezeichnet war.[39] Ein »Alabandin« in Freiburg zeigte das Bild von Affen, und in Annaberg hatte »ein anderer Alabandin« die Gestalt eines Kreuzes. In den Wäldern des Erzgebirges zeigten die Goldflekken auf den Kieselsteinen verschiedene Formen

wie vom Sperling, Salamander, Hahn, einem bärtigen Kopf und der Jungfrau mit dem Kind . . . In ähnlicher Weise findet man die Gestalten von Fröschen und Fischen, aus Kupfer gebildet, auf der Oberfläche der Steine abgemalt.

Gelehrte wie Scaliger (1484–1558)[40], Agricola (1490–1555)[41] und Gesner (1516–1565)[42] bringen ihrerseits mehrere neue Beispiele bei. In Konstantinopel in der Kirche der Weisheit (Sophienkirche) zeigen zwei gespaltene Stücke weißen Marmors aschfarbene Flecken, die von der Natur so angeordnet sind, daß sie Johannes den Täufer, bekleidet mit einem Kamelfell, darstellen. Einer seiner Füße ist nicht wohlgestaltet. Die Türken weisen ihn den Christen vor. In San Vitale in Ravenna zeigt die aschfarbene Marmorfärbung das Bild eines Franziskaners. In Regensburg erscheint in einem ungeschliffenen Marmor eine bärtige Gestalt, wahrscheinlich der hl. Paulus von Theben. Die religiösen Darstellungen werden zu ihren antiken Vorläufern in Beziehung gesetzt, dem Silen des Plinius, dazu dem Kopf eines jungen Pan, der im Innern eines Steines aus Chios gefunden wurde, den *Autoglyphen* mit dem Bildnis der Göttermutter und den Kristallen mit den Gestalten gekrönter Männer aus der pseudo-plutarchischen Abhandlung. Der Gorgonenmythos wird, im Einklang mit der Fassung, die das Mittelalter kannte, als dichterisches Symbol der Versteinerungskraft der Natur interpretiert. Steine mit geometrischen Mustern, mit Sternen übersäte, mit Wellen- und Laubmuster und baumartigen Bildungen geschmückte Steine werden beschrieben und abgebildet. In der Gegend von Dresden, in Stolp, erheben sich prismatische Felsbildungen wie die Wolkenkratzer einer modernen Stadt (Abb. 57). In jedem Augenblick nehmen die Steine die unerwartetsten Formen an.

36 R. Belleau, *Amours et nouveaux échanges des pierres précieuses*, Paris 1576, S. 40.
37 I. Habert, *Les Trois Livres de météores*, Paris 1585, S. 58.
38 Die Legende vom Achat des Pyrrhus wird in ihrer klassischen Version gleichwohl verschiedentlich wiedergegeben, unter anderem bei F. Rueus, *De gemmis . . .*, Paris 1547; G. Merula, *Memorabilium*, Lyon, 1556, S. 292; und A. Bacci, *De gemmis et lapidibus*, Frankfurt 1603, S. 88.
39 Die Stelle, auf die Cardano sich bezieht, findet sich in *De re aedificatoria* von L. B. Alberti (um 1450). Vgl. die Straßburger Ausgabe, 1541, fol. 29 v.
40 J. C. Scaliger, *Exotericarum Exercitationum liber . . .*, Lübeck 1557, S. 180.
41 G. Agricola, *De re metallica, de ortu et causis subterraneorum . . .*, Basel 1546, S. 309.
42 C. Gesner, *De omni rerum fossilium, lapidum et gemmarum maxime, figuris et similitudinibus liber*, Zürich 1565, S. 141 ff.

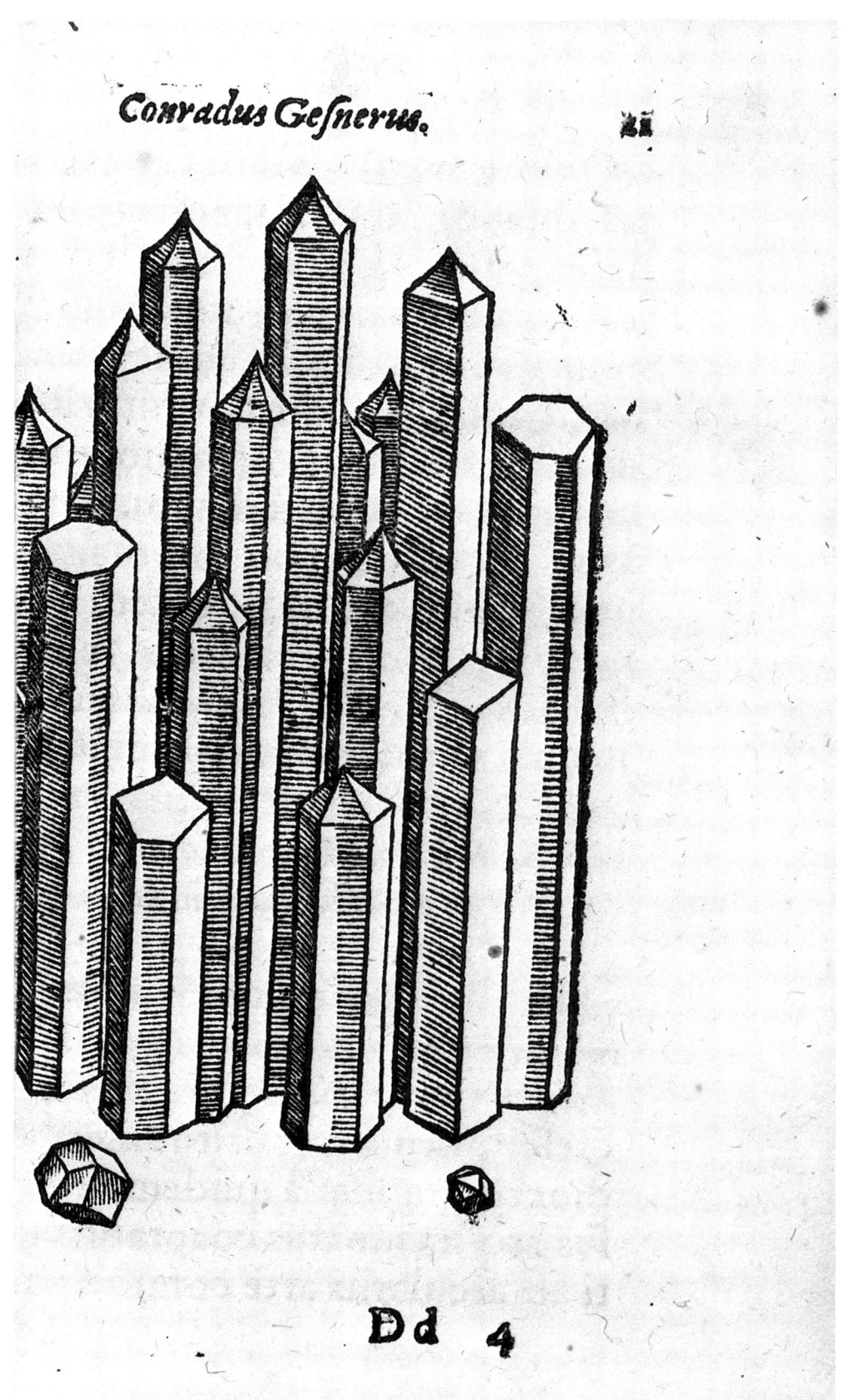

Conradus Gesnerus.

Dd 4

57 C. Gesner, Prismatische Felsen von Stolp in Böhmen, 1565. Foto B.N.

Effigia inpressa de la natur
a un bianca marmo dicono ch
sia .S. Girolamo.

Fig. 4.
In Specie Betlemico
Figura S. Hieronymi

58   J. Callot und A. Kircher, Bilder des hl. Hieronymus in einem Marmorstein aus der Höhle der Geburt in Bethlehem,
1619 und 1664. Fotos B.N. und Flammarion

Statt mit der Entwicklung der Naturwissenschaften rationaler zu werden, gerät die Welt der Steine immer wundersamer. Gaffarel[43], Bibliothekar des Kardinals Richelieu und Kaplan des Königs, nimmt auf der Höhe des 17. Jahrhunderts und in einem unabhängigen Milieu dieselben Theorien auf und betont ihre phantastische Seite. Die Erklärung des Ringes des Pyrrhus, die Cardano gibt, befriedigt ihn nicht. Die Vorstellung einer in Marmor verwandelten Malerei erscheint ihm absurd, und in Vergangenheit und Gegenwart mangelt es nicht an spontan erzeugten Bildern. Nyder (um 1475) hat berichtet, daß »der Herzog von Baden einen kostbaren Stein besaß, der, von welcher Seite man ihn auch betrachtete, immer ein Kruzifix zeigte«.[44] Als M. de Brives[45] 1604 die Levante bereiste, sah er in San Giorgio in Venedig einen

43   J. Gaffarel, *Curiositez inouyes sur la sculptures talismanique des Persans,* Paris 1629, S. 156 ff., S. 167 ff.
44   Nach J. Nyder, *Formincarium,* Douai 1602, S. 293.
45   F.-S. de Brives, *Relation des voyages,* Paris 1629.

gekreuzigten Christus »in einem Marmorstein, der so getreulich dargestellt war, daß man die Löcher, die Wunden und die Blutstropfen erkennen konnte«. Dieselbe Kirche besitze »einen *gamahé* (schon der Ausdruck ruft die Antike, gesehen vom Mittelalter, herauf) oder eine wunderbare und rein natürliche Gestalt« neben einem Altar aus gesprenkeltem Marmor, der einen Totenkopf darstelle. Überall zeige sich die Natur bewunderungswürdig, aber im Süden und im Orient seien diese Bildungen »aufgrund der Wärme, die sie hervorbringt, und wegen der Macht der Sterne« häufiger. In der Provence, in den Bergwerken von Forcalquier, hat man eine Anzahl *gamahés* mit Tieren und Buchstaben gefunden, ebenso in der Nähe von Lyon, einer gleichfalls sehr warmen Gegend. In der Gegend von Riez findet man Grotten mit *gamahés*, auf denen in Relief alle Gestalten dargestellt sind, die die Einbildungskraft nur zu erfinden vermag. Die einen hängen in der Höhe, die anderen ragen auf wie Statuen. In den Felsen der Tartarei sieht man natürlich gebildete Kamele, Stuten und Schafe. In Bethlehem, in eben der Grotte, in der sich die Geburt Christi ereignete, zeichnet sich im Geäder eines Tisches die Gestalt eines bärtigen Greises im langem Gewand ab, dessen Kopf in eine Kapuze gehüllt ist. Es heißt, es sei das Bild des hl. Hieronymus, das sich durch ein Wunder und die Gnade Gottes hier eingegraben habe, »wegen der Verehrung, die er der Krippe entgegenbrachte«. Das Bild, das man aufmerksam fixieren muß, taucht auf und verschwindet »wie ein Trugbild im Feuer oder in den Wolken«. Es ist bekannt geworden durch einen Stich von Callot (Abb. 58) nach einer Zeichnung des Bruders B. Amico, die in der *Voyage en Terre Sainte* von Gallipoli (Florenz, 1619) abgebildet ist.[46] Der Künstler hat sich gewiß Gedanken über die Natur dieses Wunders gemacht.

Oswald Croll[47], Zeitgenosse Gaffarels und Arzt des Fürsten Anhalt, erwähnt seinerseits italienische Grotten zwischen Vicenza und Padua, in denen man »Wirkungen und Spiele der Natur sehen kann, die ebenso staunenswert wie mannigfaltig sind«. Ihr Zustandekommen erklärt er durch chemische Faktoren:

> Die von der Decke herabfallenden Wassertropfen, die kraft des verschiedenen Salzgehaltes auf unterschiedliche Wege gelenkt werden, erzeugen, bilden und verwandeln in Stein verschiedene Gestalten, die hier einen Menschen, dort ein Pferd und ähnliche Dinge darstellen.

Es handele sich um Abdrücke, mit denen elementare Kräfte ihre »Signaturen« einem untergeordneten Reich aufprägten.

Das vollständigste Verzeichnis dieser Merkwürdigkeiten findet man jedoch bei Ulisse Aldrovandi (1522–1607), einem berühmten Bologneser Arzt und Naturforscher, dessen naturkundliche Enzyklopädie bis zu Buffon als Autorität galt. Sein Werk über Mineralogie wurde 1648 veröffentlicht, durchgesehen und vervollständigt von Ambrosini.[48] Zu den bereits in anderem Zusammenhang mitgeteilten Beispielen kommen zahlreiche andere hinzu (Abb. 59 und 60). In Venedig werden außer dem gekrönten König (Albertus Magnus) und dem gekreuzigten Christus (Brives-Gaffarel) ein Waldmensch, Vögel und Fische verzeichnet; in Ravenna neben dem Franziskanermönch (Agricola) zwei Bilder von Pfauen, ein Pilger, den man neben dem Altar von San Vitale erahnen kann, und ein Mönch mit einer kleineren Gestalt daneben, gerahmt von zwei Engeln, die in einem durchschnittenen Marmor zum Vorschein kamen; in San Giovanni in Pisa ein Eremit, begleitet von einer einem Türken ähnelnden Gestalt, ebenfalls in Pisa und desgleichen in Bologna die Jungfrau mit dem Kind, die Cardano im Erzgebirge lokalisiert hatte, und in der Gegend der Kartause von Pavia eine Christusgestalt, »von der Natur anmutig auf fünf Steine gezeichnet«. Jetzt werden überall, in Syrakus, Bergamo, Ferrara, natürliche Bilder entdeckt. Die Sammlung Aldrovandi enthielt davon wichtige Stücke.

Es handelt sich nicht mehr um Mineralien verschiedenster Art, sondern es sind ausschließlich Marmorstücke und verwandte Steine, wie der Feuerstein, ebenfalls gefleckt und diaphan, oder der Jaspis, die diese Wirkungen hervorbringen können. Damit die Gestalten sich abdrücken können, muß die Substanz zunächst dampfig und flüssig sein und dann nach und nach aushärten. Die neuen Elemente fügen sich genau in das Denken des Albertus Magnus. Das den Marmorsteinen gewidmete Kapitel (lib.IV, cap. LVII) ist beherrscht von der Frage nach ihren figürlichen Eigenschaften, und sie werden nach Themen klassifiziert. Auf Marmor mit religiösen Darstellungen folgt der Marmor, der »Flüsse nachahmt«, schäumender

59 Aldrovandi-Ambrosini, Durchschnittener Marmor aus Ravenna mit dem Bild eines Mönches, 1648. Foto B.N.

60 Aldrovandi-Ambrosini, Ein Einsiedler und ein Türke, auf natürliche Weise dargestellt in einem Marmor von San Giovanni, Pisa, 1648. Foto B.N.

46 J. Lieure, *Jacques Callot*, Paris 1927, Nr. 314 des Katalogs, Tafel 7.
47 O. Croll, *Traicté des signatures ou vraye et vive anatomie du grand et petit monde*, in *Royale Chymie*, Rouen, 1634, S. 11.
48 U. Aldrovandi, *Museum metallicum*, Bolgna 1648, veröffentlicht von B. Ambrosini.

Marmor, *dendritischer Marmor*, bedeckt von zarter Vegetation oder dichten Wäldern, *anthropomorphitischer Marmor*, dessen Flecken menschliche Züge hervortreten lassen, *kynitischer Marmor* mit Silhouetten von Hunden, *skombriformer Marmor* mit Fischen und *polymorphitischer Marmor*, ganz übersät von Ungeheuern, Drachen, Vögeln, Vierfüßlern und Menschen. Der *orientalische Marmor* ist ein Wirbel von Muscheln, Algen und Meereswogen, die »keine Hand eines Malers nachahmen könnte« (Abb. 61 und 62).

61 Aldrovandi-Ambrosini, Polymorphitischer Marmor und orientalischer Marmor, 1648. Fotos B.N.

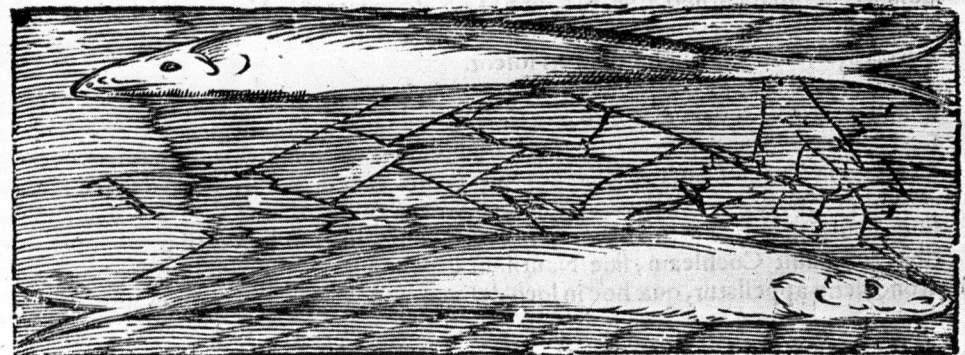

62 Aldrovandi-Ambrosini, Skombriformer Marmor und anthropomorphitischer Ophit, 1648. Fotos B.N.

Die Abhandlung ist wertvoller durch ihre Illustrationen als durch ihren Text, der wirr und überladen ist: Aldrovandi, der in seinem ganzen Werk der Bildwelt einen großen Raum gibt, hatte den Beinamen eines »Illustrators« der Natur. Die Bilder, die er zusammenträgt, sind eine Sammlung der hauptsächlichen Beispiele, von denen einige bis dahin nur durch flüchtige Beschreibungen bekannt waren. Oft sind die Zeichnungen bloße Phantasie, aber sie zeigen, wie man damals diese spontanen Bilder auffaßte. Die Visionen nehmen im Gewirr der Flecken und Unebenheiten Gestalt an, bilden aber ein festes Repertoire. Die beiden Fische des *skombriformen* Marmors bilden das Tierkreiszeichen ab, das ein geläufiges Thema der Marmorinkrustationen war.[49] Die auf einem Porphyr erscheinenden Vögel, Pfauen und eine spiralförmige Schlange sind zweifellos auch von orientalisierendem Ornament angeregt. Seit Albertus Magnus werden Venedig, Ravenna, Konstantinopel und Pisa, die auch durch ihre Inkrustationskünste und Mosaiken bekannt waren, immer wieder mit diesen Wundern in Zusammenhang gebracht. Sicher kommt es oft auch zu Verwechslungen.

Aber auch sonst gibt es eine Fülle von Beispielen. Die *Polymorphiten* wimmeln von phantastischen Wesen, unter denen man Geschöpfe des gotischen Mittelalters erkennt wie den Drachen mit Fledermausflügeln und die Grotesken der Renaissance. Die Quellen, die zur Theorie beigetragen haben, machen sich auch in den Themen bemerkbar. Auch antike Elemente findet man wieder. Der *anthropomorphitische Ophit* zeigt unter seinen Verfärbungen »das Bild eines menschlichen Kopfes mit einer türkischen Kopfbedeckung, und, was noch erstaunlicher ist, wenn man ihn umdreht einen zweiten, umgekehrt gezeichneten Kopf«. Das Doppelantlitz ist charakteristisch für die griechisch-römische Skulptur, und, aus der Legende der Gemmen in die des Marmors übertragen, ein Symbol der Kontinuität.

Die Bilder tauchen im Stein auf wie in einem trüben Spiegel. Ursprünglich reines Ornament, geädert und gefleckt in einem verschwommenen Muster ohne gegenständliche Formen, scheint der Marmor in ein Stadium zurückzuführen, das den Mosaiken vorausging und wo der Mensch die lebendigen Züge, die er zu erkennen glaubte, nachgezogen hat. Die Gestalten fügen sich ein und erscheinen wie die Enthüllung eines geheimen Lebens.

Für die Verbreitung der Formen und Fabeln und für den Ruhm des »florentinischen Marmors« haben das Werk Aldrovandis und sein Museum, dem die Sammlung Cospi angegliedert wurde, in der die Bilder vom Untergang Trojas mit Tapisserien rivalisierten, eine außerordentliche Bedeutung gehabt. Kircher hat sich durch sie bei der Formulierung seiner Theorien vielfach anregen lassen und eine Fülle von Beispielen von dort bezogen. Der Text enthält auch Ratschläge für Künstler.

In seinen Bemerkungen zu dem Jaspis, der bald einen Fluß, bald einen Skorpion zeigt, weist Ambrosini darauf hin, daß der Schrank Rudolphs II. prachtvolle Exemplare davon enthielt mit Sümpfen und Wäldern, Wolken, Bäumen und Flüssen, die auf den Beschauer nicht wie Steine, sondern wie Gemälde wirken. Er bezieht seine Angaben von Anselme Boèce de Boot, dem aus Brüssel stammenden Arzt des Kaisers, dessen *Histoire des gemmes et des pierres* 1609 erschienen ist.[50] Die Erklärung zum Skorpion ist freilich falsch, denn dieser wird in den Jaspis

49 Zum Beispiel in der Pflasterung von San Miniato und des Baptisteriums in Florenz.
50 A. Boèce de Boot, *Gemmarum et lapidum historia*, Hannover 1609, *Le Parfait Joaillier ou Histoire des pierreries*, Lyon 1644, S. 326.

63   Die Steinsammlung von N. Lange, 1708. Foto B.N.

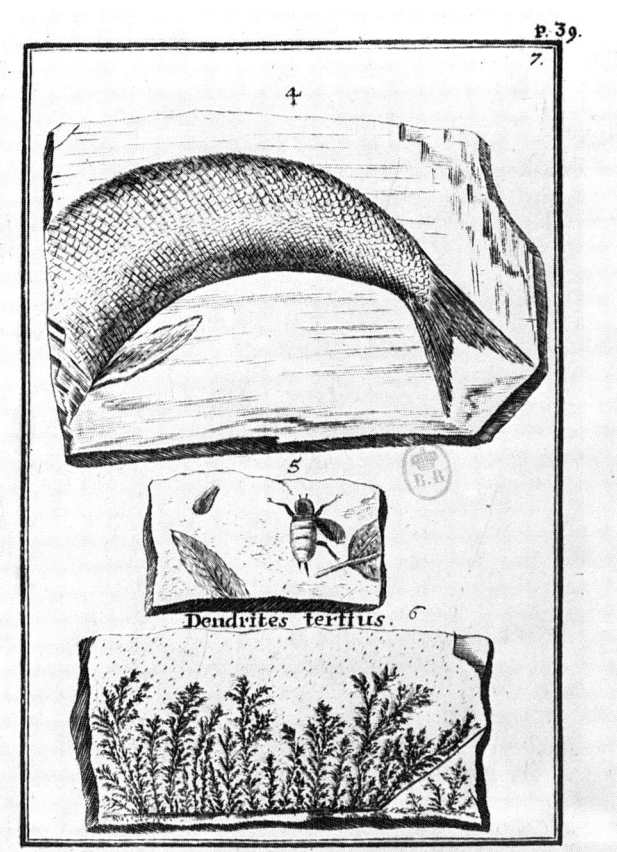

64   N. Lange, Bildstein, Fisch und Pflanze, 1708. Foto B.N.

zu der Stunde *geschnitten,* wo die Sonne in sein Zeichen eintritt, so daß der Stein alle seine prophylaktischen Kräfte annimmt. Der Schrank, das *scrinium,* war zweifellos der Kabinettschrank des Kaisers, der sich heute in Wien befindet, ähnlich den Möbeln, die Hainhofer an den Herzog von Pommern und an den König von Schweden lieferte. Anselme de Boot fügt hinzu, daß die Kaiserin von dessen Wirkungen so angetan war, daß sie aus demselben Stein einen Tischaufsatz anfertigen ließ, an dem die kunstreiche Hand des Handwerkers natürliche Figuren und Bilder von verschiedenen Gegenden, Gebirgen und Städten anbrachte. Die Arbeit nahm mehrere Jahre in Anspruch und war so erstaunlich, daß man sie zu den Weltwundern rechnen konnte, vergleichbar dem Tempel der Diana von Ephesos.

> Die Jaspisse, kostbar wie alle anderen Steine, denen die Natur Gestalten eingeprägt hat, sind in ihrem Wert unschätzbar, und ihren Preis zu bestimmen, bleibt dem Verkäufer überlassen.

Dieses Zeugnis eines Mannes, der einem Milieu unmittelbar verbunden war, in dem sich die großen Gelehrten und berühmten Künstler, Astrologen, Alchemisten und Wunderdoktoren drängten und von wo aus sich die bizarrsten Moden verbreiteten, ist besonders erstaunlich. Es macht deutlich, welche Rolle die visionäre Mineralogie in der Einbildungskraft spielte, und zeigt etwas von dem Geist, in dem diese spontanen Bildungen von den Kunsthandwerkern und Malern aufgefaßt und erforscht wurden.

Jaspis, Marmor und Achat wurden von den Künstlern wegen der Schönheit ihres Materials und wegen des unsteten, kontrastreichen Spiels ihrer Farben ausgewählt. Das Gewirr von Schatten und Flecken entsprach jedoch auch einem Elementarzustand: man sah darin den Dampf der Erde, die Wirbel der Ausdünstungen in ihrer Tiefe, die in der unterirdischen Hitze und Kälte erstarrt waren. Der Arzt Rudolphs II. erinnert auch an Bedingungen ihrer

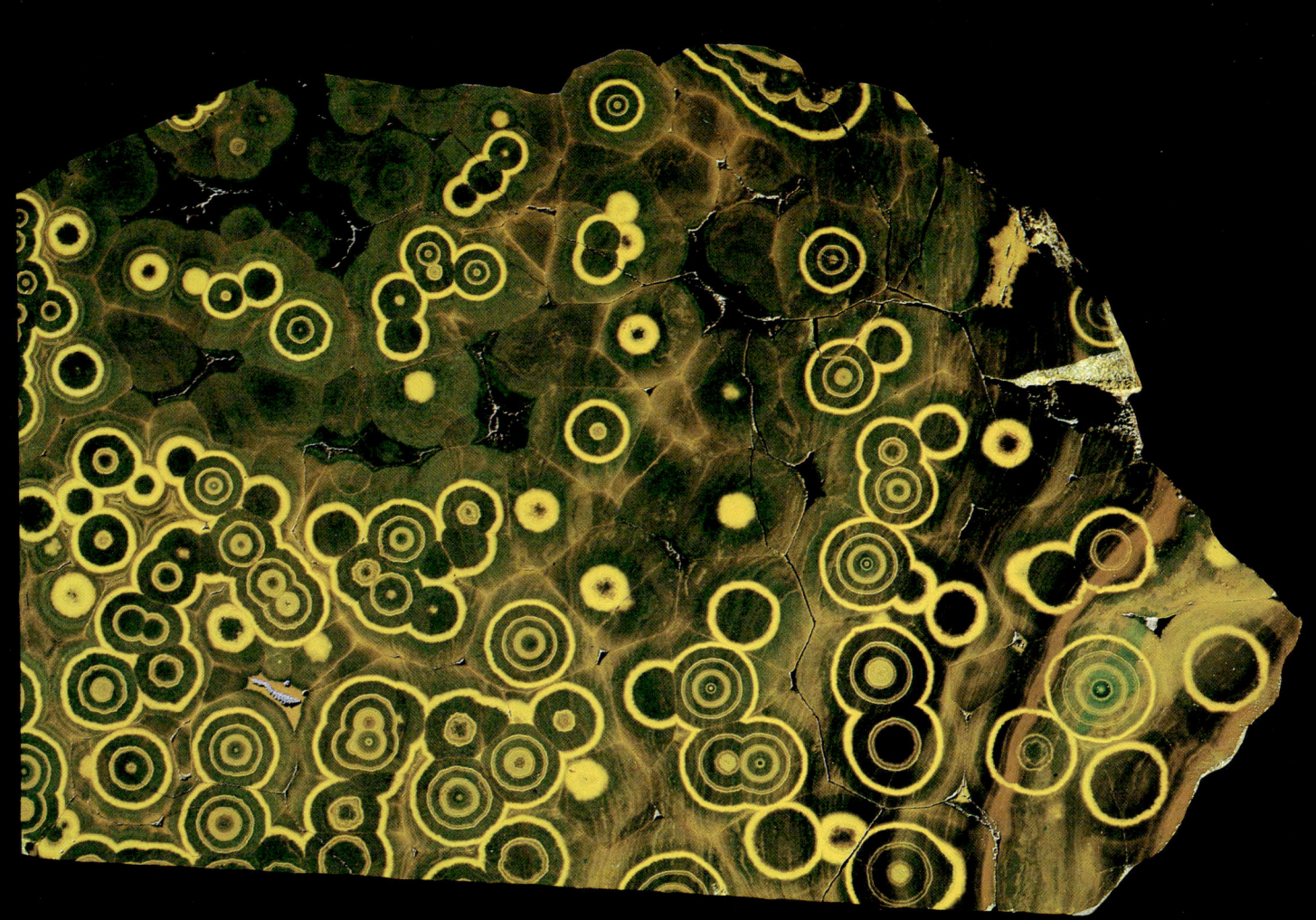

VIII   Orbikularer Jaspis, Madagaskar. Sammlung Cl. Boullé, Paris. Foto Flammarion

Entstehung.[51] So wie die Flächen in der barocken Architektur beweglich werden, zerplatzt der Stein in den Visionen der Tiefen und der wogenden Räume. Aber auch die Legenden, die gerade in dieser Zeit wuchern, rufen Bilder hervor. In Italien werden sie oft mit der orientalischen Exotik in Zusammenhang gebracht, in Nordeuropa dagegen mit Florenz. Alle sind jedoch aus der antiken Welt hervorgegangen und nach und nach im Mittelalter und in der Renaissance umgedeutet worden.

Indem König den Achat mit seiner aufgewühlten Äderung als Hintergrund für sein Jüngstes Gericht wählt, beschwört er durch ein Stück Stein, das die Spur seiner ursprünglichen Rauchigkeit bewahrt, die Welt herauf, die sich in ihre Ausdünstungen auflöst und ins Chaos zurückfällt. Die bunten Tafeln, die den »Wunderschrank« Gustav Adolfs mit Sintflutszenen schmücken, sind ein Spiegel wirklicher Sintfluten. Der Einfall von Dubus, eine aus florentinischen Marmorsteinen errichtete Mauer nachzuahmen, ist nicht nur eine Improvisation, die einem Leonardoschen Gedanken entspricht, sondern er hängt mit einer bestimmten Kosmogonie und einer spezifischen Neugierde der Zeit zusammen.

Die Geschichte der mineralischen Wunder ist hier nicht zuende. Auf das Zeitalter der überschwenglichen Theoretiker und Sammler folgt eine Periode der Rationalisierung, die in einem bestimmten Moment durch die wahnwitzigsten Forschungen über die Natur und das Leben verdüstert wird.

Die Bildersteine findet man jetzt in den wissenschaftlichen Zeitschriften, in den Abhandlungen der Naturgeschichte, Mineralogie und Oryktologie[52], in denen sie methodisch klassifiziert werden. Die Abhandlung Langes[53] ist zur Gänze eine *Geschichte der Bildersteine* (Abb. 63 und 64), die unter anderem Spiegelsteine, Seleniten, verzeichnet, bei denen die Bilder wie in einem Spiegel reflektiert werden, ohne sich zu verkörpern. Der Selenit wird vom Salzwasser erzeugt.

Dézallier d'Argenville beschreibt in seinem Werk über die Versteinerungen Dendriten, Steine mit Baumbildungen und florentinische Steine, von denen einer eine Gruppe von drei Menschen abbildet:

Diese Menschen scheinen miteinander zu reden, und einer von ihnen trägt einen Hut und einen Stock, ohne daß die Einbildungskraft oder der Stichel des Graveurs irgendetwas dazugetan hätte (Abb. 65).[54]

65　A.-J. Dézallier d'Argenville, Dendriten und florentiner Bildermarmor, 1755. Fotos B.N.

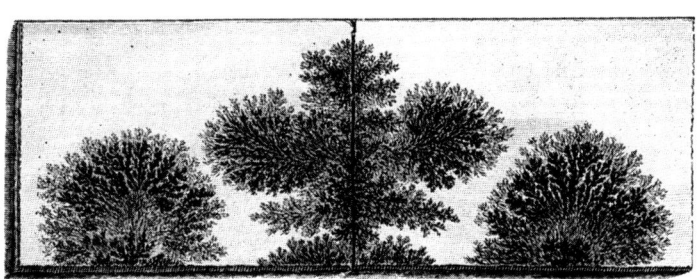

51　Ebd., S. 629. Der Marmor wird durch Ausdünstungen fest und wächst . . . Die Ausdünstung malt die Farben in ihn ein . . . Zur Erzeugung des Marmors bedarf es nicht nur der Wärme, vielmehr manchmal auch der unterirdischen Kälte . . .

52　E. Luidus, *Lithophilacii Britannici Ichnographia*, Oxford 1698; G. E. Rumphius, *Thesaurus Cochlearum et Mineralium*, Amsterdam 1705; J.-J. Baier, *Oryctographia norica*, Nürnberg 1719; J. Woodward, *Attempt Towards Natural History of the Fossils of England*, London 1729; A.-J. Dézallier d'Argenville, *L'Histoire naturelle éclaircie dans une de ses parties principales, l'Oryctologie qui traite des terres, des pierres, des métaux, des minéraux et autres fossiles*, Paris 1755; R. Brookes, *Natural History*, V, London 1763, u. a.

53　N. Lange, *Historia lapidum figuratorum Helvetiae*, Venedig 1708.

54　J.-B.-R. Robinet, *De la Nature*, Bd. IV, Amsterdam 1766, S. 7 f.; *Traité de l'animalité; Considérations philosophiques de la graduation naturelle des Formes des Êtres ou les essais de la Nature qui apprend l'homme*, Paris 1768.

Zu seiner Folge von »einzigartigen Achaten und Jaspen« gehört aber auch eine Komposition, wo die Natur durch die Kunst ergänzt wird:

Der orientalische Achat (des Marquis Dézallier d'Argenville) hat dem Steinschneider Gelegenheit gegeben, zwei Flecken oben auszunutzen, die die Vorhänge eines Bettes bezeichnen, und in der dunklen Zone unten Judith mit ihrer Dienerin darzustellen, die den Kopf des Holofernes abtrennt (Abb. 66).[55]

Dies erinnert an das Verfahren von Antonio Carracci, König und Bonavita, die die marmorierten Arabesken als Hintergrund für dazu passende Darstellungen wählen. In diesem Zusammenhang wird auch der von Plinius beschriebene Achat mit den Musen erwähnt.

In einer unerwarteten Wendung des Gedankenganges wird nun auf diesem geordneten Repertoire eine der merkwürdigsten Theorien über die Entstehung der Lebewesen errichtet, die ihren Anstoß durch die Überlegung eines berühmten Philosophen erhält.

Die Menschen hängen mit den Tieren zusammen, diese mit den Pflanzen und diese wiederum mit den Versteinerungen, die ihrerseits mit den Körpern zusammenhängen, die die Sinne und die Einbildungskraft uns als vollkommen tot und gestaltlos vorstellen,

66 A.-J. Dézallier d'Argenville, Orientalischer Achat, Achate mit Köpfen und Vögeln, 1755. Fotos B.N.

schreibt Leibniz in einem seiner Briefe an Hermann und Appel. Robinet, der Schüler der Enzyklopädisten, zitiert ihn und zieht daraus den Schluß, daß alle Reiche von demselben Leben durchpulst seien.

Die Natur ist ein einziger Akt, und alle Wesen sind nach einem einzigen Plan erdacht und gebildet worden, dessen unendlich abgestufte Variationen sie sind.

Die große natürliche Stufenleiter der Wesen führt in beständiger Metamorphose vom Menschen bis zum Stein. Im Stein bereits keimhaft enthalten, wäre demnach der Bilderstein nichts anderes als die erste Präfiguration der belebten Welt.

An Belegen für seine Theorie fehlte es Robinet nicht.[56] Pflanzen, Tiere, Menschen in Steinen fand man in den Wäldern Schottlands, Irlands und Englands (Woodward). Versteinerte Insekten, Raupen, Fliegen, Schmetterlinge, Schlangen, Fische, Menschen und Riesen sind in d'Argenvilles Abhandlung gesammelt, die in einem Abschnitt die menschlichen Körperteile zusammenträgt. Vor sechzig Jahren hatte man das Skelett eines versteinerten Elefanten in Sachsen gefunden. In Wirklichkeit handelte es sich aber nicht um eine Versteinerung, wie die meisten zeitgenössischen Gelehrten behaupteten, sondern um eine spontane Bildung wie im florentinischen Marmor oder auf antiken Gemmen.

Man kennt den schönen und kostbaren Achat Dargenvilles, auf welchem die Natur ein schwarzes Profilbildnis auf hellem Grund fast in Rembrandtscher Manier dargestellt hat. Wer hat nicht im Kabinett des Abbé Jules de Fleury in Paris zwei Maurenbildnisse auf zwei Achaten gesehen? Der eine ist barhäuptig, der andere trägt eine Art spanischen Hut. Ein Achat im selben Kabinett zeigt einen auf einem Baumstumpf hockenden Vogel (Abb. 66).[57]

Die paläolithischen Urformen zeigen ganze Gestalten im Relief oder in farbiger Zeichnung. Daneben gibt es losgelöste Teile der Anatomie, einzelne Körperteile, die zusammenzusetzen und zu verlebendigen sind.[58]

Der feste Körper wird eingetaucht in eine Flüssigkeit, die langsam seine Form herausbildet: ein Herz, ein Gehirn, eine Lunge. *Lithokarditen, Bukardiliten, Anthropokarditen,* im Inneren bläuliche Steine, sind die drei Arten von Herzen, die Brookes bekannt sind, der außerdem einen Stein in Gestalt einer Brustwarze und ein menschliches Gehirn vorweist. Tonartige weißliche Steine in Gestalt eines menschlichen Gehirns, *Enkephaliten* oder *Enkephaloide*

55 Leibniz' Brief an Hermann und Appel, siehe J.-B.-R. Robinet, *De la Nature,* S. 7.
56 J.-B.-R. Robinet, *De la Nature,* S. 197 f.
57 Ebd., S. 212.
58 J.-B.-R. Robinet, *Considérations philosophiques,* S. 19–37.

werden auch bei Dézallier d'Argenville abgebildet. Menschliche Schädel *(Kranoiden)* (Abb. 67), Pferdeköpfe *(Hippokephaloiden)*, Füße *(Pes humanus saxeus)* oder *Anthropoditen*, Hände *(Lapis chirites)* sind in dieser Sammlung in Fülle enthalten. Allein bei den Augen gibt es verschiedene Arten, weißliche *(Leukophtalmos)*, doppelte *(Diophtalmos)* und dreifache *(Trioph-talmos)* in Onyx (Abb. 68). Das Verzeichnis enthält etwa sechzig Stücke aus zeitgenössischen Werken mit der zugehörigen Beschreibung und dem technischen Wortschatz. Die Reihe wird

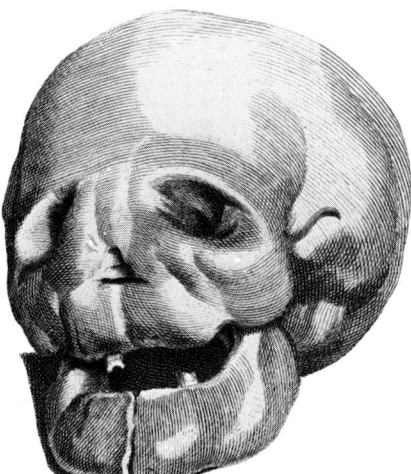

67 A.-J. Dézallier d'Argenville, Schädelstein, 1755. Foto B.N.

68 J.-B.-R. Robinet, Auge und Ohr aus Stein, 1768. Foto B.N.

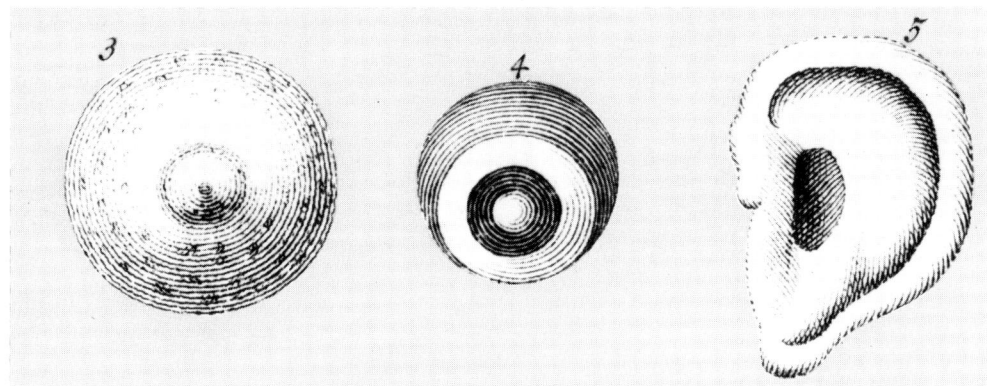

vervollständigt durch eine auf Malta gefundene ganze Figur, die im *Journal des sçavans* (1677) angezeigt wurde. Ein aus dem Gebirge am Meer ragender Felsen hat so große Ähnlichkeit mit einem Eremiten, daß man ihn *Il Fratre impiccato* oder den »hängenden Mönch« nennt. Er wirkt wie die Vollendung der verschiedenen vorläufigen Menschendarstellungen, die man als ganze oder in Teilen, im kleinen oder im großen, im flachen Abdruck oder im Relief so vielfach versucht fand.

> Es ist kein Spiel des Zufalls, sondern es sind Erzeugnisse einer Vielzahl von besonderen Verwirk-lichungsweisen des einzigen Urbildes aller Wesen... Betrachten wir dieses Wesen in den Steinen, so müssen wir bedenken, daß es, um diese Stufe zu erreichen, eine Anzahl verschiedener gewaltiger Abwandlungen durchlaufen mußte, die allesamt die menschliche Gestalt vorbereitet haben.

Die *Considérations philosophiques* von Robinet, die dieselben Nachweise auch für Pflanzen und Tiere führen, sind eine Sammlung von Monstren, von Mischwesen, die die Übergänge von einem Reich zum anderen und eine Entwicklung zum höchsten Wesen zeigt. Man findet darin eine reiche Dokumentation über das phantastische Bestiarium der Zeit. Das Werk hat Aufsehen erregt. Man brachte Toussaint, Diderot und Helvetius damit in Zusammenhang, so daß Robinet zur Richtigstellung genötigt war. Auch kam es zu einer scharfen Polemik mit der Kirche, die das Buch auf den Index gesetzt hatte. Der Dominikanerpater Richard (1773)[59] hat darüber eine wichtige kritische Untersuchung geschrieben, mit dem Titel *La Nature en contraste avec la Religion et la Raison.*

Für die Geschichte der Bildersteine im engeren Sinne sind diese intellektuellen Auseinandersetzungen im übrigen ohne Folge geblieben. Sie bleibt von diesen philosophischen Abweichungen unberührt und entfaltet sich unerschütterlich auf denselben Grundlagen. Die Sammlung merkwürdiger Bildungen und Versteinerungen von Knorr und Walch, *Le Recueil des monuments des catastrophes que le globe terrestre a essuyées* (1777), stellt noch mit großer Präzision die »florentinischen Ruinensteine« vor:

> Dies ist der Name einer Steinart, die man in der Umgebung von Florenz findet. Sie hat diesen Namen von den Malereien, die man darauf sieht. Sie zeigt die Ruinen von Städten, Türmen, Pyramiden, zerstörten Gräbern, verfallenen Mauern und Häusern. Die Farbe des Steines ist im allgemeinen grau, und die ein wenig dunkleren Flecke ahmen eine Luftperspektive nach. Die Ruinen haben eine braune

---

59   Ch.-L. Richard, *La Nature en contraste avec la Religion et la Raison en l'ouvrage qui a pour titre: De la Nature*, Paris 1773.

Farbe, die hier und da etwas dunkler ist. Zwischen den Ruinen, vor allem an ihrem Fuß, erkennt man kleine Dendriten, als wären die Ruinen von Moos bedeckt. Diese Steine unterscheiden sich voneinander durch ihre Schönheit und die mehr oder weniger große Ähnlichkeit mit dem, was sie darstellen. Einigen Autoren zufolge lassen sie sich leicht in Platten zerlegen: sie haben eine feine Körnung und können deshalb sehr glatt poliert werden. Die Bilder durchdringen die Platten völlig. Man kann diese Steine leicht mit dem ästigen florentiner Marmor verwechseln. Die Italiener nennen diesen *pietra emboscata* und den Ruinenstein *pietra cittadina.*[60]

Dieser Text bezeichnet, obwohl er der Überlieferung treu bleibt, einen Einschnitt in der Entwicklung. Die von der Natur erzeugten Bilder werden hier wie Gemälde beschrieben, ohne jede metaphysische Erwägung. Das ist keine versehentliche Auslassung, sondern eine bewußte Ablehnung, zu der die Autoren sich auch äußern. Die figürlichen Merkwürdigkeiten der Steine, Ruinen, Städte und Vegetation, sind für sie keine geologischen Phänomene, sondern

zufällige Bildungen, Chiffren und ähnliche Züge, von denen man früher viel Aufhebens gemacht hat, die aber heute ihr ganzes Ansehen verloren haben, da man diese Spiele der Natur nur für Kurzweil der Neugierigen hält.

Die Mythen und Doktrinen, die sich um diese Objekte gebildet hatten, werden jetzt grundsätzlich in Frage gestellt, und eine neue Deutung zeichnet sich ab: ein Zufall, ein bedeutungsloses Spiel mit Ähnlichkeiten. Freilich bleibt das Rätsel bestehen, für das man aber vergeblich eine Lösung suchen würde, und fesselt die Neugierigen.

All diese hübschen Zufälligkeiten, in denen die Natur die Erzeugnisse der Kunst so gut nachahmt, gefallen durch ihre Einzigartigkeit gerade denen, die sich am wenigsten mit den mineralischen Bildungen beschäftigen, sie interessieren aber noch stärker den Naturkundler, dessen Neugierde sie vor allem reizen, um die Ursachen zu entdecken, die sie hervorgebracht haben,

schreibt am Beginn des 19. Jahrhunderts Patrin[61], der die florentinischen Marmorsteine als Meisterwerke der Malerei ohne Beteiligung der menschlichen Hand vorführt.

Die Legende vom Achat des Pyrrhus, die in diesen Spekulationen, trotz der Bedenken von Cardano und Dézallier d'Argenville, immer eine Rolle spielte, findet ihre letzte Bestätigung in den Kalksteinen der Toskana, in denen, wie durch ein Wunder, phantastische Landschaften erscheinen (Abb. 69). Auf Apoll und die neun Musen folgen Ruinen und Schutt, die eine Realität sind und nicht eine Fabel. Es sind dieselben »pietre cittadini«, die auch heute noch gesucht und gefunden werden.

Ein halb verfallenes Schloß, eine Art Insel, ockerfarben, ein Opalmeer, das in den Himmel verschwimmt, Ruinen, Mauerstücke, Trümmer von Festungen, gespiegelt im fahlen Azur eines Wassers, das in der Öffnung einer Grotte und zwischen zwei riesigen zerklüfteten Felsen erscheint, die wie Baumstümpfe wirken, ein Meer von Sand, das sich im Himmel verliert, fliegende Vögel – dies sind die erstaunlichen Bilder, die kürzlich von einem Sammler erworben wurden und den Beschreibungen eines Knorr vollkommen entsprechen (Tafel IV und V).

Gleiches gilt für die »pietre emboscata« mit ihrer üppigen Vegetation, mit Hainen, Büschen und dunklen Wäldern, und für den sogenannten Bristoler Marmor mit seinen Landschaftsdarstellungen, der in den Steinbrüchen von Catham (Gloucestershire) in großen Mengen gefunden wurde. Oft sind es Baumreihen mit Stämmen und buschigem Laubwerk, die, verkleinert, wie moderner Schmuck wirken (Abb. 70 und Tafel VI unten).

69 Landschaftskalkstein, Toskana. Sammlung Cl. Boullé, Paris. Foto Flammarion ▷

70 Landschaftsmarmor, Gloucestershire. Sammlung Cl. Boullé, Paris. Foto Flammarion ▷

---

60 J. E. E. Walch und G. W. Knorr, *Recueil des monuments des catastrophes que le globe terrestre a essuyées*, Nürnberg 1777, Bd. I, 1, S. 116–117 und Bd. II, 2, S. 5; vgl. R. Caillois, Les Traces, *Preuves*, Juli 1961, S. 21–22.
61 E. M. L. Patrin, *Histoire naturelle des minéraux*, Paris, Jahr X, III, S. 280 f., Fortsetzung der *Histoire naturelle* von Buffon und Déterville.

So offenkundig und unbestreitbar diese Erscheinungen sind, so blieben doch einige Theoretiker gegenüber dem »lusus naturae«, der diese Kompositionen schuf, skeptisch. Nach der Zerstörung der Legenden, die sich darum gerankt hatten, wurden die Erscheinungen selbst in Zweifel gezogen. Auf einen Schlag wird mit den ganzen Subtilitäten der alten Theorien aufgeräumt. Niemals hat es ein Spiel der Natur, nicht einmal in Verbindung mit der Kunst gegeben. Am Ende des 19. Jahrhunderts werden alle diese mineralischen Bildungen von Montbarlet, einem Gelehrten aus Bordeaux[62], ausschließlich der Hand des Menschen zugeschrieben. Die Steine sind reich damit geschmückt. Im Dordognetal gibt es nicht einen einzigen, der nicht von einem Künstler gemeißelt, graviert oder bemalt wäre. In der »Einöde« von Juillac (Gironde) sind die merkwürdigen Gestalten und Bilder, die auf den Felsen erscheinen, religiöse Symbole und durchaus kein mineralogischer Zufall, wie noch immer zahlreiche Gelehrte behaupten. Man findet dort sogar Inschriften, die Hinweise auf die Geschichte dieser Monumente geben. Es dürfte sich um ein druidisches Heiligtum handeln, das zur Zeit von Antonius Pius, zwei Jahrhunderte nach der Eroberung Galliens, gegründet wurde. Die Bildsteine sind viel älter und nicht genau datierbar, sind aber mit ihren Hieroglyphen Zeugnisse desselben Kultes. Ihre Zahl ist nicht zu schätzen, und sie besitzen auch einen wirklichen künstlerischen Wert. Oft sind es »kleine Kunstwerke« am Beginn einer langen und reichen Entwicklung. Die französische Kunst, die den Traditionen des alten Gallien treu geblieben ist, hat sich durch sie inspirieren lassen und daraus Gewinn gezogen. Indem Breton diese ganz späten Erkenntnisse erwähnt, verschafft er ihnen Eingang in den Surrealismus.[63]

Daß die enge Verknüpfung der eigentlichen Kunst mit den natürlichen Bildern, der natürlichen Bilder mit der eigentlichen Kunst auch in umgekehrter Richtung gesehen wird, konnte nicht ausbleiben. Schritt für Schritt hat man neue Formen und Gegenstände der sich kontinuierlich entwickelnden Malerei wiedererkannt. Roger Caillois[64] hat den Schritt getan, in der *Natura pictrix* der Alten die gegenständlichen und ungegenständlichen Motive der zeitgenössischen Malerei zu sehen.

In zwei Teile geschnitten und wie ein Diptychon oder Buch aufgeschlagen, bieten die Plättchen aus Marmor oder Porphyr symmetrische Arabesken dar. In der Unordnung des Farbengewirrs der Natur erscheint nun eine strenge Ordnung. Man hat diese Bilder zu den Abstraktionen der modernen Malerei in Beziehung gesetzt. Dieses Verfahren ist schon seit Jahrhunderten praktiziert worden, und Dézallier d'Argenville[65] zeigt es an einem »deutschen Achat, der denen des Orients an Schönheit und Klarheit nicht nachsteht«.

Seine von Kreisen und zentrierten Bändern durchsetzte Fläche ist von höchster Schönheit, und dies um so mehr, als die beiden Stücke miteinander verbunden sind. Der Grund ist hellviolett, und die Streifen sind weiß und rosenfarben (Abb. 71).

Die reinen Formen faszinieren die Liebhaber und Künstler. Gewisse Steine enthalten in ihrem Inneren erstaunliche Zusammenballungen. Wenn man sie bricht und in Platten schneidet, werden auf ihrer glatten und glänzenden Oberfläche vollkommen geordnete Äderungen und Flecken sichtbar, Zeichen einer geheimen Schrift und bizarre Gestalten. Die seltenen Stücke werden heute mit derselben Leidenschaft gesucht wie im 16. und 17. Jahrhundert, doch jetzt in dem veränderten Rahmen der modernen Mineralogie mit ihrer detaillierten Nomenklatur und intensiverer Forschung, wo jede Art ihre eigene Form und ihren Kunststil hat.

Die Mannigfaltigkeit der Achate, milchig (Chalzedon), rot (Kornalin), tiefschwarz (Onyx), mit farbigen Streifen oder Flecken (Jaspis), schließt eine Vielfalt von Themen ein: nebelhafte und verfließende Gestalten, Abstraktionen, kalligraphische Schrift, »ausschlüpfende Vögel« und Augen.

71 A.-J. Dézallier d'Argenville, Deutscher Achat, 1755. Foto B.N.

---

62 J. V. Montbarlet, *Le Secret des pierres*, Paris 1892, und *Les Pierres et l'Histoire. Le Druidisme et son oeuvre*, Paris 1896.
63 André Breton, Langue des pierres, *Le Surréalisme même*, Nr. 3, Herbst 1957, abgedruckt in *Perspective cavalière*, herausgegeben von Marguerite Bonnet, 1970, S. 147–155.
64 R. Caillois, *Méduse et Cie*, Paris 1960, S. 54, und Natura pictrix, Notes sur la peinture figurative et non figurative dans la peinture et dans l'art; Les Traces, in *Preuves* 1961, S. 21 ff. Images, images . . . in *L'Œil*, Nr. 137, Mai 1966, S. 20–27; *Pierres*, Paris 1966 (dt. *Steine*, München 1983); *L'Ecriture des pierres*, Paris 1970 (Skira) und 1981 (Flammarion).
65 A. G. Dézallier d'Argenville, a. a. O. (Anm. 52), S. 168, Tafel 4c.

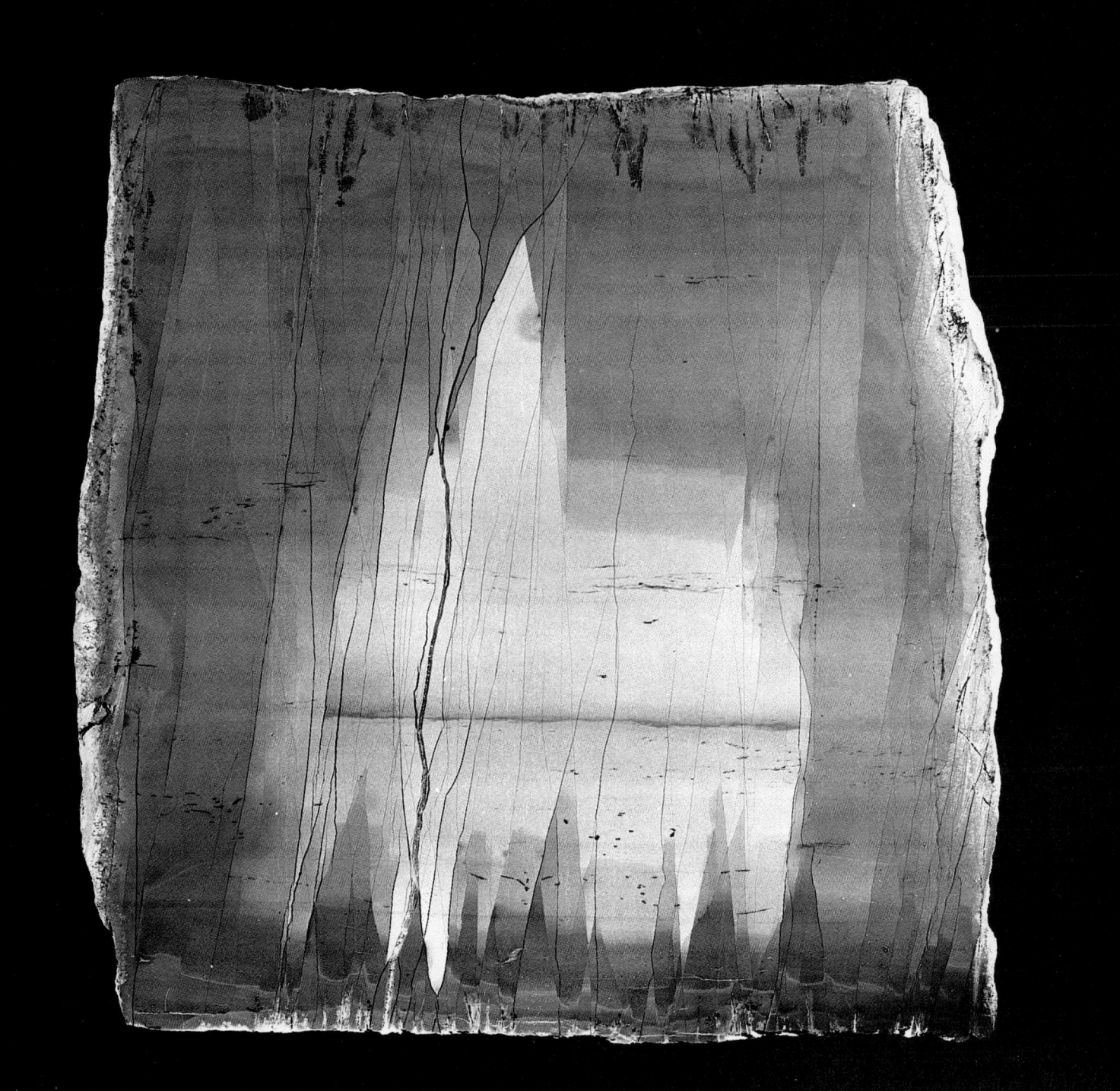

Der Jaspis läßt himmlische Visionen sichtbar werden, die sich wie eine gigantische Muschel entfalten, und Bilder der Erde: eine dunkle Baumreihe vor einem leuchtenden Streifen auf einem weiten rosenfarbenen Grund, ein Vulkan mit seinem Rauchpilz, der sich über einem rissigen Boden erhebt (Tafel VI oben).

Beim toskanischen Kalkstein handelte es sich nicht ausschließlich um »Ruinensteine«. Der graphische Kalkstein und der »Verde d'Arno« sind von spitzen, einander durchdringenden Dreiecken bedeckt, in denen man bald ein Gewimmel von Heuschrecken, bald Zelte oder schemenhafte Felsen sich abzeichnen sieht. Man kann auch gotische Städte erkennen mit zahllosen spitzen Türmen, die sich spiegeln oder ihre Schatten in den Abgrund der geschliffenen Oberfläche werfen. Immateriell und fahl erhebt sich ein Märchenschloß, geheimnisvoll erleuchtet, inmitten von Wasser, in dem es durch die Vielzahl seiner Spiegelungen zu einer riesigen Stadt wird (Abb. 72).

72 Kalkstein mit graphischer Struktur, Toskana. Sammlung Cl. Boullé. Paris, Foto Flammarion

73 Septarien, kantabrische Küste und spani- ▷ sches Navarra. Sammlung Cl. Boullé, Paris. Foto Flammarion

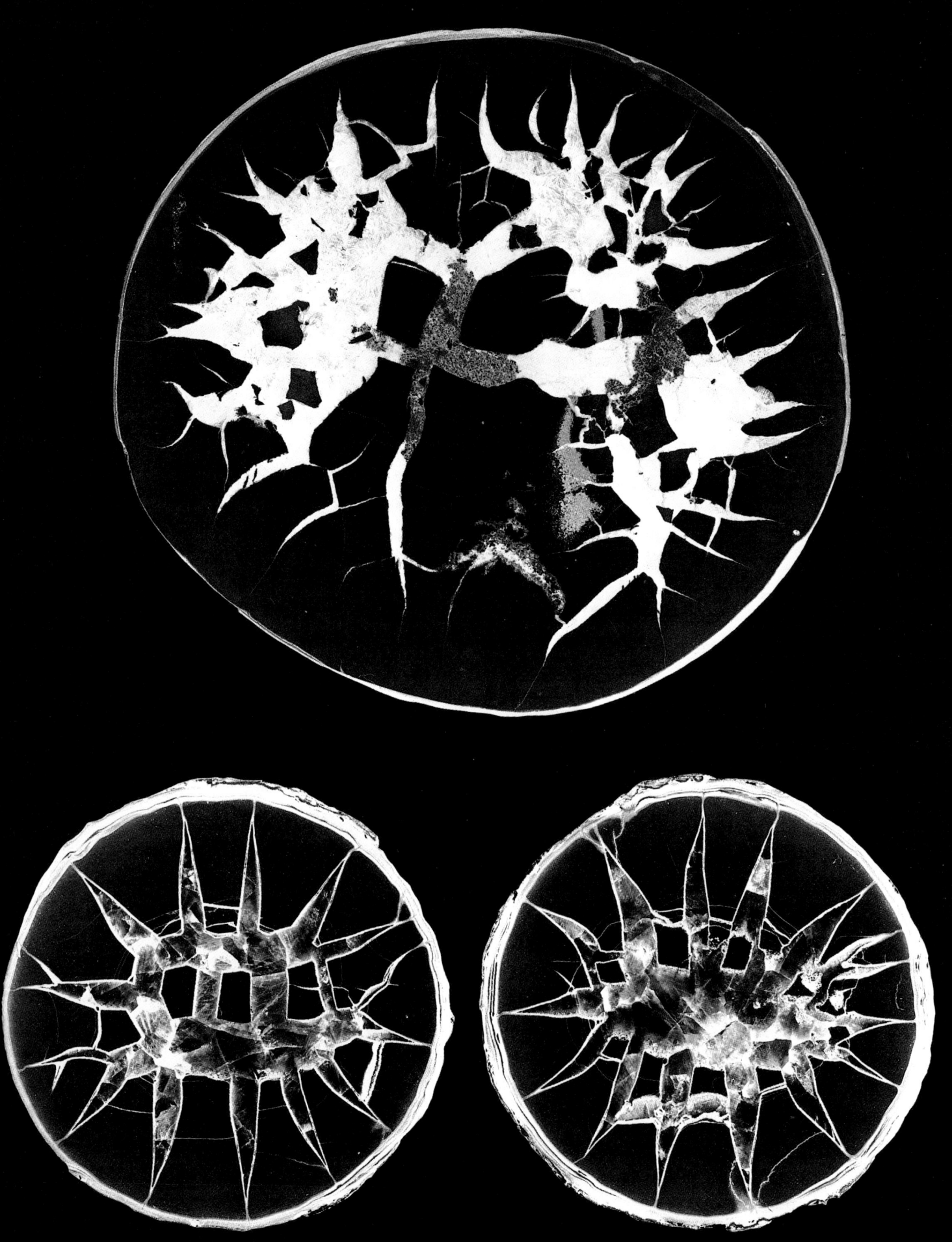

Auf den Septarien erscheinen durch Nebel und geometrische Spiegelungen hindurch schimmernde Linien und Flecken. Septarien sind kalkige Konkretionen, durchsetzt mit Einsickerungen von Kalkspat, Rissen und hellen Adern in einer dunklen Masse. Die Figuren variieren je nach der Schnittachse, so daß jeder Stein potentiell unendlich viele Abwandlungen enthält. Die Phantasie findet in diesem dichten Geäder, was sie will: Knoten, unentwirrbare Labyrinthe, Tiere, Menschen, ganze Szenen, Mischungen von Tieren und Pflanzen. Ein Reigen zerstückelter Körper, ein Seestern, ein Tintenfisch, eine Molluske entfalten ihre beunruhigenden Chiffren (Tafel VII).

Schematisch gezeichnet, erinnern sie an Schneekristalle oder an kabbalistische Siegel. In einer dieser Kompositionen schwimmt das bleiche Bein von einem zerstückelten Körper auf einer dunklen Fläche wie in der Tiefe eines Brunnens. Oder Augen mit einem drohenden Blick leuchten hier und da auf einer leblosen Fläche, eingebettet in einen Ring metallischer Reflexe (Abb. 73).

Wir befinden uns im Herzen der übernatürlichen und verwirrenden Welt der Visionäre und Surrealisten, die jäh in der Naturwirklichkeit aufscheint. Die heutigen Künstler, von demselben Spiel der Paradoxe und Überraschungen besessen, haben es nicht besser dazustellen vermocht. Auch hier gibt es Geometrie und Abstraktion, die die Formen des Lebens zerlegt und wieder zusammenfügt und an den reinen Formen Genüge findet.

Vom bildlichen Gehalt entleert, prallen die Dreiecke eines »Verde d'Arno«-Kalks aufeinander und durchdringen sich auf einem dunklen Grund in einem unentwirrbaren bewegten Getümmel, während auf einem Jaspis Kreise, vergoldete Kügelchen auseinanderstieben und sich auf dem leuchtenden Gold des Steins wie auf dem Email eines Reliquiars zu kapriziösen Figuren gruppieren. Dabei gibt es nicht nur lineare Figuren. Die (grünlichen) Farben heben sich, wie mit einem kräftigen Pinselstrich hingesetzt, von den (rosafarbenen) Doleriten harmonisch ab. Man könnte es für ein abstraktes Gemälde halten (Abb. 74 und Tafel VI).

Das Wissen unserer Zeit nimmt der Mythologie der Bildsteine nicht ihre Kraft. Im Gegenteil, es bereichert sie. Die Fülle der sorgfältig neu klassifizierten Achate aller Farben, des Marmors oder der Kalksteine aller Arten, sowie die neuen Mineralienarten, die in diese Spekulationen einbezogen werden, vermehren beständig die Gelegenheiten und die Mittel dazu. Auch der geographische Raum für diese Funde erweitert sich nach allen Richtungen. Die Toskana bleibt freilich ein privilegierter Boden, aber bemerkenswerte Stücke kommen auch aus anderen wichtigen Zentren, wie unter anderem Spanien und England. Die Suche nach ihnen erstreckt sich bis nach Gabun und Oregon.[66] Auch ist die Entdeckung eines riesigen neuen Fundus an Abstraktionen und Phantasmen ein Zeichen der Zeit. Überall aber bleibt das Geheimnis dieser erstaunlichen Gebilde das gleiche. Auch heute noch besitzen diese mineralischen Gestalten für den kenntnisreichen Liebhaber ihre Anziehungskraft als Hieroglyphen der unergründlichen Natur, als ein Raffinement des Geistes und des Geschmacks.

74 Kalkstein ›Verde d'Arno‹, Toskana. Sammlung Cl. Boullé, Paris. Foto Flammarion ▷

---

66 Die Beispiele dieser letzten Reihe verdanke ich Claude Boullé, der mir großzügigerweise seine Sammlung zugänglich gemacht hat.

DIE LEGENDE
VON DER GOTISCHEN
ARCHITEKTUR

Drei Texte über die gotische Architektur zeigen erstaunliche Übereinstimmungen. Als der junge Goethe[1] 1772 vor dem Straßburger Münster steht, sieht er es wie einen herrlichen Baum mit tausend Zweigen, unzähligen Ästen und Blättern, zahlreich wie Sand am Meer, aufsteigen zum Ruhm seines Schöpfers . . . Dreißig Jahre später vergleicht Chateaubriand in *Génie du Christianisme*[2] die gotische Architektur mit dem Wald:

> Diese aus Blättern gemeißelten Gewölbe, die Pfeiler, die die Mauern stützen und jäh abbrechen wie abgeknickte Baumstämme, die Kühle der Gewölbe, die Düsternis des Heiligtums, die dunklen Seitenschiffe, die geheimen Gänge, die niedrigen Türen, das alles vergegenwärtigt in den gotischen Kirchen die Labyrinthe des Waldes, das alles weckt einen religiösen Schauer und ein Gefühl für die Geheimnisse des Göttlichen . . .

> Selbst das Rauschen des Waldes ist in den Schiffen der gotischen Kirche zu vernehmen:

> Der christliche Baumeister hat sich nicht damit begnügt, Wälder zu bauen, er hat auch ihr Rauschen bauen wollen, und mittels der Orgel und der hängenden Bronzegeräte hat er sogar das Geräusch des Windes und des Donners in der Tiefe des Waldes in das gotische Gotteshaus gebracht. Die von diesen religiösen Klängen hervorgerufenen Zeiten erheben ihre Stimme im Stein und seufzen in allen Winkeln der riesigen Basilika.

Diese Vorstellung der uralten Bäume weckt die Erinnerung an das Frankreich der Druiden. Es sind die Wälder Galliens, die »in die Kirchen unserer Väter eingegangen sind, und so haben unsere Eichenwälder ihren heiligen Ursprung bewahrt«. Dies ist nicht nur eine poetische Beschreibung, sondern die Definition einer architektonischen Ordnung durch ihre historische Herkunft.

Der dritte Text stammt von Friedrich Schlegel, der ihn 1805 in Köln verfaßt hat.[3] Seine Analyse ist bündiger, und er geht methodisch vor, indem er alle Aspekte der Kathedrale untersucht. Mit all ihren Vorsprüngen, Türmen und Türmchen, mit all ihren Schwibbogen, ihren Verzierungen und Knospen ist sie von außen einem Wald zu vergleichen. Im Innern findet man die »stolze Wölbung eines hohen Baumganges«. Die gotische Kirche ist pflanzlicher Natur, aber sie ist auch ein Gewächs von Kristallen, ein Aufblühen von Polyedern, die sich unendlich wiederholen, immer größer, immer höher wachsend und sich aufsplitternd, immer in derselben Weise geschnitten. Man kann es nicht treffender sagen. In dieser beständigen Erneuerung und endlosen Wiederholung bildet die kristalline Kathedrale das Wunder der Flora ab. Die gotische Architektur hat eine Bedeutung, und zwar die höchste: sie ist ein Abbild der lebendigen Welt. Die Natur, die sie hat entstehen sehen, ist die des Nordens, der rohen Kunst der griechischen Architektur entgegengesetzt.

---

1 Goethe, Von deutscher Baukunst (1772), in *Werke*, Hamb. Ausg., Bd. 11. Die Vorstellung vom gotischen Wald findet sich 1775 auch bei J. G. Sulzer, *Tagebuch einer von Berlin nach den mittäglichen Ländern von Europa in den Jahren 1775 und 1776 gethanen Reise und Rückreise*, Leipzig 1780, S. 290–292.
2 Chateaubriand, *Le Génie du Christianisme*, Paris 1802, III, Kap. VIII.
3 F. von Schlegel, *Sämtliche Werke*, VI, Wien, 1823, Grundzüge der gotischen Baukunst, S. 260 ff.

Coleridge, der in seinen philosophischen Schriften von Schlegel stark beeinflußt ist, führt in diesem Zusammenhang zwei Bauten vor Augen, einerseits den Palast des Gotenkönigs Theoderich, einen düsteren, bedrohlich wirkenden Palast, und andererseits davor aufragend und ihn von oben beherrschend die christliche Kirche, bei der aller barbarischer und antiker Prunk kraft des Geistes vernichtet ist und wo am Ende nur noch Christus und das Kreuz bestehen:

> Und bald hatte sich bei Ankunft des wahren Gottes eine Kathedrale wie die von Mailand, York oder Straßburg mit ihren Kapellen und den Hainen der Hertha, der geheimnisvollen Göttin der heidnischen Ahnen, im Gefolge in Stein verwandelt und war zum Symbol des ewigen Evangeliums erhoben worden.[4]

Auch Hegel spricht im Zusammenhang seiner Theorie der Kunstformen, ihrer technischen Ursprünge, ihrer ästhetischen Wirkung und ihrer geistigen Bedeutung von einer Waldarchitektur.

> Betritt man das Innere eines mittelalterlichen Domes, so wird man . . . an die Wölbungen eines Waldes erinnert, dessen Baumreihen ihre Zweige zueinander neigen und zusammenschließen.[5]

In Frankreich ist der Einfluß dieser poetischen Theorien vor allem auf Chateaubriand zurückzuführen. Ihren Nachklang spürt man sogar noch bei Baudelaire (1861)[6]:

> La Nature est un temple où de vivants piliers
> Laissent parfois sortir de confuses paroles
> L'homme y passe à travers des forêts de symboles
> Qui l'observent avec de grands regards familiers.
> (Spleen et idéal, IV Correspondances.)

> Die Natur ist ein Tempel, wo aus lebendigen Pfeilern zuweilen wirre Worte dringen; der Mensch geht dort durch Wälder von Symbolen, die mit vertrauten Blicken ihn beobachten. (Prosaübertragung von F. Kemp)

In dichter Verknüpfung findet man hier die Natur, das Gotteshaus, den Wald und seine lebendigen Pfeiler, die Labyrinthe der Geheimnisse aus *Génie du Christianisme* wieder. Das Wort »gotisch« kommt in dem Sonett der *Fleurs du Mal* nicht vor, doch alles in diesen Zeilen atmet den Geist eines romantischen Mittelalters von beunruhigender Großartigkeit.

»Große Wälder, ihr erschreckt mich wie Kathedralen«, heißt es dann noch einmal in *Obsession* in einer Umkehrung Chateaubriands. Dem Dichter offenbaren sich nicht die Labyrinthe der Wälder in den gotischen Kathedralen, sondern die Kirchen in den Wäldern.

Bis an die Schwelle des 20. Jahrhunderts bleibt dieses obsessive Bild vom gotischen Wald lebendig. Huysmans[7] wiederholt es fast wörtlich, aber mit neuen Präzisierungen:

> Es ist so gut wie sicher, daß der Mensch die so viel erörterte Gestalt der Kirchenschiffe und Spitzbogen in den Wäldern entdeckt hat. Die erstaunlichste Kathedrale, die die Natur selbst errichtet hat, indem sie die Wölbung ihrer Zweige üppig sprießen ließ, befindet sich in Jumièges. Dort, nicht weit von den herrlichen Ruinen der Abtei, dehnen sich in gerader Linie drei aus uralten Bäumen gepflanzte Alleen; die eine, die mittlere, sehr breit, die beiden anderen, die sie säumen, enger; sie sind das genaue Bild eines Kirchenschiffes und seiner Seitenschiffe, gestützt von schwarzen Pfeilern und überwölbt von Blätterbüscheln. Die Spitzbögen werden deutlich vorgetäuscht durch die einander berührenden Zweige, und die sie tragenden Säulen werden von den starken Baumstämmen dargestellt.

Die Beschreibung muß man mit einer Stelle bei Père Laugier (1765)[8] vergleichen, der ebenfalls von den Bäumen, diesmal aber nicht von Jumièges, sondern von Paris spricht.

> Seht die großen Alleen der Tuilerien . . . Es scheint, daß die von zwei Reihen hochstämmiger Bäume gebildeten Laubengänge das Vorbild unserer gotischen Kirchen gewesen sind.

---

4 S. T. Coleridge, *The Philosophical Lectures*, ed. Kathleen Coburn, London 1949, S. 256 f.
5 G. W. F. Hegel, *Ästhetik*, ed. F. Bassenge, Frankfurt o. J., Bd. II, S.75. Die letzten beiden Zitate bei J.Rykwert, *La Maison d'Adam au Paradis*, Paris 1976, S. 105 ff.
6 *Les Fleurs du Mal*, in Ch. Baudelaire, *Oeuvres complètes*. ed. Bibl. de la Pleiade, Paris, S. 11 u. 75; siehe auch den Kommentar von Cl. Pichois ebd., S. 39 ff., und J. Pommier, *La mystique de Baudelaire*, Paris 1932, S. 20, und F. W. Leakey, *Baudelaire and Nature*, Manchester 1969, S. 115.
7 J.-K. Huysmans, *La Cathédrale*, Paris 1898, S. 64.
8 M.-A. Laugier, *Observations sur l'architecture*, Paris 1765, S. 116 ff.

Diesmals wird der Zusammenhang von einem Architekturtheoretiker hergestellt. Der Autor fährt fort:

> Ich stelle mir vor, daß eine Kirche, deren Säulen Palmbäume wären, die ihre Zweige nach rechts und links reckten und von denen die höchsten das Gewölbe bildeten, eine erstaunliche Wirkung hervorbrächte... Die Spitzbögen des Gewölbes bestünden aus Palmzweigen, und die Zwischenräume könnten mit Skulpturen geschmückt werden... Diese Vorstellung wäre am Ende nichts als eine Nachahmung der Natur, die man zu großer Vollkommenheit bringen könnte.

Hier geht es nicht um die Wälder Galliens oder die Eichen der Druiden, aber die gleiche Vorstellung dient, ohne alle poetische Ausschmückung, als eine technische Erklärung eines Baustiles, die dem Denkstil und der Haltung der Epoche gemäß ist.

Der Vergleich der gotischen Formen mit den Formen der Vegetation ist grundlegend für die Unterscheidung zweier Welten: des Mittelalters und des Klassizismus. Sie ist eine Waffe, um diese Formen zu bekämpfen und vor allem um das Mittelalter anzugreifen.

Schon 1699 in seiner *Dissertation touchant l'architecture antique et l'architecture gothique* benutzt François Félibien, der Sohn des Biographen und Bruder des Geschichtsschreibers von Saint-Denis, diesen Vergleich, um einen entscheidenden Schlag gegen diese Formen zu führen.[9] Der Vergleich wird in allen Einzelheiten durchgeführt: Stützen, Gewölbe, Bündelpfeiler, Kreuzrippen und Bögen. Die »sehr schlanken« Säulen, die man in den gotischen Kirchen findet, ähneln den Zweigen und Stämmen von Bäumen.

> Manchmal gehen mehrere zugleich aus einem Pfeiler hervor, der ihnen als Stamm dient. Manchmal sind diese Säulen zu Bündeln zusammengenommen...Sie verbergen sehr hohe Stützen, die die Gewölbe tragen, und sie tragen Gurtbögen, die wiederum Zweigen ähnlich sehen...

Dieses System ist das Gegenteil der »Prinzipien der wahrhaften und äußerlich zu Erscheinung kommenden Gediegenheit und Schönheit«, auf denen die antike Architektur beruht. Wenn die Säulen der Alten ebenfalls Bäume nachahmten, so waren es ihre Stämme und nicht die biegsamen Zweige, »die höchstens geeignet scheinen, Blätterwerk und Blüten für die Lauben im Garten zu tragen«. Der Verlust eines einzigen Buches (Vitruv) und die Zerstörung fast aller antiken Bauten ist der Grund für diese Verirrungen. Der Verfasser räumt freilich ein, daß einige dieser gotischen Bauwerke aufgrund ihrer Größe und ihrer glücklich gewählten Proportionen dieser Kritik standhielten, aber das sei nur auf einen Zufall zurückzuführen und nicht auf genaue Berechnung. Und er schließt mit einer abschätzigen Beurteilung dieses Baustils.

Die These Félibiens entspricht genau dem klassizistischen Standpunkt und wird ein halbes Jahrhundert lang allgemein geteilt. Eine kleine 1733 erschienene Schrift[10] vervollständigt seine Überlegungen in einigen Punkten. Ihr Verfasser, Le Blanc, hat, »um die Mängel des gotischen Geschmacks genau zu erfassen«, mehrere Reisen durch Frankreich, England und Flandern unternommen. Er kommt zu den folgenden Ergebnissen: An dieser Architektur ist alles unproportioniert und falsch. Die erstaunlichen Dimensionen ihrer Bauten lassen »an einen Riesen auf einem winzigen Pferd« denken oder »wiederum an einen höchst gewaltigen und mächtigen Riesen, der auf zwei langen und dürren Beinen steht«. Die Baumasse wird durch die riesigen Öffnungen zerstört, und »das Eigentümliche des gotischen Geschmacks ist es, wenig Licht durch große Fenster hereinzulassen«.

> Die Lächerlichkeit dieses bizarren Geschmacks kann man etwas mildern, indem man ihn auf die Verehrung zurückführt, die die Gallier einstmals der Dunkelheit des Waldes entgegenbrachten, der ihnen als Tempel diente und in den sie ihre Götterbilder trugen. Um diese ehrwürdige und eindrucksvolle Dunkelheit zu bewahren, hat man sich der Glasmalerei bedient, die die Wirkung des Lichtes so dämpft, wie Zweige und Blätter des Waldes es tun.

Die Erklärung der Glasfenster reicht jedoch nicht hin, um den Stil im ganzen zu rechtfertigen. Die gotischen Schönheiten sind alle täuschend und falsch, die Mängel dieses Stils dagegen unbestreitbar und wirklich.

---

9 J.-F. Félibiens *Dissertation* erscheint zusammen mit *Les plans et les descriptions des plus belles maisons de campagne de Pline le Consul*, Paris 1699, S. 173–175 und 185.

10 H. Le Blanc, *Architecture des églises anciennes et nouvelles*, Paris 1733.

Zwei wichtige Abhandlungen, Germain Boffrands *Livre d'architecture* (1745)[11] und Jacques-François Blondels *Architecture française* (1752)[12], fassen diese Überlegungen im Anschluß an Félibien zusammen, führen den gotischen Baustil aber auf andere Ursprünge zurück. Die eine schreibt seine Erfindung den Galliern zu und sieht darin, wie Le Blanc, eine Erinnerung an die Tempel der Druiden (Félibien spricht dagegen ganz unbestimmt von den »Völkern des Nordens«). Die andere Abhandlung, die die »französische Architektur« behandelt, entledigt sich dieser peinlichen Bauten, »die, obwohl gediegen, eher Staunen erregen, als daß sie den Regeln der Kunst unterworfen scheinen«, indem sie sie auf den Islam zurückführt. Diese fremdartigen Formen, die keine Bäume, sondern Zweige darstellen, wurden von Mauren oder Arabern geschaffen, die in ihren Bauten wie in ihrer Poesie eine so übertriebene und überflüssige wie naturferne Ausschmückung lieben. Spanien hat dabei die Vermittlerrolle gespielt. Literatur, Wissenschaften, Philosophie, Medizin, Mathematik und mit ihr die Architektur der Araber haben sich von den Grenzländern der Pyrenäen aus in Europa verbreitet. Viele Kirchen wurden im maurischen Geschmack errichtet. Die Kathedrale von Amiens, Saint-Nicaise in Reims, die Arbeiten Jean Ravis an Notre-Dame und die Sainte-Chapelle in Paris sind Beispiele dafür. Wenn Laugier an Palmen im Innern der gotischen Schiffe denkt, greift er auf diese Exotismen zurück. Die »französische Architektur« wird erst unter Franz I. wieder erneuert.

Aus derselben Weigerung heraus, die gotische Architektur in den Schoß der vertrauten Kultur aufzunehmen, war die Frage ihres islamischen Ursprunges mit den ganzen übrigen Problemen schon seit langem aufgeworfen worden. Florent le Comte rückt die gotischen Baudenkmäler 1699 in die Nähe der maurischen Bauten in Afrika und Spanien.[13] Fénelon (gestorben 1713) vergleicht rhetorische Mängel mit den Bauten des Mittelalters, mit einem riesigen Gewölbe, das sich auf ganz dünnen Pfeilern bis in die Wolken erhebt, und mit dem Stein, der wie aus Karton geschnitten wirkt, und er sagt deutlich, daß »diese Architektur, die man die gotische nennt, angeblich die der Araber ist«.[14] Blondel brauchte, um seinem Angriff zum Erfolg zu verhelfen, im Grunde also nur eine verbreitete Ansicht aufzugreifen.

Die Doktrin von der Waldähnlichkeit und von der maurischen Herkunft der Gotik findet sich in derselben Weise bei Sobry (1776)[15] und Dézallier d'Argenville (1787)[16] und mit gewissen Einschränkungen bei Millin (1791)[17], aber in der Zwischenzeit hat sich in den Köpfen ein Umschwung vollzogen.

Ein neues Naturgefühl hat eine Revision der Auffassungen von Architektur notwendig gemacht. Die Bewegung ist von England ausgegangen, und im Lande Miltons ist die neue Theorie ebenfalls mit größtem Nachdruck vertreten worden. Sie wird von Warburton in seinen 1751, ein Jahr vor Blondel, erschienenen Kommentaren zu Alexander Pope entwickelt, dessen *Temple of Fame* (1711) eine gotische Nordfassade besaß mit Darstellungen von Druiden und Barden.[18]

Die Argumentation bleibt die gleiche, aber die Bewertung hat sich geändert. Die gotische Architektur tritt in Gegensatz zu den ersten »sächsischen« Baudenkmälern des Mittelalters, die sich an die Bauten Palästinas, den dekadenten griechischen Stil anschließen. Sie wurde geschaffen, als die Goten Spanien besetzt hielten, und die Prinzipien und Ideen, auf denen sie basiert, sind weit edler als die klassische Pracht. Die Völker des Nordens, die gewohnt waren, ihren Gottesdienst unter Bäumen zu halten, bemühten sich, daran in den von der neuen Religion geforderten geschlossenen Räumen festzuhalten. Durch den Einfluß der Sarazenen, deren Bauweise diesem Zweck entsprach, ließ sich dieses Ziel mit Geschick und Kunstfertigkeit verwirklichen. Einzig die Kathedralen, die der Einbildungskraft das Bild einer Allee von Bäumen darbieten, können demnach im eigentlichen Sinne gotisch genannt werden.[19]

---

11 G. Boffrand, *Livre d'architecture*, Paris 1745, S. 6ff.

12 J.-F. Blondel, *Architecture française ou recueil des plans, élévations, coupes et profils*, Bd. 1, Paris 1752, Kap. I, S. 14.

13 Florent le Comte, *Cabinet des singularités d'architecture, peinture et gravure*, Paris 1699, S. 111.

14 Fénelon, *Dialogue sur l'éloquence avec une lettre écrite à l'Académie française*, Paris 1718, S. 405ff.

15 J.-F. Sobry, *De l'Architecture*, Amsterdam 1776, S. 20 und 27.

16 A.-J. Dézallier d'Argenville, *Vie des fameux architectes*, Bd. I, Paris 1787, S. XXIXff.

17 A. Millin, *Antiquités Nationales*, Bd. II, Paris 1791, Notre-Dame in Mantes, S. 7–11.

18 *The Works of Alexander Pope ... with the Commentaries and Notes of Mr. Warburton*, London 1751. Der Text von Warburton abgedruckt in F. Grose, *The Antiquities of England and Wales*, London 1773, S. 76, und *Essays on Gothic Architecture*, London 1800, S. 120–122.

19 Warburton verwendet, wie schon Félibien, allgemein in seiner Nomenklatur die Ausdrücke »alte Gotik« und »moderne Gotik«, wobei er mit »alter Gotik« die romanischen und vorromanischen Bauten meint.

Es ist eine schlechthin rationale Architektur. Alle Regelverletzungen der Kunst, alle Entstellungen der Natur ins Monströse verschwinden mit ihrem Auftreten. Alles findet seinen Platz und seinen Grund in einem harmonischen Ganzen. Ist für die Bögen eine andere Form denkbar als die des Spitzbogens, wenn der Baumeister die einander überschneidenden Äste zweier Bäume nachahmt? Können die Säulen anders gebildet werden als zerlegt in mehrere Schäfte, wenn sie die Stämme dicht nebeneinander aufwachsender Bäume darstellen sollen? Das Maßwerk und die Verglasung der Fenster folgen den gleichen Prinzipien, wobei das eine den Zweigen, das andere dem Blätterwerk eines dichten Baumbestandes entspricht und beide das Waldesdunkel bewahren und religiöse Ehrfurcht unter den Menschen verbreiten.

Denen, die an die griechische Bauweise gewöhnt sind, muß diese Abneigung gegen die sichtbare Festigkeit des Baukörpers absurd erscheinen. Bedenkt man aber, daß ihre erstaunliche Leichtigkeit notwendig ist, um die Vorstellung einer Kultstätte im Wald zu verkörpern, kann man die gefundenen Lösungen nicht genug bewundern. In allen diesen Eigenschaften stehen die gotischen Bauten im Gegensatz zu der sächsischen Bauweise, die die barbarisierte Antike der Kultstätten im Heiligen Land nachahmt. Diese aber ist durch die üppige Prachtentfaltung des zur Staatsreligion gewordenen Christentums noch weiter verkommen.

Alle Definitionen der gotischen Formen – Stützen und Überdachung, Maß und Anordnung der Massen, Fenster und Glasmalerei – folgen den Analysen von Félibien, Le Blanc, Boffrand, aber in gegenteiliger Absicht. Wir werden Zeuge einer völligen Rehabilitierung des Mittelalters, das sich von den heidnischen Künsten freimacht und eine höhere Ordnung wiederfindet, die aus dem Leben der Natur selbst entspringt, wie man es damals in England zu entdecken sich anschickte.

Gerade der Autor, der die gotische Architektur als regellos und phantastisch, ohne alle Proportionen und von einer düsteren und bedrückenden Traurigkeit behandelt hatte und sie ebenfalls auf die Goten und Araber zurückführte[20], verfaßt auch eine überschwengliche Verherrlichung des Waldes. Evelyns *Sylva* (1664)[21], ein Werk über die Baumzucht, das sich gegen die Abholzung der Dominions Ihrer Majestät im Gefolge der Entwicklung bestimmter Industriezweige (Glas, Eisen) richtet, ein Vorläufer des *Verlorenen Paradieses* (1667–1674), ist zugleich Legende und Kosmogonie. Eiche, Pinie, Zeder, Ulme usw. werden liebevoll und poetisch dargestellt. Die antiken Schriftsteller, Ovid, der durch die Musik des Orpheus schattiges Laubwerk entstehen läßt (*Metamorphosen* X), und der göttliche Spencer (1552–1599) mit seinem edlen Ritter, der die Bäume eines Waldes preist, werden beschworen neben technischen Beschreibungen, denen auch eine »historische Abhandlung über die Ehrwürdigkeit und den Nutzen der mit Bäumen bepflanzten Stätten« folgt.

Seit dem frühesten Altertum haben die Bäume dem Kult nicht nur der Götter und Helden des Heidentums, sondern auch des wahren Gottes durch die Erzväter selbst gedient: Abraham wohnte im Hain Mamre, errichtete dort einen Altar wie in einem Tempel (*Genesis*, 13) und sprach mit dem Allmächtigen. Der Bund mit Gottvater wurde in einem Wald geschlossen. In Beer-Seba bestimmt Abraham einen Platz für den Gottesdienst, indem er Bäume pflanzt und dort im Namen des Herrn predigt (*Genesis*, 21). Das Fest der Stiftshütte hat gewisse Ähnlichkeiten mit der Andacht der Erzväter im Schatten der Wälder. Seit der Kindheit der Welt (Adam unter den Bäumen des Paradieses, Abraham, der die göttlichen Besucher nicht in seinem Zelt, sondern unter einer Eiche empfängt) haben die dunklen Bäume die Seele getröstet und für die religiöse Andacht empfänglich gemacht. Die Gebetsstätten, die Synagogen der Alten, errichtete man in der Einsamkeit der Wälder. Das Paradies selbst war nichts anderes als ein Waldtempel oder ein heiliger Hain, den Gott gepflanzt und dem Menschen, dem ersten Priester, gegeben hatte. Die Kirchenväter haben die andächtige Stimmung der waldigen Stätten immer gerühmt.

Die Heiden, die diese unschuldige Verehrung des Waldes von dem Volk Gottes übernommen hatten, haben sie dann durch ihren gefährlichen Aberglauben verdorben. Vergil zufolge gehörte die *Pinea Sylva* der Göttermutter. Venus besaß mehrere Wälder, davon einen in Knidos, wo sich die von Praxiteles geschaffenen Bildwerke befanden. Auch Ceres, Proserpina, Pluto, Vesta, Castor und Pollux hatten ihre geweihten Haine. Selten gab es in der Antike einen Wald ohne Tempel, einen Tempel ohne Anpflanzungen, in denen man Götterbilder

---

20 J. Evelyn/R. Fréart, *A Parallel of Architecture being an Account of ten Famous Architects with a Discourse of the Terms and a Treatise of Statues*, London 1664, S. 9.
21 J. Evelyn, *Sylva or a Discourse of Forest-Trees*, London 1664.

X   Edward Blore, Baumkirche von J. Hall, Mitte 19. Jahrhundert. Aquarell.
London, The British Architectural Library, Riba. Foto J. Strauch

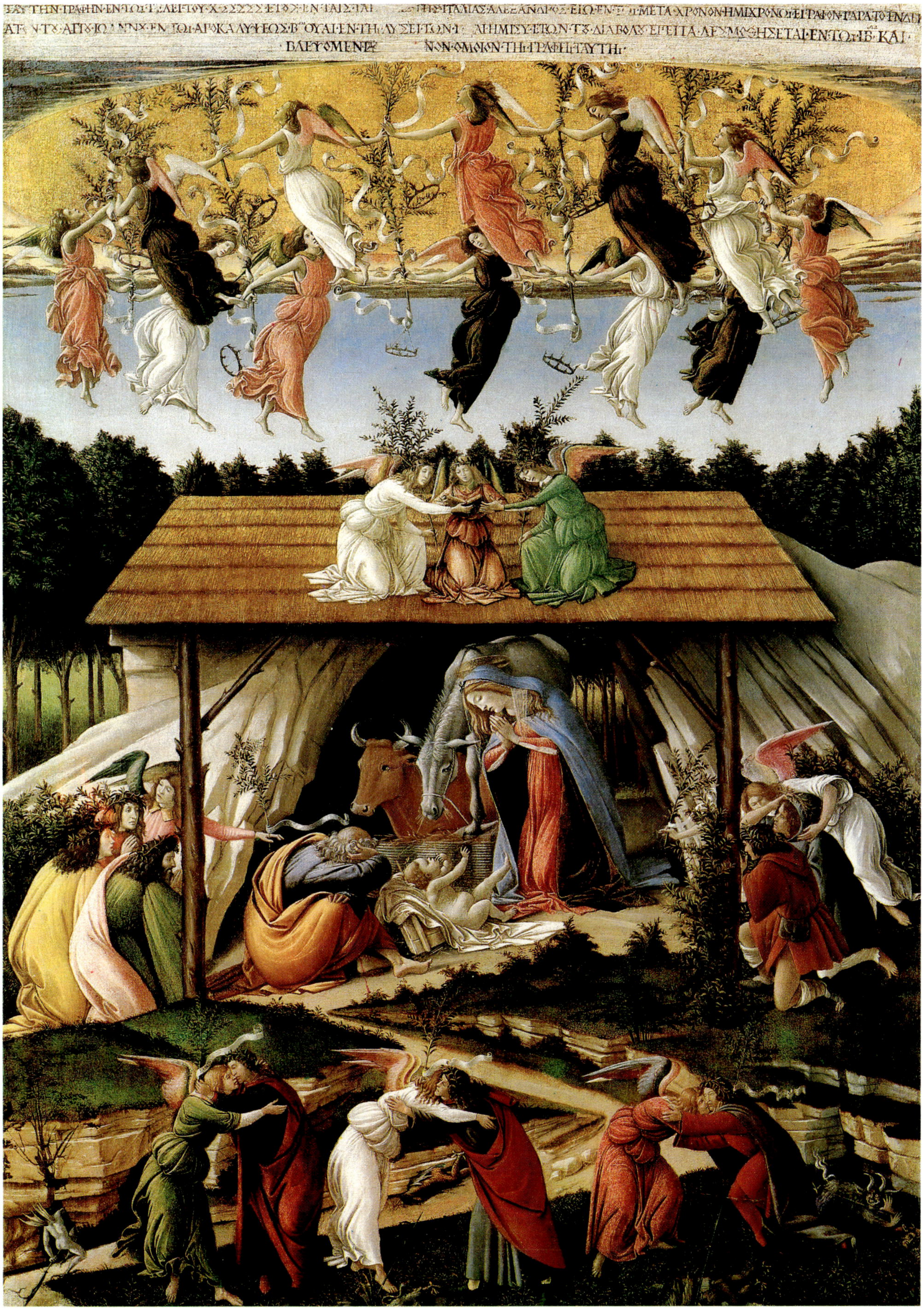

und Altäre errichtete. Die Mysterien der Druiden wurden unter Bäumen vollzogen, und nach dem Zeugnis einer Reihe von Geschichtsschreibern befand sich auch ihr Gerichtshof unter einem solchen Baldachin.

Mit der Verdammung der Häresien in allen Kulten, die der Religion der Gerechten folgten, ist bei Evelyn die Klage über die Verlassenheit der Wälder in seiner Zeit verbunden, und er ruft die Philosophen und Christen auf, zu den ursprünglichen Meditationen und Freuden zurückzukehren. Die Bäume gleichen Wundern, deren Betrachtung Gefühl und Denken erhebt. Einige von ihnen besitzen die Festigkeit des Eisens und die Härte des Marmors und sind von einer legendären Größe. Der (wie der Mensch, dessen umgekehrtes Symbol er ist) entwürdigte Baum muß in seinem Glanz und seiner Schönheit wiedererstehen, so wie er ursprünglich einmal gewesen ist. Fast ist dies eine Theologie.

Der Entdeckung Arkadiens, wo die antiken Genien sich in einer lieblichen Landschaft ergötzen, geht eine Anrufung der *Sylva* voraus, der geheiligten Stätte und des vom Schöpfer für das Gebet und zur Sammlung errichteten Naturtempels, der das Vorbild der ersten religiösen Architektur ist.

Von der Abhandlung erschienen mehrere Auflagen, 1729 die fünfte. Indem man in den Kirchen des Mittelalters die Formen der uralten Bäume entdeckte, erneuerte sich dieser alte Traum. Die gotische Kathedrale ist eine Stadt Gottes in Gestalt des Waldes. Als die Völker des Nordens ihre dunklen Wälder in das Innere ihrer Kirchenschiffe brachten, erneuerten sie ihre ursprünglichen Vorstellungen. Der entwürdigte Baum fand hier seine Würde wieder, und alle in der Anlage der Gotteshäuser begangenen Irrtümer, von denen nicht einmal die Kirchen des Heiligen Landes frei waren, wurden auf einen Schlag beseitigt.

Da die Goten ein primitives Volk waren, ohne Erfahrung in der Baukunst, mußte man für dieses kühne Programm angesehene Architekten finden, die sich von den unheilvollen griechisch-römischen Traditionen freigemacht hatten. Die arabische Lösung, die sich aus Gründen aufdrängte, die denen Blondels entgegengesetzt waren, hatte sich in England schon durch den Universalgelehrten Wren (1632–1723) empfohlen; dieser Astronom, Physiker und Kritiker Pascals war von größtem Einfluß auf den Wiederaufbau Londons nach dem Brand von 1666. Aber es ist nicht seine These von der orientalischen Herkunft der Gotik und ihrer französischen Ausbreitung während der Kreuzzüge[22], die man bei Warburton findet, sondern die maurisch-spanische Version, die Palästina ausspart. Das exotische Element wirkt für das Ansehen der Bauwerke nicht mehr kompromittierend, sondern verstärkt noch das Märchenhafte und Geheimnisvolle.

Die Bemerkung Warburtons, die als Kommentar zu dem Werk eines Dichters Verbreitung fand, ist viel beachtet worden und wird in den technischen Werken ständig zitiert. Dellaway erwähnt sie noch im Jahre 1800.[23] Sie hat sogar den Anstoß zu einer praktischen Demonstration gegeben.

Ein gewisser Hall, der 1785 auf seiner Rückreise aus Italien die französischen Kathedralen sah und von ihrer Schönheit beeindruckt war, fragte sich, wie es zu dieser Großartigkeit und Kühnheit, die von keinem der berühmtesten modernen Baudenkmäler erreicht wurde, komme. Die Theorien Warburtons überzeugten ihn so sehr, daß er sie bestätigen wollte, indem er selbst ein Gebäude aus Baumstämmen und Ästen errichtete (Abb. 75–77).

Man ging folgendermaßen vor: In zwei Reihen im Abstand von 1,20 m pflanzte man Eschenstämme, die dann mit 3 m langen Weidenstöcken, wie mit einem Bündel kleiner Säulen, kantoniert wurden. Oben befestigte man dann die Weidenstöcke so, daß sie ein gotisches Gewölbe bilden konnten. Für die Bedeckung nahm man Stroh. In diesem Kirchenschiff konnte man auf und ab gehen, und diese Miniaturkirche besaß einen Chor und ein Querhaus. Das Portal war eine Nachbildung des Portals von St. Mary in Beverley. Das Maßwerk der Fenster aus gespaltenen Zweigen bildete die charakteristischen Formen genau nach. Acht Weidenruten formten ein paar Schritte entfernt die (6 m hohe) Kirchturmspitze, die dem Kirchturm von Bunny in Nottinghamshire glich.

Das Werk wurde im Winter 1792–1793 vollendet. Im Frühling begann das Gebäude zu knospen, und die Blätter traten an eben den Stellen hervor, wo man sie sonst in Stein gemeißelt findet. Der Bericht über dieses Experiment wurde von der Royal Society in

22 Ch. Wren, *Parentalia or Memoirs of the Family of the Wrens,* London 1750, S. 298 und 306.
23 M. Dellaway, *Anecdotes of the Art in England,* London 1800, und *Les Beaux-Arts en Angleterre,* mit Anmerkungen von A. Millin, Paris 1807, Bd. I, S. 14.

75   Nachbildung eines gotischen Schiffes aus Eschenstämmen und Weidenruten. Experiment von J. Hall, 1798. Foto B.N.

76 Portal von Beverley und Turmspitze von Bunny, nachgebildet von Bouture. Experiment von J. Hall, 1798. Foto B.N.

77 Gotisches Fenster aus gespaltenen Ästen, von J. Hall. Foto B.N.

78   Gewölbte Allee, Garten von Castellazzo. Nach L. Domenico, *Le Delizie della Villa Castellazo*, Mailand 1743. Pierre Berès, Paris

Edinburgh 1798 veröffentlicht[24], mit zahlreichen Illustrationen von Joseph Halfpenny, Verfasser einer Monographie über die Kathedrale von York (1795–1807). Ein Aquarell von Edward Blore (1787–1879) zeigt die im Garten von Hall gepflanzte Kirche noch in der Mitte des Jahrhunderts intakt. Sie erhebt sich dort als ein pflanzliches Kunstwerk, ein Nachhall des gleichermaßen von Licht und Schatten durchflossenen Haines (Tafel X). Ein ähnliches Gebäude, Allee und Gewölbe, gab es in dem noch geometrisch angelegten Garten von Castellazzo in der Nähe Mailands. Ein Stich, beigegeben der Beschreibung Leonardis in Versen (1743), zeigt es geheimnisvoll aufragend umgeben von hohen Heckenmauern (Abb. 78).

Diese poetische Beschwörung des Mittelalters durch ein im Boden wie ein Naturwunder sich verwurzelndes Gewölbe war eine Spielerei des Geistes. Gotische Kapellen und Anlagen in den Landschaftsgärten wurden oft in ähnlicher Weise errichtet. Bei Paul Decker (1759)[25] erhebt sich ein dreischiffiger Bau aus Baumstämmen und Wurzeln in gewundener Form, ähnlich dem »decorated style«, hinter einer gotischen Pforte wie eine Erinnerung an sein

---

24   J. Hall, *On the Origin and Principles of Gothic Architecture* (*Transactions of the Royal Society of Edinburgh*, IV, 1798). Hall, vgl. *Essay on the Origin, History and Principles of Gothic Architecture*, London 1813. Zum Mailänder Garten, siehe D. Leonardi, *Le Delizie della Villa Castellazzo*, Mailand 1743.
25   P. Decker, *Gothic Architecture*, London 1759, Abb. 2.

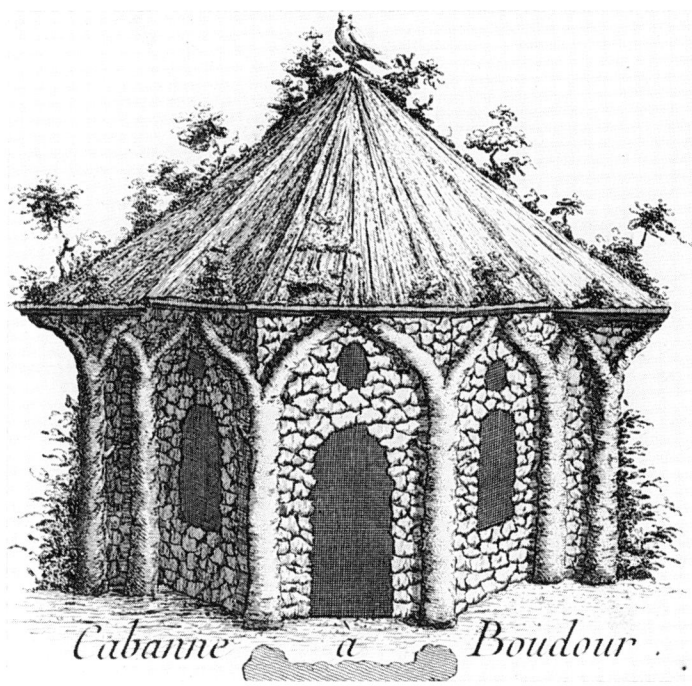

79 Ch. Over, Pavillon aus Ästen und Zweigen, 1758. Foto Soc. Amis Bibl. Art. Arch., Paris

80 Le Rouge, Ländliche Hütte, 1785. Foto B.N.

81 J.-G. Grohmann, Englisches Grabdenkmal für ein Tier, 1797. Foto B.N.

vorgeschichtliches Modell. Eine ähnliche Konstruktion findet sich bei Over (1758)[26], wo man auch einen polygonalen Pavillon sieht, der von Zweigen bedeckt ist und eine archaische Bauweise nachahmt. Die These Warburtons ist oft mit Bogenwerk und spitzen Arkaden aus Ästen und Baumstämmen illustriert worden (Abb. 79–81).[27] Grohmann (1797), der ein englisches Beispiel abbildet, weist darauf in einer Erläuterung der Abbildung hin:

> Das Gebäude wird statt von Säulen von Baumstämmen getragen, deren Äste ein natürliches Gewölbe bilden. Man erkennt daran den Ursprung der gotischen Architektur.

Das Gebäude erinnert an die Kirche von Hall, ist aber im Gegensatz dazu sehr roh ausgeführt. Es handelt sich um die Grabkapelle eines geliebten Tieres in einem Park. Im Schiff befindet sich ein Sarkophag und darüber aufgehängt wie eine Trophäe ein Pferdekopf.

---

26 Ch. Over, *Ornamental Architecture in the Gothic, Chinese and Modern Taste*, London 1758, Abb. 16 und 27.
27 Le Rouge, *Jardin anglo-chinois*, Paris 1776, 4. Heft, Tafel 3, und 7. Heft, Tafel 16; J. G. Grohmann, *Ideenmagazin für Liebhaber von Gärten, englischen Anlagen und für Besitzer von Landgütern*, Leipzig 1797, Heft 1, Tafel VI.

Parallel dazu wuchern in den hohen Spekulationen über die Würde und das Mysterium des Waldes die dekorativen Phantasien. Die Legende hat auch ihre rustikale Variante. In seiner Untersuchung über die Beziehungen zwischen Stil und landschaftlicher Umgebung findet Home (1762)[28], daß das Gotische besser zu den unkultivierten und rauhen Gegenden passe, in denen es entstanden ist. Seine Ausbreitung in der lieblichen Landschaft Frankreichs und Italiens, der der griechische Geschmack kongruiere, sei ein Fehler gewesen. Das Übermaß des Großen und Wilden gebe ein genaues Bild der Epoche. In den Gärten, die die ursprüngliche Natur wiedererstehen lassen, finden die Kapellen und Häuschen, die den Hütten der Holzfäller gleichen, in gewisser Weise in ihr Element zurück. Hier wird man wie in einem Theater, in einer entsprechenden Inszenierung und einem passenden Dekor, Zeuge des erwachenden Mittelalters. In diesen ländlichen, idyllischen Ansichten der Welt der Vorfahren, die noch nicht von der Kultur verdorben ist und ihrem Ursprung wieder nahekommt, lebt der Traum der *sylva* und ihrer Architektur wieder auf.

Diese Ansicht steht ganz im Einklang mit den Auffassungen der Renaissance, die die gotische Architektur ebenfalls als die Bauweise primitiver und im Wald hausender Völker ansah. Félibien und seine Anhänger hatten italienische Vorläufer: Filarete, Antonio Manetti und Vasari[29] führen sie entschlossen auf die »nazioni barbare«, die Goten und Teutonen, zurück. Ein berühmter, um 1518–1519 geschriebener Brief an Leo X., als dessen Verfasser gelegentlich Raffael oder einer seiner Freunde (Baldassare Castiglione?) genannt wird, gibt dieselbe Erklärung wie die Theoretiker des 18. Jahrhunderts: Die deutsche gotische Architektur ist voll Verworrenheit und Unordnung, aber diese Mängel kommen daher, daß sie aus »noch nicht beschnittenen« Bäumen mit gebogenen und zu Spitzbögen geformten Ästen entstanden ist. Diese Form hat noch nicht die Anmut, die die Vollkommenheit des Kreises unserem Auge darbietet, aber die Natur strebt auch nach keiner anderen.[30] Zweifellos ist dies nur eine technische Definition eines elementaren Verfahrens, ohne alle poetische Verklärung und ohne die plötzlichen Offenbarungen der Romantiker, die darin freilich im Keim schon enthalten sind. Von der Zivilisation noch nicht verdorbene Völker, jungfräuliche Wälder und aus der Natur entstandene Bauten lassen sich hinter der trockenen Mitteilung der Tatsachen erahnen. Wir sind noch nicht im Arkadien der unschuldigen Völker und auch nicht in einem Landschaftsgarten des 18. Jahrhunderts, sondern in der Welt der Humanisten, die sich mit aller Heftigkeit gegen das Mittelalter und seine Abirrung vom Klassischen wandten. Gleichwohl wird daraus deutlich, daß es damals auch unterirdische Strömungen gab, die gegen diese Vergangenheit nicht in derselben Weise aufbegehrten.

In Botticellis 1501 in Florenz gemalter *Mystischer Geburt*[31] wird in eine sehr bedeutungsbeladene religiöse Darstellung eine Holzhütte eingeführt. Die Krippe steht vor einer Höhle unter einem Schutzdach, das eine Art Hütte bildet, deren Dach auf zwei Baumstämmen aufruht. Dies sind »nicht beschnittene Bäume«, die unmittelbar aus dem Boden herauswachsen. Zwei Äste zweigen nach innen so ab, daß sie einen Spitzbogen bilden, dessen Spitze freilich durch das Dach verdeckt ist, das er trägt. Im Hintergrund breitet sich ein Wald aus, wie ein symbolischer Dekor oder wie eine Fortsetzung der von Engeln umrahmten heiligen Hütte im Vordergrund (Tafel XI).

Zu derselben Zeit, in der das System sich zu kristallisieren und Gestalt anzunehmen beginnt, zeigt es bereits eine Vielzahl von Aspekten. 1498 schmückt Leonardo die Decke der Sala delle Asse im Sforzaschloß in Mailand mit einem Rosengeflecht[32] und kombiniert es mit Bäumen (Abb. 83). Es ist ein Gewölbe aus geflochtenen Ästen und einem üppigen Laubwerk, getragen von mächtigen Stämmen. Wie in einem altdeutschen Bauwerk verzweigen sich die geraden Stämme zu Bündeln von Spitzbögen und Schildbögen, die das ganze Gewicht des

---

28 H. Home, *Elements of Criticism*, Edinburgh, 1762 und 1765, Bd. II, S. 461.

29 Zu diesen Texten, siehe E. S. de Beer, Gothic: Origin and Diffusion of the Term; The Idea of Style in Architecture, *Journal of the Warburg and Courtauld Institutes*, Bd. XI, 1948, S. 143–162. Vgl. auch E. Panofsky, Das erste Blatt aus dem Libro Giorgio Vasaris, *Städel-Jahrbuch*, VI, 1930, S. 36 (auch in: E. P., *Sinn und Deutung in der bildenden Kunst*, Köln 1975, S. 201 f.).

30 A. Venturi, La lettera di Raffaele a Leone X, *L'Arte*, XXI, 1919, S. 57–65, und *Storia dell'arte italiana*, IX, 2, Mailand 1926, S. 56. Siehe auch E. S. de Beer, a. a. O., und Raffaello, *Tutti gli scritti*, ed. Camesasca, Mailand 1956, S. 56; vgl. Rykwert, a. a. O. (Anm. 5), S. 120.

31 London, National Gallery, siehe G. Mandel, *Tout l'œuvre peint de Botticelli*, Paris 1967. Das Gemälde ist um 1800 von W. Y. Ottley in Rom gekauft worden. Nach mehreren Verkäufen in England kam es 1878 in die National Gallery. Auf seine Bedeutung in unserem Zusammenhang hat mich J.-F. Chevrier hingewiesen.

32 J. Baltrusaitis, *Le Moyen-Age fantastique. Antiquités et exotismes dans l'art gothique*, Paris 1981, S. 86.

dichten Laubwerks tragen. Es sind wiederum »nicht beschnittene Bäume«, die in diesem eigenwilligen Werk zu einem unentwirrbaren Ornament verflochten sind. Die Nähe zu dem apokryphen Raffaeltext ist so auffallend, daß man sich gefragt hat, ob der Bericht an den Papst nicht durch diese Komposition oder durch einen Gedanken Leonardos angeregt sein kann.[33] Diese vom Menschen und der Natur geschaffene Laubarchitektur scheint dasselbe zu demonstrieren wie die Pflanzung von Hall.

Diese einzigartige Wiedergabe eines gotischen Gewölbes in seiner ursprünglichen Frische ist nicht ein bloßer Einfall eines Genies. In Deutschland begannen die Bauten sich mit einer im Realismus der Zeit dargestellten Vegetation in eben dem Augenblick zu überziehen, als die Theoretiker und Künstler südlich der Alpen diese Bauweise mit den Bäumen verglichen. Einige Fälle sind besonders aufschlußreich. Dehio[34] verzeichnet eine Reihe von Baudenkmälern in Sachsen, an denen man ähnliche Motive beobachten kann. In Zwickau werden zwischen 1465 und 1506 das Fenstermaßwerk, Wimperge und Baldachine wie Zweige gemeißelt. In Chemnitz (um 1525) fassen diese knorrigen Äste das Portal der Schloßkirche ein und bilden mit allen Verästungen ein Gerüst von drei Etagen mit Spitzbögen und Kielbögen (Abb. 82). Es ist so, als hätte man das grob gezimmerte Gerüst vor dem Bau stehengelassen, um einen Schlüssel zu ihm oder sein Modell zu zeigen.[35] Dicht belaubte und biegsame Zweige, Ranken, die das Gebäude von allen Seiten umwachsen, sind auf Stichen oft noch wuchernder dargestellt worden. Das Portal, das man auf Dürers *Beschneidung Christi* (aus dem

82 Chemnitz, Portal der Schloßkirche, um 1525. Foto B.N.

83 Leonardo da Vinci, Baumgewölbe im Castello Sforzesco in Mailand, 1498. Foto Anderson-Giraudon ▷

---

33 R. Bernheimer, Gothic Survival and Revival in Bologna, *The Art Bulletin*, XXXVI, 1954, S. 271.
34 G. Dehio, *Geschichte der deutschen Kunst*, Berlin 1921, Bd. II, S. 163, und *Handbuch der deutschen Kunstdenkmäler*, Bd. 1, *Mitteldeutschland*, Berlin 1905, S. 55, 252 und 341.
35 G. Dehio, *Geschichte der deutschen Kunst*, Bd. II (Abbildungen), Abb. 42.

84   Seefeld (Tirol), baumartige Gewölberippen, 1466. Foto Albrecht-Bild, Innsbruck

Marienleben, 1500–1509) sieht, ist eine zugleich leichte und überladene Version der sächsischen Anordnung. Auch gotische Gewölbe sind in dieser Weise interpretiert worden, unter anderem in Seefeld um 1466 (Abb. 84). Der polygonale Chor der Marienkirche in Pirna (1502–1546)[36] hat Rippen, die als ganz »naturalistische« Baumzweige dargestellt sind und ein richtiges Geflecht bilden, in dem »wilde Männer« klettern. Die mit der Entstehung dieser Architektur zusammenhängende Geschichte von den Waldleuten wird hier wörtlich wiedergegeben, und als Ort für diese Darstellung hat man die heilige Stätte gewählt. In einem bestimmten Moment hat das Mittelalter selbst diese Ähnlichkeiten wahrgenommen und sie in symbolischen Bildern hervorgehoben. Leonardo hat in seinem Baumgewölbe mit den Elementen einer authentischen Legende gespielt.

Auch in Frankreich läßt sich ein Überdauern und Fortleben dieser Motive beobachten. Philibert ergänzt seine Beschreibung der klassischen Säulenordnungen durch die Baumsäulen (1567)[37]: nicht Säulen aus Holz, »sondern aus Stein und den Bäumen ähnlich«, und er zeigt eine Zeichnung mit einem knorrigen Stamm und Blätterwerk, das aber nicht am Kapitell sprießt, sondern auch am ganzen Schaft. Ihre Verwendung wird für verschiedene Umstände empfohlen. Warum sollte man sie nicht regelmäßig benutzen dürfen?

> Man erwäge, ob ein Portikus, ein Peristyl, die Fassade eines Hauses nicht schön wären, wenn alle Säulen die Gestalt von Bäumen und die Kapitele von beschnittenen Ästen hätten... Das wäre sehr schön anzusehen.

Die Säulenhalle wäre »gleichsam ein schöner Wald«. Fries und Kranzgesims wären aus Efeu, »Baumzweige, die nach draußen dringen«. Die Beschreibung bedient sich derselben Ausdrücke wie die eines gotischen Schiffes durch einen Autor des 18. Jahrhunderts.

Ohne jede Frage sollten die Gebäudemaße dem Menschen angepaßt werden, entsprechend den antiken Traditionen, die Filarete und Francesco di Giorgio mit unbedingter Strenge wiedereingeführt haben: die Maße des Mannes für den dorischen Bau, die der Frau für die ionischen und die des jungen Mädchens für den korinthischen, und die Bäume wird man naturgemäß nach den gewünschten Proportionen auswählen. Diese Identifikation des Baumes und des Menschen, »dessen Symbol er ist« (Evelyn), zeigt eine Anziehungskraft der Natur und das kaum verhüllte Bedürfnis, daraus einen konstruktiven Kanon zu gewinnen.

Es sei auch daran erinnert, daß das Denken Philibert de l'Ormes, der seine Kunst auf die ganze Architektur der Welt bezieht, mit dem rätselhaften und vielschichtigen Genie Leonardos eher verwandt ist als mit dem italienischen Neuplatonismus und seinen subtilen Theorien: die Überlegungen zur universellen Harmonie gehören noch unmittelbar zur mittelalterlichen Symbolik.[38]

Der Traum vom Wald überlagert die Architekturvorstellung des in seinem Niedergang romantischen Mittelalters, des im Sog des Klassizismus verborgenen und des mit der romantischen Sehnsucht wiedererstehenden Mittelalters in allen Phasen einer Entwicklung, in der man die Form sich über die technischen und historischen Gegebenheiten erheben und das Gebiet der Fiktion erreichen sieht.

Diese Beständigkeit und diese Umschwünge erklären sich daraus, daß das gotische System, so wie es sich im Laufe des 13. Jahrhunderts entwickelt hat, die Keime einer Interpretation in sich trug: seine Legende entspringt seiner innersten Substanz und der Eigenart seiner Wirkung, wobei die Wirkung jahrhundertelang die Form verdeckt hat. Die Gegebenheiten bleiben immer dieselben, die Bäume und die Zweige, die die Konstruktion tragen, aber entsprechend der Einstellung der Schulen und Epochen verändert sich ihre Bewertung: eine barbarische Lösung, eine Grille, eine überlegene Ordnung, eine rustikale Poesie. Der Kreislauf wiederholt sich regelmäßig. Am Anfang des 14. Jahrhunderts stehen Deutschland und Italien in derselben Weise im Gegensatz zueinander wie England und Frankreich um die Mitte des 18. Jahrhunderts. Beharrung und latente Konflikte finden sich in derselben Weise in verschiedenen klassischen Milieus. Der Mythos pflanzt sich weiter fort und erneuert sich auch spontan aus einer gleichbleibenden Realität, jedes Mal mit größerer Kraft. Die Macht der

36 R. Hofmann, *Geschichte der Kirche St. Marien in Pirna*, Berlin 1890. Siehe auch *Wasmuths Lexikon der Baukunst*, Bd. IV, Berlin 1932, S. 70.
37 Philibert de l'Orme, *Le Premier Tome de l'Architecture*, Paris 1567, S. 217.
38 L. Brion-Guerry, *Philibert de l'Orme*, Paris 1567, S. 217.

Illusion wächst in dem Maße, in dem man in der Zeit voranschreitet. Die erhabensten und mächtigsten Bilder tauchen in den plötzlichen Offenbarungen der Philosophen und Dichter um 1800 wieder auf.

Die Blüte dieser Naturlegende, die die Frage des Ursprungs auf dem Boden, der die Architekturdenkmäler trägt, lösen sollte, hat die Theorien einer fremden Herkunft nicht schwächen können. Das romantische Mittelalter entspringt aus Widersprüchen. Die eng mit den druidischen Wäldern verknüpfte arabische Herkunftsgeschichte verbreitet sich zur gleichen Zeit, so daß sogar Chateaubriand sie zur Kenntnis nehmen muß. Er erwähnt sie in einer Anmerkung, fast mit Bedauern, ehe er die Eichen der Gallier beschwört.[39] Die Ähnlichkeit der gotischen Ordnung mit den Baudenkmälern Ägyptens deute darauf hin, daß sie von den ersten Christen aus dem Orient mitgebracht wurde, hält aber trotzdem an der Rolle der Wälder der Ahnen fest. Alle Baustile seien im übrigen auf dieselbe Weise entstanden, die griechische Säule aus der Palme, die ägyptischen Pfeiler aus den Sykomoren und anderen gigantischen Bäumen Afrikas und Asiens. Die Kunst änderte sich mit dem Klima.

Die orientalische und die islamische Theorie werden mit Nachdruck von drei Werken vertreten, die zwei Jahre vor Chateaubriands *Génie du christianisme* entstanden sind und diese Unstimmigkeit wahrscheinlich erklären. Der Text von Legrand, der die Tafeln *Recueil et parallèle des édifices* von Durand[40] begleitet, ein bemerkenswertes Abbildungswerk der Epoche, knüpft an die These Warburtons an, freilich in einer größeren Perspektive. Der Stil jeder Architektur hängt mit den Bedingungen seiner Entstehung zusammen. Die Bauten Asiens bewahren die Leichtigkeit und Eleganz der Zelte. Die Tempel, Gräber und Paläste Ägyptens besitzen das Geheimnis, den Ernst und die Vornehmheit der Grotten, die von der Natur geformt sind, während die gotischen Kirchen nicht nur die Dunkelheit der keltischen Eichen verbreiten: »Die zarten, durch Luxus und Weichheit vervielfältigten Stützen stellen dort auch die von den Mauren und Arabern errichteten Blumenlauben dar.« In Afrika und im Orient hat sich die arabische, maurische, sarazenische Gotik am prächtigsten entwickelt, und es fallen die Namen der Städte Kairo, Alexandrien, Aleppo, Konstantinopel. Die Goten haben sie in Spanien übernommen, ganz wie die klassische Theorie seit einem halben Jahrhundert behauptet. Doch »unsere reichsten und besten gotischen Kirchen« geben davon nur eine unvollkommene Vorstellung.

Die *Essays on Gothic Architecture*, die ebenfalls im Jahre 1800 erscheinen[41], vereinen einige Abhandlungen der wichtigsten Autoritäten, darunter Grose[42], der die orientalische Herkunftsthese mit Leidenschaft aufgreift und die gotischen Denkmäler Isphahans in den Beweis aufnimmt, während Dellaway[43] an die palästinensischen Hypothesen von Wren anknüpft, ohne jedoch Frankreich als eine Etappe der Überlieferung zu berücksichtigen. Die englischen Kreuzfahrer haben den »sarazenischen« oder gotischen Stil unmittelbar aus dem Heiligen Land mitgebracht, und in ihrer Heimat entstehen daraus mehrere neue Stile. Zur Regierungszeit der beiden Edwards war der »sarazenische« Stil vorherrschend. Die orientalische Legende versiegt nicht, sondern entfaltet sich in den Schriften der Gelehrten weiter, wodurch Chateaubriand genötigt wird, einen christlichen Kompromiß zu suchen.

Die gotische Abteilung des Musée des Monuments français, 1796 im Kloster der Kleinen Augustiner eingerichtet, wird von Lenoir als »sarazenisch« vorgestellt.[44] Die zu Unrecht gotisch genannte Architektur ist eine in Frankreich von den Kreuzfahrern eingeführte arabische Bauweise. Der hl. Ludwig hatte den berühmten Montereau mit nach Palästina genommen. Die Sainte-Chapelle in Paris mit ihren herrlichen Glasfenstern, den Malereien und Vergoldungen sei eine vollkommene Nachahmung der arabischen Baudenkmäler. Diese Richtigstellung bemühte sich der Konservator in den Sälen des 13. und 14. Jahrhunderts

39 Chateaubriand, a. a. O. (Anm. 2), S. 25.
40 J.-N.-L. Durand, *Recueil et parallèle des édifices de tout genre avec un texte extrait de l'Histoire générale de l'architecture*, von J.-G. Legrand, Paris, Jahr VIII; der *Essai sur l'Histoire générale de l'architecture* ist 1809 gesondert erschienen.
41 *Essays on Gothic Architecture*, London 1800 und 1802.
42 Der Beitrag von Grose ist ein Auszug aus *The Antiquities of England and Wales*, London 1773, Bd. I.
43 M. Dellaway, a. a. O. (Anm. 23), französische Ausgabe, S. 15, 20 und 21.
44 A. Lenoir, *Musée impérial des monuments français, Histoire des Arts en France et description chronologique . . .*, Paris 1810, S. 34–39.

vorzunehmen.[45] Als Napoleon sie betrat, rief er aus: »Oh! Ich bin hier in Syrien«, so gut war die Beschwörung des Orients gelungen.

Auch die persische Architektur hatte für Lenoir Ähnlichkeiten mit den gotischen Kirchen, ebenso der von den Arabern gebaute Palast in Cordoba. Die Vergleiche basierten vor allem auf zwei Veröffentlichungen: für den Iran auf dem *Voyage* von Le Brun (1718)[46], den bereits Grose heranzog, und für Spanien auf Labordes *Voyage* (1806)[47]. Der ganze Islam wird im Abendland lebendig. Den »lombardischen« Bauten, die Karl der Große in Frankreich verbreitete, folgt eine »wahrhaft asiatische Architektur«, die im 14. Jahrhundert noch vervollkommnet wird. Nach einer kurzen Periode der Verbindung mit »lombardischen« Elementen verschwindet sie unter Franz I., als die Schriften Palladios dem Genie des Künstlers größeres Ansehen verschaffen. In England wird die orientalische These noch von Whittington (1809)[48] und von Haggitt (1813)[49] und in Deutschland von Stieglitz (1820)[50] vertreten. Bis ins 19. Jahrhundert haben die Bauwerke, die nicht den seit der Renaissance aufgestellten Regeln entsprechen, etwas Rätselhaftes und Fremdartiges, so eigenartig sind ihre Gesetze. Die gotische Baukunst hat ihre Wurzeln außerhalb der europäischen Zivilisation und gehört Welten an, die räumlich und zeitlich weit entfernt sind. Man sucht den Schlüssel zu ihrem Geheimnis sogar im Ägypten der Pharaonen.

In einem merkwürdigen Werk, das 1795 in London erschienen ist, sieht Murphy[51] überall Pyramiden erscheinen: an der Fassade der Westminsterabtei und der Kathedrale von York, an den Vierungstürmen, an den Türmchen und Strebepfeilern der mittelalterlichen Kirchen. Die »Tendenz zu Pyramiden« ist in der allgemeinen Anlage der Gebäude dominierend und bis in Baldachine der Nischen spürbar. Nur der Spitzbogen kann sich da harmonisch einfügen. Es ist also müßige Spekulation, seinen Ursprung in den Zweigen der Bäume zu sehen. Außerdem kommt nichts einem gotischen Kirchenschiff näher als die Beschreibung eines ägyptischen Saales durch Vitruv. Muß man daraus schließen, fährt der Verfasser fort, daß das Abendland an diese alten Traditionen angeknüpft hat? Bisher hat niemand eine solche These aufgestellt. Aber vergessen wir nicht, daß die Türme neben den alten irischen Kirchen Obelisken ähnlich sehen, und daß die alte Paulskirche höher war als eine ägyptische Pyramide. Und wenn wir durch unser Land fahren, finden wir in einer einzigen Provinz mehr Pyramiden, als heute in Memphis oder Sakkara existieren. Also dürfen wir annehmen, daß sich unsere Kirchturmspitzen in einem gewissen Maße von einer ägyptischen Idee herleiten, die auf christliche Prinzipien aufgepfropft wurde.

Den Untertanen der Pharaonen war die Pyramide heilig, und sie bezeichneten mit ihr den Ursprung aller Dinge. Sie errichteten sie auf ihren Friedhöfen, ebenso wie die Christen, um die Unsterblichkeit der Seele anzuzeigen. Gleich der Flamme stellt sie den Geist des Verstorbenen dar, der sich von dem Körper trennt und zum Sitz der Götter aufsteigt. Die gotische Kathedrale ist mit ihren Elementen und im ganzen, mit ihrer Symbolik und ihren Formen die Übersetzung einer ägyptischen Ordnung. Murphys Buch hat großen Einfluß ausgeübt und ist in den Architekturabhandlungen häufig zitiert worden.

Charles Dupuis, Konventsmitglied und Mythograph, hat im selben Jahr (1795) sein Werk *Origine de tous les cultes* veröffentlicht[52], in dem die Pyramide ebenfalls als geometrische Darstellung des Feuers gedeutet wird, und das ganze Christentum wird dem Sonnenkult Ägyptens, der Wiege aller Religionen, zugeordnet. Die gemeißelten Figuren an den Kirchen sind Hieroglyphen.[53] An der Fassade von Notre-Dame ist nicht die Jungfrau zu sehen,

---

45 Zur Aufstellung in diesem Saal, siehe G. Huard, La Salle du XIIIᵉ siècle au Musée des Monuments français à l'Ecole des Beaux-Arts, *Revue de l'Art ancien et moderne*, XLVII, 1925, S. 113–126.

46 Ch. Le Brun, *Voyage par la Moscovie en Perse et aux Indes orientales*, Amsterdam 1718.

47 A. de Laborde, *Voyage pittoresque en Espagne*, Paris 1806.

48 G. D. Whittington, *An Historical Survey of the Ecclesiastical Antiquities of France with a View to Illustrate the Rise and Progress of Gothic Architecture in Europe*, London 1809.

49 J. Haggitt, *Two Letters on the Subject of Gothic Architecture*, Cambridge 1813.

50 Ch. L. Stieglitz, *Von altdeutscher Baukunst*, Leipzig 1820, S. 63, § 47.

51 J. Murphy, *Plans, Elevations, Sections and Views of the Church of Batalab*, London 1795.

52 Ch. Dupuis, *Origine de tous les cultes*, Paris, Jahr III, Bd. III, S. 48 ff., und J. Baltrusaitis, *La Quête d'Isis, Introduction à l'égyptomanie*, Paris 1967, S. 30 ff.

53 Die mittelalterliche Plastik (von Chelles und Notre-Dame in Paris) war schon von J. Lebeuf als »hieroglyphisch und ägyptisch« bezeichnet worden (*Histoire de la ville et de tout le diocèse de Paris*, Paris 1754–1755, Bd. I, S. 11 und Bd. VI, S. 39. Hinweis von Jacques Vanuxem, dem ich mancherlei Aufschlüsse in dieser Frage verdanke.

sondern Isis mit dem Tierkreiszeichen. Göttin der Franken und Sueven, die ihr ein symbolisches Schiff zuordneten (das Schiff findet sich im Wappen der Stadt wieder), ist sie die Schutzgöttin von Paris.[54] »Dieser Isis, der Mutter des Lichtgottes, bringt das Volk am ersten Tag des Jahres Kerzen dar.« Die Kathedrale ist ihr Tempel. Nach Horapollo wird das Jahr durch die ägyptische Isis bezeichnet. Indem man im weltlichen Frankreich der Revolution über die alten Kosmogonien spekuliert, entdeckt man die Quellen der humanistischen Renaissance wieder und deren Pseudokenntnis der ägyptischen Embleme.

Die ikonographischen Untersuchungen Lenoirs weisen in dieselbe Richtung. »Die meisten der Figuren, die die Portale unserer Kirchen schmücken, sind eine Art Hieroglyphen, ähnlich denen der Ägypter«, behauptet der Konservator des Musée des Monuments français[55] und entziffert die – meist romanischen – Reliefs nach den Methoden von Dupuis. Auf einem Kapitell in Issoire hat er sogar Mumien erkannt, woraus hervorgehen soll, daß nicht nur die Allegorien und religiösen Vorstellungen der alten Völker nach Gallien gelangt sind, sondern sogar deren Riten und deren Totenbestattung. Mehrere Mumien wurden in der Gegend entdeckt, und »eine ägyptische Mumie, gefunden in der Auvergne«, wird unter anderem im Cabinet d'Histoire Naturelle in Paris verwahrt.[56]

Die gotische Architektur mußte dieser selben Welt entstammen, und in der Symbolik ihrer Bögen hängt sie mit ihr zusammen.

> Der Spitzbogen selbst ist ein ägyptisches Emblem. Er ist die Darstellung des heiligen Eis, in dem die Ägypter das schöpferische Prinzip der großen Göttin Isis und ihres Bruders Osiris sahen, die beide aus einem von der Sonnensubstanz genährten Ei geboren wurden.

Der Widerspruch soll uns nicht interessieren, doch das arabische Element ist nicht unvereinbar mit einem weitgespannten Netz der Überlieferungen.

Mit einem Schlag ist in der mittelalterlichen Baulandschaft ganz England übersät von Pyramiden und Obelisken und Frankreich voll von ägyptischen Symbolen. Der Mythus imponiert nicht nur durch seine Kühnheit, sondern auch durch die Statur seiner Schöpfer.

Die gotische Kathedrale verkörpert den *Temple of Fame* mit seinen Fassaden, die alle Weltteile vereinigen: den druidischen Norden, den ägyptischen Süden, den islamischen Osten. Die vierte Seite aber ist nicht antik[57], sondern chinesisch.

In seiner Klage über die Proportionen der Fenster, die die Baumasse zum Verschwinden bringen, schreibt Le Blanc 1733[58]:

> Die Palastkapelle zu Paris überbietet noch die Laternen Chinas, die, wie Père le Comte berichtet, die Größe von Zimmern haben: dieses Gebäude ist eigentlich eine Laterne, sie besteht ganz aus Fenstern, und Mauerwerk ist kaum zu sehen.

Der Jesuitenpater war von diesen Laternen betört und berichtet über sie mit großer Bewunderung.[59] Einige sind riesig, bis zu 30 Fuß im Durchmesser (etwa 10 Meter), und man beleuchtet sie mit unzähligen Lichtern und läßt Marionetten von Menschengröße darin spielen. Andere sind 4 Fuß hoch. Mit ihrem vergoldeten Holzaufbau und bespannt mit feiner, durchsichtiger Seide bilden sie mehrere rechtwinklige Felder, die man mit Blumen, Bäumen, Felsen und gelegentlich Figuren bemalt. »Die Malerei ist schön, die Farben sind lebhaft, und wenn die großen Lichter entzündet sind, verbreitet sich eine Helligkeit, die einen gefälligen Eindruck des Ganzen erzeugt.«

Ganz ähnlich ließen sich die Glasfenster beschreiben. Hat Ruskin[60] nicht Aladins Wunderlampe entzündet? Für Le Blanc leuchten die Glasfenster von Sainte-Chapelle, wie immer er

---

54   Als Schutzgöttin von Paris wird Isis bereits erwähnt bei A. Duchesne, *Les Antiquités et recherches de villes, châteaux et places plus remarquables de toute la France*, Paris 1609, S. 84. J. Baltrusaitis, *La Quête d'Isis*, Kap. 1.

55   A. Lenoir, a. a. O. (Anm. 44), S. 54.

56   A. Lenoir, *Nouvelle Explication des hiéroglyphes ou les aniciennes allégories sacrées des egyptiens*, Paris 1808, S. 128–129. J. Baltrusaitis, *La Quête d'Isis*, S. 43.

57   Die Phantasiezuschreibungen bestimmter Baudenkmäler des Mittelalters, meist romanisch oder aus dem Übergang zur Gotik, zur klassischen Antike beruhten ausschließlich auf historischen Legenden, ohne Berücksichtigung stilistischer oder konstruktiver Elemente. Das Gotische galt als Gegensatz schlechthin zum Antiken.

58   H. Le Blanc, a. a. O. (Anm. 10), S. 13.

59   L. Le Comte, *Nouveaux Mémoires sur l'état présent de la Chine*, Paris 1696, Bd. I, S. 341 ff.

60   J. Ruskin, *Lectures on Art*, London 1870, Par. 186, zitiert bei L. Grodecki, *Vitraux de la France*, Paris 1953, S. 13.

sonst ihre Wirkung beurteilen mag, wie chinesische Laternen in der Nacht. Le Gentil de la Galaisière[61] legt 1785 der Académie Royale des Sciences eine Abhandlung über den Tierkreis vor und führt aus, daß er seine Darstellungen nicht nur in Indien, sondern auch in Europa gesucht habe, denn »der Geist, der die indischen Steinmetze und Baumeister bei der Errichtung ihrer Pagoden geleitet hat, ist derselbe, der bei uns den Bau der gotischen Kirchen lenkte«.

Seine Überlegung wird in Frankreich belegt durch Notre-Dame in Paris und Saint-Denis, in England durch Walmgate in York, und es bestätigen sich die Beziehungen des abendländischen Mittelalters zum buddhistischen Asien, die der Astronom als geläufige Idee formuliert hat.

In China selbst sieht man das mittelalterliche System mit anderen Elementen verbunden. Zu den für den Kaiser in Peking gebauten Palästen erklärt Delatour (1803)[62]: »Sie sind gotisch durch das Gigantische oder Kümmerliche der Proportionen, durch die Kraftlosigkeit und Gewundenheit der Formen.« Lenoir (1809) erweitert seine Perspektiven weit über die Länder des Islam und Ägypten hinaus: die indische und chinesische Architektur hat dieselben Elemente wie die gotisch-arabische. In Saint-Denis finden sich die Motive eines indischen Bauwerks und eines chinesischen Palastes vereinigt.[63]

Auch die deutschen Romantiker haben zur selben Zeit ihre Gedanken nach Indien gerichtet. Schelling äußert sich dazu in seinen Überlegungen zum Ursprung der Kathedralen, die auf ferne Quellen hinführen (1802–1804)[64]:

> Es ist nämlich eine verwundernswerte und in die Augen springende Ähnlichkeit, welche die indische Bauart mit der gotischen zeigt. (...) Die Architektur der Tempel und Pagoden ist ganz gotischer Art; selbst gemeinen Gebäuden fehlen die gotischen Pfeiler und die spitzigen Türmchen nicht. (...) Der ausschweifende Geschmack der Orientalen, der überall das Begrenzte meidet und auf das Unbegrenzte geht, blickt unverkennbar durch die gotische Baukunst hindurch, und diese wird im Kolossalen noch von der indischen Architektur übertroffen, welche Gebäude, die einzeln dem Umfang einer ganzen Stadt gleichen, ebenso wie die riesenhafteste Vegetation der Erde aufzuweisen hat.[65]

Auf einem sonderbaren Umweg kommen wir wieder zum Pflanzenreich zurück. Der Abschnitt schließt an Beschreibungen der germanischen Wälder und ihrer Tempel an, in denen die Grundstimmung der gotischen Kathedrale als allumfassende Stadt Gottes anklingt, und dabei geht es auch um das sarazenische Element.

Laternen, Pagoden, Paläste des Fernen Ostens tauchen, wie durch Verhexung, in Zusammenhängen auf, die doch ganz vertraut wirken sollen. Es ist eine Zeit der Verwirrung, in der das Exotische eine besondere Anziehungskraft ausübt.

Seit der Mitte des 18. Jahrhunderts werden Chinesisches und Gotisches oft auf der gleichen Ebene angesiedelt. In einem Brief vom 2. August 1750 schreibt Horace Walpole[66] an einen Freund in Florenz:

> Das Land zeigt ein neues Gesicht... Die verstreuten Gebäude, ich meine die Tempel, Brücken usw. sind im allgemeinen gotisch oder chinesich. Das gibt dem Land einen kaprizösen Zug des Neuen.

Beide Bauweisen scheinen hier einer gleichen Phantasie zu entsprechen. Man hat auch gezeigt, daß die Unregelmäßigkeit bestimmter mittelalterlicher Formen damals mit ostasiatischen Darstellungsformen gleichgesetzt wurde[67] und, wie wir sehen werden, kommen diese auch in den Gärten vor. Auch die mit ihrer Anlage betrauten Architekten vermischen häufig diese Elemente. Die Pavillons in einem Sammelwerk (1753) der Halfpennys (William und John, mit denen Joseph, der an den Experimenten Halls teilgenommen hatte, zweifellos

---

61 J. Le Gentil de la Galaisière,Mémoire su l'origine du Zodiaque, in *Mémoires de l'Académie Royale des Sciences*, Paris 1785, S. 19.
62 L.-F. Delatour, *Essai sur l'architecture des Chinois*, Paris 1803, S. 184.
63 A. Lenoir, *Histoire des Arts en France* (1810), S. 35 und 36, und: Notice sur l'origine de l'architecture appelée improprement gothique, in *Mémoires de l'Académie celtique*, III, 1809, S. 351.
64 F. W. J. Schelling, *Philosophie der Kunst*, Nachdruck der Ausgabe von 1859, Darmstadt 1960, S. 229.
65 Der Text läßt sich mit dem etwa gleichzeitigen von F. Schlegel vergleichen.
66 P. Toynbee, *The Letters of Horace Walpole*, Oxford 1903, Bd. III, S. 4.
67 A. O. Lovejoy, The First Gothic Revival and the Return to Nature, *Modern Language Notes*, XLVII, 1932, Nr. 7, S. 419–446.

85 W. und J. Halfpenny, Chinesischer Tempel, 1753. Foto B.N. 86 W. und J. Halfpenny, Gotischer Pavillon, 1753. Foto B.N.

verwandt war) sind mittelalterlich und fernöstlich zugleich. Kielbogen und Fialen der Fassade eines »Chinese Temple«, eingefaßt von zwei Palmen, unterscheiden sich kaum von einer Kapelle des 15. Jahrhunderts. Die »Gothick Lodge«, die in dem Album folgt, hat fast denselben Aufbau (Abb. 85 und 86). Der chinesische Glockenturm wird nur durch einen Giebel ersetzt, und die Pflanzen sind nicht mehr die der heißen Länder. Der »Aufriß eines Tempels, teilweise im chinesischen Geschmack«, den die beiden Architekten 1752 abbilden[68], ist ein Zwitter: eine Pagode als Dach und die Kapelle mit Portal, Giebel und Kielbogen in reinster Gotik (Abb. 87). Die heterogenen Formen stimmen erstaunlich zusammen zu einem fast organischen Ganzen, wie eine Demonstration des Paradoxes, das Le Gentil de la Galaisière erwähnt. Bei Over (1758)[69] stehen neben gotischen Baumphantasien Rotunden mit blumenbesetzten Kielbögen, »Chinese« und »Gothic Tempels«, die nur an den Motiven auf ihrer Spitze und an den Bildlegenden auseinandergehalten werden können (Abb. 88). Der 1782 von Bélanger im Bagatelle-Garten errichtete »Pavillon du Philosophe«[70] besteht aus Bogenstellungen auf achteckigem Grundriß, deren Elemente, etwa das Maßwerk mit Drei- und Vierpässen, genau dem der Sainte-Chapelle entsprechen, gekrönt von einem geschwungenen Dach (Abb. 89). Der Pavillon steht auf einem Felsen in Gestalt einer Brücke, und daneben erhebt sich ein Mast mit einem Sonnenschirm und zwei Drachen darauf. Der Meditationsort verbindet die gotischen Fenster mit der Gestalt einer »Laterne aus China«.

---

68 W. und J. Halfpenny, *New Designs of Chineses Gates, Palisades, Staircases, Garden Seats, Chairs, Temples*, IV, London 1752, Tafel 54, und *Rural Decorative Architecture in the Augustine, Gothick and Chinese Taste*, London 1753, Tafel 12, 13 und 14.
69 Ch. Over, a. a. O. (Anm. 26), Tafel 23, 24, 25, 32 und 35.
70 J. Ch. Krafft, *Recueil d'architecture civile*, Paris 1812, Tafel 119–120, Nr. 11.

87   W. und J. Halfpenny, Tempel, »teilweise im chinesischen Geschmack«, 1752. Foto B.N.

88 Ch. Over, Gotischer und chinesischer Tempel, 1758. Fotos Soc. Amis Bibl, Art. Arch., Paris

89 J.-Ch. Krafft, 1812, Bagatelle, Pavillon des chinesischen Philosophen von F.-G. Bélanger, 1782. Foto B.N.

Die phantastischen Themen keimten seit langem in einer auf geheimnisvolle Weise zwischen zwei Epochen angesiedelten Architektur, die den Klassizismus unterbrach, und leben auf verschiedenen Ebenen fort: im lyrischen Überschwang, im Denken, in den archäologischen und historischen Begriffen und im romantischen Dekor.

Die auf diese »Erweckung der Gotik«[71] folgenden Arbeiten, die die ersten Grundlagen für eine positive Kenntnis des Mittelalters schufen[72], haben diese Legende zerstört. Nach Caumont (1832–1850) und Bourassé (1841) hält es noch Choisy (1892) für nötig, die Waldlegende zu widerlegen, die man nicht nur bei Huysmans (1898), sondern auch bei den Archäologen findet. Ein Vortrag, den Lambin 1899 vor der archäologischen Gesellschaft von Soissons hielt, bezeugt das:

Geht man aus einem Wald in eine Kathedrale oder verläßt eine Kathedrale, um einen Wald zu betreten, So glaubt man, es sei dasselbe Gewölbe, das einen umfängt, dasselbe Licht, das einen erleuchtet . . .

71 Zum »Gothic Revival«, siehe C. Eastlake, *History of Gothic Revival,* London 1872; H. Tietze, Das Fortleben der Gotik durch die Neuzeit, *Mitteilungen der K.K.Zentral-Kommission für Denkmalpflege,* XIII, 1914; H. Lützeler, Die Deutung der Gotik þei den Romantikern, *Wallraf-Richartz Jahrbuch,* II, 1925; Kenneth Clark, *The Gothic Revival,* London 1928; A. Neumeyer, Die Erweckung der Gotik in der deutschen Kunst des späten 18. Jahrhunderts, *Repertorium für Kunstwissenschaft,* 49, 1928; P. Yvon, *Le Gothique et la Renaissance gothique en Angleterre,*Paris 1931; A. Addison, *Romantism and the Gothic Revival,* New York 1938; G. Germann, *Gothic Revival in Europe and Britain,* Cambridge, Mass. (mit einem wichtigen Kapitel über die Legende vom gotischen Wald); J. Macaulay, *The Gothic Revival,* Glasgow und London 1975.
72 Siehe M. Aubert, Le Romantisme et le Moyen Age, in dem Sammelband *Le Romantisme et l'art,* Paris 1928.

Zur Stützung seiner Behauptung verweist der Redner auf ein ähnliches Experiment wie das von Hall, durchgeführt von einem Mitglied der Antiquarischen Gesellschaft der Picardie: man pflanzte an der Stelle des verschwundenen Kirchenschiffs von Ourscamps, vor der Apsis, zwei Reihen Bäume und erneuerte so den Bau.[73] Die islamischen Theorien, die bereits von May (1774)[74] und Milner (1798)[75] bestritten worden waren, werden nun zunächst sehr heftig angegriffen[76], aber später wird diese Frage in den Forschungen über die gotische Bauweise, die als schlechthin abendländisch gilt, fallengelassen. Trotzdem ist an diesen Legenden und Paradoxien, die eine große Epoche beschäftigten, nicht alles falsch. Das Mittelalter selbst hat die an den Wald erinnernden Züge erkannt, die spontan an einer nach ihren eigenen Gesetzen konstruierten Bauweise auftreten. Auch hat man arabische und chinesische Formen darin wiedererkennen können. Der Kreuzrippe ging eine Reihe von gerippten Dachlösungen bei Bauten in Persien, im Maghreb und im mohammedanischen und mozarabischen Spanien voraus, die man in die sehr komplexe Vorgeschichte des gotischen Gewölbes aufgenommen hat.[77] Bögen und Maßwerk des 13. und 14. Jahrhunderts haben eine unbestreitbare Verwandtschaft mit den arabischen Zackenbögen. Alle Arten von geschweiften Bögen aus der »ornamentalen« Phase des »decorated style« und des Flammenstils, der dreifache, spitze, flache Kielbogen, findet man auch in China (Abb. 90 und 91).[78] Die gotische Kathedrale umfaßt in ihrer universalen Größe und in ihrer Einheit Exotismen und uralte Träume. Wenn die Legenden, die sich um sie gebildet haben, sich mit einer solchen Hartnäckigkeit verbreiten und lebendig halten konnten, so deshalb, weil ein Stück Wahrheit in ihnen steckt. Wenn die konstruktiven Systeme und die Formen eine so legendäre Existenz haben konnten, so deshalb, weil eine so tiefe Poesie in ihnen liegt. Die Männer, die das Mittelalter wiedererweckten, haben dies gespürt und auf ihre Weise zum Ausdruck gebracht. Selbst die ägyptischen Verirrungen lassen an die visionäre Seite einer Architektur denken, die die Illusionen vervielfältigt. Die Kenntnis der gotischen Welt ist unvollständig ohne legendäre Perspektiven. So sehr es ihnen an Stimmigkeit und Genauigkeit mangeln mag, entsprechen die architektonischen Legenden doch jeweils einem der Aspekte, die die Phantasie am meisten angeregt haben.

90 Blangy (Seine-Maritime), Gotische Nische eines Grabdenkmals. Foto Arch.Phot. © Spadem

91 Wei Dy, Chinesische buddhistische Votivstele, 551. Chicago, The Art Institute. Foto des Museums

73 E. Lambin, *La Cathédrale et la Forêt*, Paris 1899. Der Verfasser verweist in diesem Zusammenhang auf einen Satz des hl. Bernhard: Amplius invenies in sylvis quam in libris.

74 L. M(ay) (Père Avril), *Temples anciens et modernes ou observations historiques et critique sur les plus célèbres monuments d'architecture grecque et gothique*, London 1774.

75 J. Milner, Essay on the Rise and Progress of the Pointed Arch, in *History of the Antiquities of Winchester*, Winchester 1798, abgedruckt in *Essays on Gothic Architecture*, London 1800.

76 In erster Linie von A. de Caumont, Essai sur l'architecture du Moyen Age, *Mémoires de la Société des Antiquaires de Normandie*, Bd. 1, 1824, S. 585 ff., und J.-J. Bourassé, *Archéologie chrétienne ou Précis de l'Histoire des Monuments religieux du Moyen Age*, Tours 1841, S. 28 ff.

77 Eine Übersicht über das Problem mit einer wichtigen Bibliographie bei E. Lambert, *La Croisée d'ogive dans l'architecture islamique*, in dem vom Institut international de Coopération intellectuelle publizierten Sammelband, *Recherches*, Nr. 1, *Le Problème de l'Ogive*, Paris 1939.

78 Zu den chinesischen Elementen in der gotischen Architektur, siehe J. Baltrusaitis, *Le Moyen Age fantastique*, Kap. VII L'Arc en accolade orientale; J. Bony, *The English Decorated Style, Gothic Architecture Transformed (1250–1350)*, Oxford 1979, S. 78.

GÄRTEN UND ILLUSIONS-LANDSCHAFTEN

The Gardners are not only Botanists
but also Painters and Philosophers.
William Chambers

1. *Parterres mit zarten Blumen.*
2. *Garten mit Bäumen in gerader Reihe.*
3. *Gruppe von Tänzern.*
4. *Pyramiden und Türme.*
5. *Barbarenhäuser in trockener Gegend mit antiken Bäumen und Steinen von Ruinen.*
6. *Königlicher Wohnsitz mit leuchtenden Verzierungen, Säulen aus Gold und prächtigen Möbeln.*

Es handelt sich hier nicht um Illusionslandschaften, die in einem Landschaftsgarten des 18. Jahrhunderts erscheinen, sondern um die Bilderfolge in einem katoptrischen Kasten, den der Erfurter Kanoniker Johannis Zahn in seinem *Oculus Artificialis* von 1685 vorstellt.[1] Es ist ein sechseckiger Kasten, gegliedert in sechs Abteilungen mit Spiegeln, die sich in einem Winkel von sechzig Grad treffen und von denen jeder durch die Zauberkraft des Spiegels das

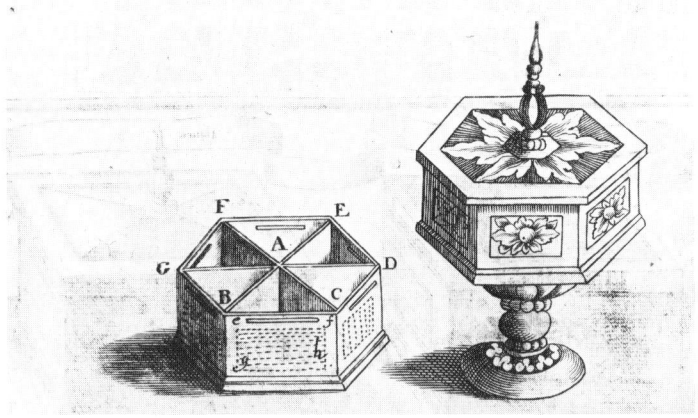

92   J. Zahn, Sechseckiger katoptrischer Kasten,
     1685. Foto B.N.

ganze Kästchen zu erfüllen scheint. Die Bilder sind auf die Außenwände gemalt, die aus Mattglas bestehen, durch das Licht wie durch ein Glasfenster hindurchgeht. Jede Seite ist mit einem Guckloch versehen. Der Apparat kann auf eine drehbare Fläche gesetzt werden, so daß die an derselben Stelle erscheinenden Darstellungen vor einem sitzenden Zuschauer vorbeiziehen. Der Apparat gehört zu einer Folge von Möbeln oder Kassetten mit Spiegeln im Inneren, in denen man, durch verschiedene Öffnungen blickend, Gärten, Städte, Landschaften und phantastische Schätze in Miniatur betrachten kann. Unter anderem zeigen Kircher (1646) und Du Breuil (1649) Modelle solcher Apparate, die auf das katoptrische Theater Heros von Alexandrien zurückgehen. Durch die Gestaltung seiner Bühnenmalerei kann der sechseckige Apparat von Zahn am historischen Anfang der Entfaltung dieser Erscheinungen in der Natur stehen, der diese Bilder um ein halbes Jahrhundert vorgreifen (Abb. 92).

---

1   J. Zahn, *Oculus artificialis*, Erfurt 1685, S. 279 ff. Siehe J. Baltrusaitis, *Le miroir, révélation, science-fiction et fallacies,* Paris 1978, S. 30 ff.

114

Dessein d'un Labirinte avec des cabinets et Fontaines

93 A.-J. Dézallier d'Argenville, Geometrischer
     Garten, 1747. Foto B.N.

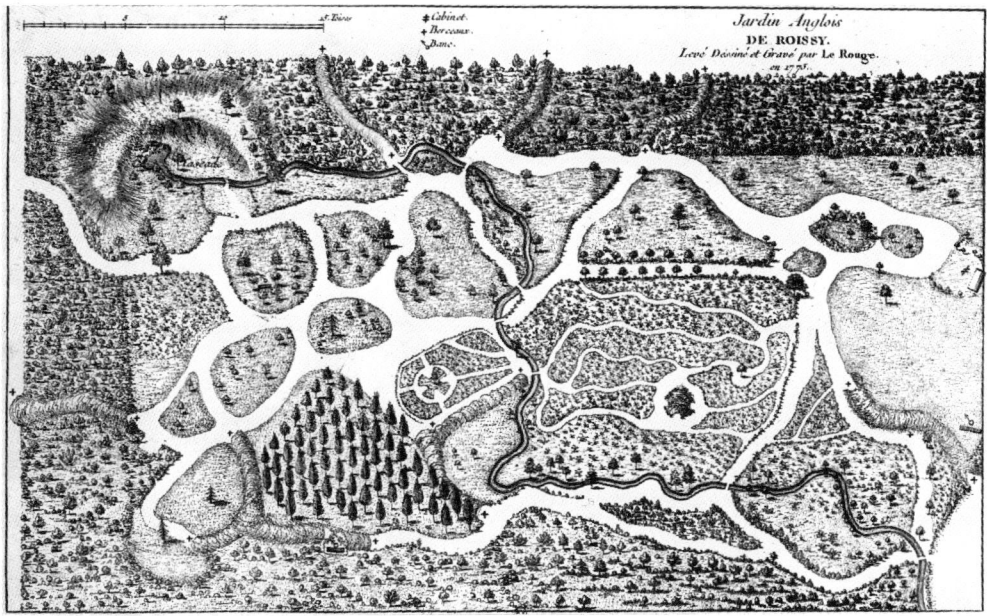

Jardin Anglois DE ROISSY. *Levé Dessiné et Gravé par Le Rouge.*

94 Le Rouge, Landschaftsgarten, 1775.
     Foto B.N.

Ein Franzose bringt geometrische Figuren in seinen Garten, ein Engländer stellt sein Haus auf eine
Wiese, ein Chinese läßt vor seinem Fenster furchterregende Wasserfälle herabstürzen: drei Arten des
Mißbrauchs. Berichtigt man sie alle drei, so gelangt man zum wahren Schönen.

Mit diesen oft zitierten Worten definiert der Graf d'Harcourt (1774)[2] die drei Gartentypen,
die zu seiner Zeit aufeinander folgen. Die Gartenkunst, die zwischen Baukunst und
Landschaft sich entwickelt, verbindet deren Elemente in unterschiedlicher Weise und kommt
gelegentlich zu extremen Lösungen: einerseits zu regelmäßigen Formen, andererseits zur
Unregelmäßigkeit; einerseits planierte Flächen, Stufen und Terrassen, gepflasterte oder
Broderieparterres, geometrisch geschnittene Pflanzen, von Alleen, Vierecken und Kreisen
eingefaßte Gewässer; andererseits Rasenflächen, gewelltes Gelände, Gräser und Wiesenblu-
men, wo Sonne und Wind sie wachsen lassen, Wälder und wilde Boskette und, je nach der

---

2 E. de Ganay, *Traité de la Décoration des dehors des jardins et des parcs par Mgr le duc d'Harcourt*, Paris 1919, S. 100. Dies ist
    die erste Veröffentlichung der um 1774 verfaßten Abhandlung.

115

Beschaffenheit ihres Bettes, stehende, fließende und sprudelnde Wasser. Es sind zwei gegensätzliche Systeme, deren eines durch Frankreich und das andere durch England symbolisiert wird, »die dem Haus unterworfene Natur« und »das der Natur unterworfene Haus« (Marquis de Girardin, 1775)[3], ein künstliches Gebilde und ein Stück unbearbeiteter Natur (Abb. 93 und 94). Aber auch die Natur kann künstlich angeordnet werden: auf flachem Gelände aufgeführte Berge und Felsen, in ein gleichmäßiges Terrain gebrachte Unebenheiten, an bestimmten Stellen angelegte Gewässer mit geregeltem Lauf und nach einer allgemeinen Idee und dem Gedanken der Komposition abgestimmte Bepflanzung. Nicht nur die echte Natur, sondern auch die ihr nachempfundene Anordnung, wie man sie mit dem Geist Chinas assoziiert, steht im Gegensatz zu der Künstlichkeit der geometrischen Natur.

Das Leben der bildlichen Gestaltungen aller Zeiten bewegt sich zwischen diesen Konzeptionen hin und her. Im Laufe des 18. Jahrhunderts aber und in der Gartenkunst läßt sich eine rasche Abfolge beobachten, in der die Realität an die Stelle der Abstraktion tritt oder wo die Realität ihrer Fiktion nachfolgt und den Weg freimacht für phantastische Visionen, und allein für die Gartenkunst gibt es zu dieser Frage eine reiche Literatur. Kein Malereitraktat gibt soviel Aufschluß über das Denken und die technischen Verfahren wie die Abhandlungen über die unmittelbare Gestaltung der Natur.

Der *Traité du Jardinage* von Jacques Boyceau (1638)[4] beschreibt die Elemente seiner Kompositionen durchweg mit Begriffen der Architektur:

> Die aus Bäumen errichteten Bauten, die die Räume begrenzen und aufteilen . . . bestehen aus Alleen oder geschlossenen Baumgängen, mit aus Laub gebildetem Tonnengewölbe oder flacher Decke. Säle, Zimmer, Kabinette werden dort geschaffen, überkuppelt oder spitzbogig geschlossen, in Gestalt von Haupttrakt oder Pavillon mit architektonischem Tür- und Fensterschmuck, der durch Binden und Beschneiden sorgfältig ausgebildet wird.

Durch die Kunst des Beschneidens wird die Vegetation zu Bogengängen und Nischen geformt mit Sockeln, Kapitellen, Kranzgesimsen. Bäume und Büsche täuschen Gebäude vor, während die Parterres sich mit Teppichen schmücken, deren Muster maurische, arabeske, groteske Formen, Rosetten, Wappenschmuck und Devisen abbilden. Die Natur wird völlig verleugnet und in einen grünenden Palast verwandelt, der die Bauten aus Stein fortsetzt.

Das Werk von Dézallier d'Argenville[5], das als »Bibel« der französischen Gärten zwischen 1709 und 1747 vier Auflagen erlebt hat, zeigt die meisten dieser Anordnungen. Man sieht dort massive und düstere Mauern von mächtiger monumentaler Wirkung, behäbige Portiken mit Strebepfeilern und leichte Bogengänge. Die Umgrenzungen von Arminvilliers sind wie barocke Wände gestaltet. Die Laubengänge und Galerien von Marly (1679) bilden mit ihren fast rund geschnittenen Sträuchern ein Gewölbeskelett, dünne und luftige Käfige, die wie hingezaubert wirken (Abb. 95). Die Flora nimmt die Form von Kegeln, Pyramiden, Kugeln, Vasen und alle möglichen Gestalten an, nur nicht die der Pflanzen. Es sind Konstruktionen des Geistes, die Le Nôtre[6] in großartige Perspektiven und eine unvergleichliche Wissenschaft zu fassen vermochte, um der Abstraktion der Natur Regeln zu geben. Fünfzig Jahre nach dem Tod Ludwigs XIV. ist dieses System noch in Kraft.

In England tritt noch Wren (1632–1723) für die geometrische Gestaltung ein: sie ist »naturgemäß schöner als jegliche unregelmäßige Gestalt«[7]. John Dennis geht 1704 noch weiter: »Das Weltall ist in allen seinen Teilen regelmäßig, und dieser Regelmäßigkeit verdankt es seine bewunderungswürdige Schönheit«[8]. Die geometrischen Gärten werden jedoch 1715

---

3 R.-L. Gérardin (Marquis de Girardin), *De la composition des paysages ou des moyens d'embellir la nature autour des habitations en joignant l'agréable à l'utile*, Genf 1775, S. 4. Die Abhandlung ist unter demselben Titel wieder erschienen, bei Editions du Champ Urbain mit einem Nachwort von Michel H. Conan, Paris 1979.

4 J. Boyceau de La Barauderie, *Traité du jardinage selon la raison de la nature et de l'art*, Paris 1638.

5 A.-J. Dézallier d'Argenville, *La Théorie et la Pratique du jardinage*, Paris 1709, 1713, 1722 und 1747.

6 Siehe L. Carpechot, *Les Jardins de l'Intelligence*, Paris 1912. W. H. Adams, *The French Gardens* (1500–1800), New York 1979, S. 75–161.

7 Ch. Wren, *Parentalia or Memoirs of the Family of the Wrens*, London 1750, S. 351.

8 J. Dennis, *The Grounds of Criticism in Poetry*, London 1704, Hinweis bei A. O. Lovejoy, A Chinese Origin of Romantism, *The Journal of English and Germanic Philology*, XXXII, 1933, S. 1.

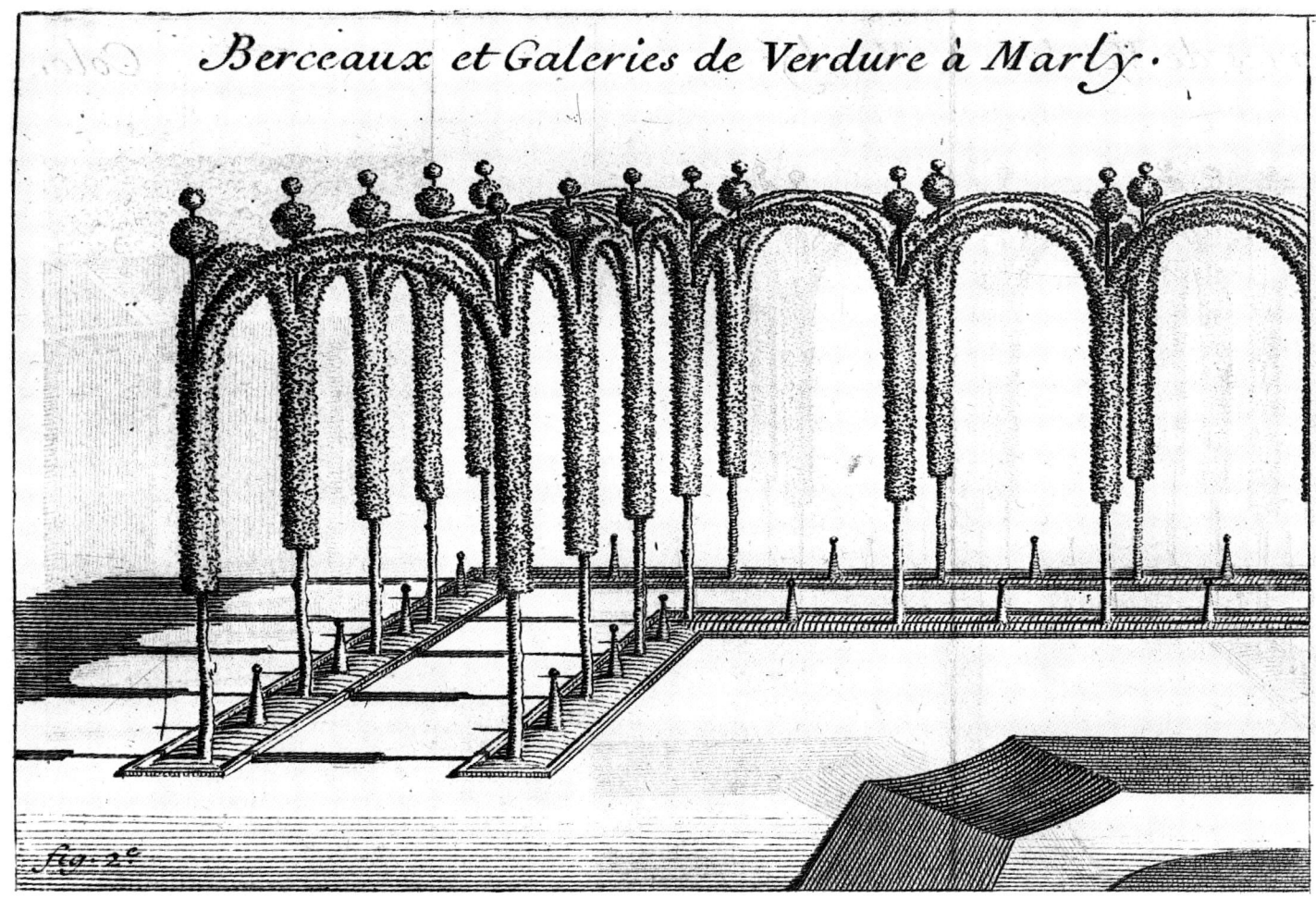

95   A.-J. Dézallier d'Argenville, Pflanzenarchitektur. Foto B.N.

von Stephen Switzer[9] kritisiert, der ihnen die reizende Anmut und unendliche Mannigfaltigkeit der unberührten Natur entgegensetzt. »Gibt es etwas Anstößigeres als die Starrheit eines
regelmäßigen Gartens?«, fragt sich dann Batty Langley[10] und schlägt in seiner 1728 erschienenen Abhandlung einen Stil vor, der im Vergleich zu dem früheren »großzügiger und
ländlicher ist«. Noch 1762 kommt Home[11] auf dem Höhepunkt der englischen Landschafts-
mode auf diese Angriffe zurück: »Gerade Linien, Kreise und Quadrate wirken auf Papier
besser als in freiem Gelände«. Die Gärten von Versailles, diesem dauerhaften Monument des
verdorbensten Geschmacks, das von dem besten Künstler der Zeit mit unendlichen Kosten
errichtet wurde, zeigen nur das »Nicht-Natürliche«, das mit dem »Übernatürlichen« ver-
wechselt wird. Diese englische Reaktion gegen eine schematische Anordnung beruht auf
tiefgreifenden Veränderungen. Es handelt sich nicht nur um eine Veränderung in den
Formen der Ausschmückung, sondern die wiederentdeckte Natur erwacht gleichsam wie
eine Offenbarung. Die unregelmäßige »Wiese«, auf der man sein Haus baut, ist ein Garten
Eden und entspricht einem neuen Weltbild.

---

 9   S. Switzer, *Iconographia Rustica*, London 1715.
10   B. Langley, *New Principles of Gardening . . . after a more grand and rural Manner than has been done before*, London 1728, S.
      XI.
11   H. Home, *Elements of Criticism*, II, Edinburgh 1762 und 1765, S. 439.

Seit den Zeiten des alten Persien und Babylons wurde der Garten immer mit dem Paradies assoziiert.[12] Die geheiligten Gefilde in den antiken Gärten, der Garten der Venus (Plinius und Plautus), das irdische Paradies der Epikureer, in dem der Weise in seiner Ataraxie verweilt (Lukrez), stehen unter dem gleichen Zeichen. In *Poliphils Traum* (1467) ist die Insel Kythera ein paradiesischer Garten mit einer zu Türmen, Mauern, ganzen Szenerien, Jagdszenen, Wagen und Schiffen geschnittenen Vegetation. Noch Mansart läßt sich hiervon zu seinen Visionen für seine zwischen 1684 und 1687 errichtete Kolonnade von Versailles anregen, die in den klassischen französischen Gärten immer wieder aufgegriffen werden.[13] Dagegen hat England das wilde Paradies mit Milton (*Paradise Lost*, 1667–1674) wiedergefunden und läßt es in seinen Parks entstehen.

Die Einfriedung seines Hauses überschreitend, entdeckt William Kent, daß die ganze Natur in ihrer ursprünglichen Pracht ein Garten ist, und verschafft ihr Eingang in sein Werk. Horace Walpole (1771)[14] zufolge war er:

> Maler, Architekt und Vater der modernen Gartenkunst. In der ersten Gattung übertraf er das Mittelmaß, in der zweiten verschaffte er der Wissenschaft wieder Geltung, und in der letztgenannten war er ein Originalgenie und erfand die Kunst, die die Malerei verwirklicht und die Natur vervollkommnet. Mohammed stellte sich ein Elysium vor, während Kent viele schuf.

Rousham, Claremont, Esher, Carlton House, Chiswick, Stowe, wo er von 1730 bis zu seinem Tod 1748 arbeitet, sind Verwirklichungen dieser paradiesischen Landschaften.[15] Er war aber nicht der einzige, dem sich diese Erneuerung verdankte. Zwei andere Namen sind eng mit ihr verknüpft: Charles Bridgeman[16], der von 1724 bis 1734 wirkte und einen Übergangsstil geschaffen hat, bei dem die Regeln der strengen Gartenkunst gelockert wurden, und Alexander Pope, der Dichter einer »altertümlichen Gartenkunst, dem eigentlichen Werk Gottes näher als selbst die Poesie«, dem nicht nur die philosophische Inspiration dieses Umschwungs zu verdanken ist, sondern der auch praktische Ratschläge gegeben hat.

Das mit der Befreiung des Laubwerks, der Erde und des Wassers wiederhergestellte Paradies wird nun für die Entwicklung der Landschaftsgärten bestimmend[17], gleichsam eine Verherrlichung der vormals von der Kunst denaturierten Natur. Indem Rousseau (1761)[18] sein Elysium, den Obstgarten von Clarens, den Gartengestaltungen entgegensetzt, bei denen die Bäume in Reihen gepflanzt sind und die Gestalt von Sonnenschirmen, Fächern, grotesken Figuren, Ungeheuern und Drachen haben, bezieht er sich ebenfalls auf den mit diesen Befreiungen wiedererstandenen Mythos. Das Arkadien des Altertums ist jedoch nicht nur der Ort eines verzückten Daseins. Indem die Welt sich als Garten erweist, schließt der Garten die Welt ein, und man hat auch die Monumente in ihn aufgenommen, die diese Vision vervollständigen. Die Idee dazu geht noch auf eine allegorische Konzeption Popes zurück, den *Temple of Fame* (1711), um den sich eine mittelalterliche Legende gebildet hat und der mit seinen vier Fassaden in unterschiedlichem Baustil, aber von gleichmäßiger Schönheit die vier Weltteile darstellt: die Westfassade mit griechischer Ordnung, die Nordfassade gotisch, die Ostfassade orientalisch von Assyrien bis China und die Südfassade überladen mit ägyptischen Hieroglyphen und Obelisken. Nur handelt es sich jetzt nicht mehr um ein zusammengesetztes Gebilde, sondern um im Grün verstreute Gebäude. Der Autor selbst hat den Schritt zur Auflösung dieses monolithischen Ungeheuers getan.

---

12   P. Grimal, *Les Jardins romains à la fin de la République et aux deux premiers siècles de l'Empire*, Paris 1943, S. 320 ff.

13   A. Blunt, The Hypnerotomachia Poliphili in 17th Century France, *Journal of the Warburg Institute*, I, London, 1937–1938.

14   H. Walpole, William Kent, in *Anecdotes of Painting in England*, IV, Strawberry-Hill 1771, S. 111.

15   Siehe M. Jourdain, *The Work of William Kent*, London 1948.

16   P. Willis, *Charles Bridgeman and the English Garden*, London 1978. Zum englischen Garten allgemein, siehe E. Hyams, *The English Garden*, London 1964; C. E. C. Hussey, *English Gardens and Landscape, 1700–1750*, London 1977; M. Hadfield, *The British Landscape Gardens*, London 1977; D. Jarrett, *The English Landscape Gardens*, London 1978, und zwei Textsammlungen mit Einführung, J. D. Hunt und P. Willis, *The Genesis of the Place, The English Landscape Garden*, London 1975, und M.-M. Martinet, *Art et Nature en Grande-Bretagne au XVIIIᵉ siècle*, Paris 1980.

17   H. F. Clark, Eighteenth Century Elyseums, in *England and the Mediterranean Tradition, Journal of the Warburg and Courtauld Institutes*, London 1945, S. 154–178.

18   J.-J. Rousseau, *Julie ou la Nouvelle Héloise*, Amsterdam 1761, S. 340.

XII   Hubert Robert, Ideallandschaft. Rouen, Musée des Beaux-Arts. Foto Ellebé

XIII   Carmontelle, Liebliche Szene: Orangerie, Brücke und Rendez-vous in Raincy.
Paris, Musée Marmottan. Foto J. Musy, © CNMH Spadem

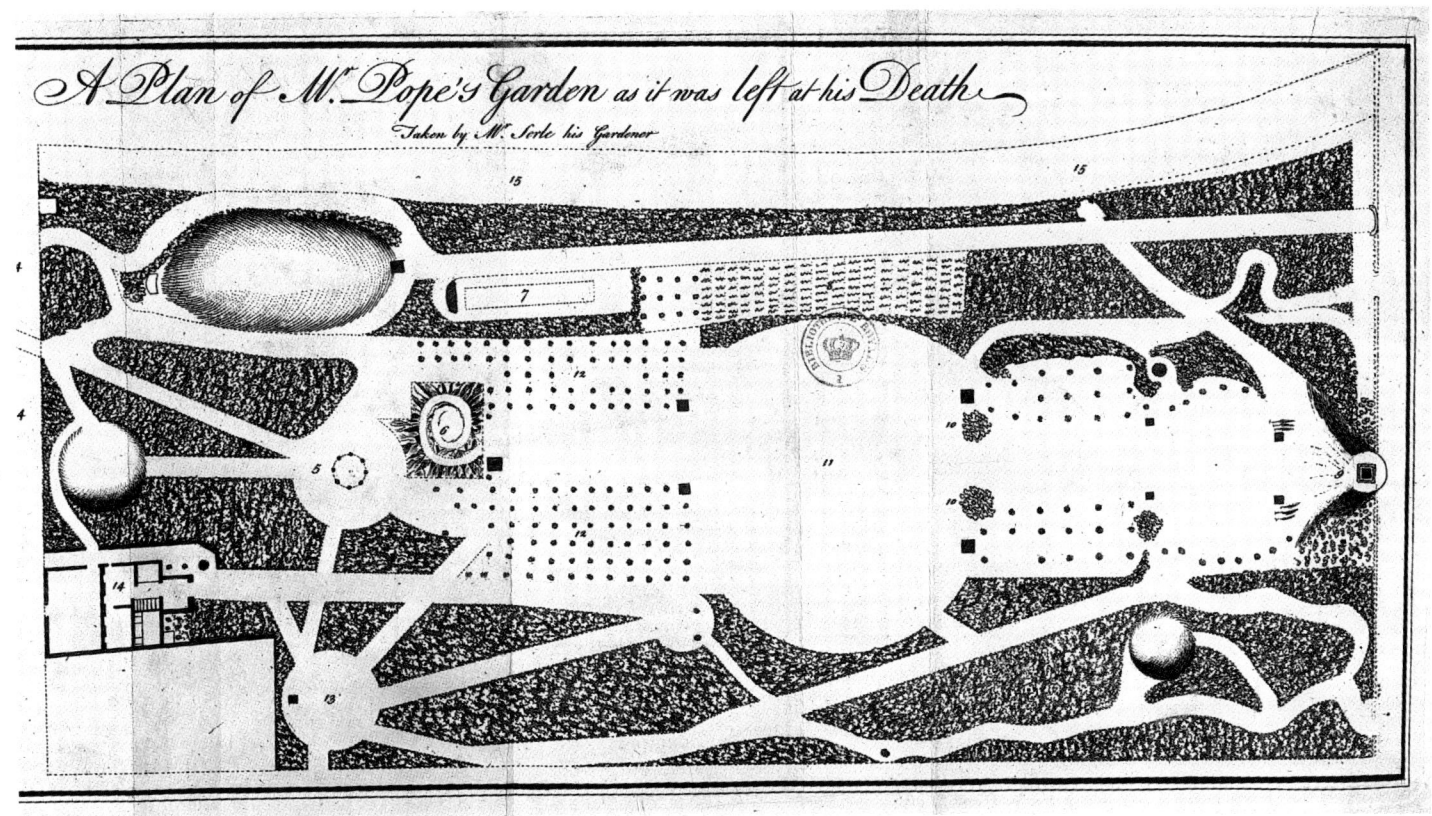

96 Serle, Garten Alexander Popes in Twickenham, 1725. Foto B.N.

In der hügeligen Landschaft des von ihm 1718 gekauften Parks in Twickenham, dessen
Anlage er selbst 1726 entworfen hat, haben Ägypten und Griechenland Platz gefunden in
Gestalt eines zum Andenken an seine Mutter aufgerichteten Obelisken und eines Rundtem-
pelchens (Abb. 96).[19] Dort gab es auch eine Grotte mit optischen Vorrichtungen, die die
imaginären Perspektiven erweiterten:

> Wenn Sie die Türe der Grotte schließen, so wird auf einmal aus einem hellen Zimmer eine Camera
> obscura, an deren Wänden alle Gegenstände des Flusses, die Hügel, Wälder und Nachen, ein sich
> bewegendes Gemälde in sichtbaren Strahlen bilden; sobald Sie aber das Zimmer erleuchten, so stellet
> es Ihnen eine ganz verschiedene Szene dar; inwendig ist die Höhle mit Muschel-Schalen ausgelegt,
> zwischen denen eckige Stücke Spiegelglas angebracht sind; oben an der Decke ist ein Stern von
> nämlichem Stoff, wenn man an dessen Mitte eine runde Laterne von dünnem Alabaster hängt, so
> werfen sich tausend zugespitzte Strahlen durch die ganze Höhle,

berichtet Alexander Pope in seinem Brief an Edmond Blount von 1725.[20] Es handelt sich um
eine dem katoptrischen Apparat von Zahn entsprechende Vorrichtung, die sich im ersten
Landschaftsgarten ebenso findet wie in der Grotte der Thesis in Versailles (1676)[21], wo die
Illusionen der Zukunft bereits übertroffen werden. Die in ihre Reflexe eingefangene Verviel-
fältigung der Horizonte und Bilder der Welt ist gleichsam ein Modell des Mikrokosmos, den
man jetzt in den Gärten sucht.
Das doppelgesichtige Universum von Twickenham vervollständigt sich immer mehr. In
Rousham, dessen Entwurf Kent 1730 fertiggestellt und dabei bestimmte Teile der Gestaltung
Popes im Süden (Pyramide) und im Westen (Arkaden und antike Tempel) übernommen hat,
kommt an der Nordseite ein gotisches Gebäude hinzu.

19 J. Serle, *A Plan of Pope's Garden*, London 1745.
20 A. Pope, *Works*, Bd. V, London 1739, zitiert nach der deutschen Ausgabe, *Sämtliche Werke*, Bd. 10, Mannheim 1780,
S. 231.
21 L. Lange, La grotte de Thétis et le premier Versailles de Louis XVI, *Art de France*, I, 1961, S. 133–140.

97 S. Bridgeman, Ägyptische Pyramide in Stowe, 1739

In Stowe[22], wo Kent 1734 die Nachfolge Bridgemans antritt, ist auch noch der Osten durch ein chinesisches Haus repräsentiert, das auf einem Stich von 1750 zu sehen ist. Achtunddreißig Monumente: ein Tempel der Venus und des Bacchus, ein Tempel der großen Männer Britanniens, eine ägyptische Pyramide (Abb. 97), Obelisken und ein gotisches Gotteshaus sind dort über ein unebenes Gelände verstreut und lassen allseits die verschiedenen Weltteile erscheinen. Auch die katoptrische Grotte findet man dort wieder, die eine Verdichtung des Ganzen enthält. William Gilpin (1749)[23] beschreibt die Fülle der Spiegel, die den Raum in »tausend schöne Säle« auffächern, und fährt fort:

> Die Ansichten von draußen werden ebenfalls auf die Mauern im Inneren übertragen, und die Seiten der Grotte sind auf anmutige Weise mit Landschaften geschmückt, die den Pinsel des Tizian noch übertreffen und dabei den zusätzlichen Vorzug haben, daß jedes Bild, wenn man den Platz wechselt, ein anderes Aussehen annimmt und etwas Neues darbietet.

---

22 S. Bridgeman, *A General Plan of the Woods, Parks and Gardens of Stowe*, London 1739, und J. Seeley, *Stowe, a Description of the House and Gardens*, London 1797. Der Stich mit dem chinesischen Haus ist abgebildet bei O. Sirén, *China and the Gardens of Europe of the Eighteenth Century*, New York 1950, Abb. S. 30. Siehe auch G. Clark, The Gardens of Stowe, *Apollo*, XCVII, 1973, S. 558–571.

23 W. Gilpin, *A Dialogue upon the Gardens at Stowe*, London 1745–1749; M.-M. Martinet, a. a. O. (Anm. 16), S. 123 und 129.

98 W. Chambers, Kew, Alhambra und Pagode, 1763. Foto J. Musy, © CNMH Spadem

Man kann keine bessere Umschreibung dieser landschaftlichen Erscheinung geben. »Diese Gärten sind ein sehr guter Auszug der Welt«, schließt Gilpin am Ende des Spazierganges, den er mit einem Freund gemacht hat. M. de Wolmar (*La Nouvelle Héloise*, 1761)[24] gibt in einem Gespräch mit Saint-Preux in seinem Obstgarten dieselbe Begründung für diese Anlage. Milford Stowes Park ist gleichsam eine Verbindung der verschiedensten Landschaften und Zivilisationen, »der Herr und Schöpfer dieser herrlichen Einsamkeit hat dort sogar Ruinen, Tempel, alte Gebäude errichten lassen, und *Zeiten ebenso wie Orte* sind dort in einer mehr als menschlichen Pracht versammelt«. Im *Garden of Fame* finden sich nicht nur die Weltgegenden zusammen, sondern die Weltalter.

Diese Schaffung eines landschaftlichen Mikrokosmos beeinträchtigt nicht den Paradieses-charakter. »Was einstmals eine Einöde war, ist nun ein Garten Eden«, erläutert Chambers hinsichtlich des Gartens, den er für die Prinzessin de Galles in Kew, Surrey, angelegt hat[25] und wo er von 1757 bis 1762 einundzwanzig Monumente errichtete, darunter eine große

24 Vgl. P. Willis, Rousseau, Stowe and »le jardin anglais«, *Studies on Voltaire and the Eighteenth Century*, XC, 1972, S. 179. Zu den Baulichkeiten allgemein, vgl. E. de Ganay, Fabriques aux jardins du XVIIIᵉ siècle, *Revue de l'Art ancien et moderne*, LXIV, 1933, S. 49–74, und: Fabriques aux jardins du XVIIIᵉ siècle, *Gazette des Beaux-Arts*, XLV, 1955, S. 287–298.

25 W. Chambers, *Plans, Elevations, Sections and Perspective Views of the Gardens and Buildings at Kew in Surrey*, London 1763. R. King, *The World of Kew*, London, 1976. Siehe auch W. Blunt, *A Prospect of Kew Gardens*, London 1978.

99 J.-G. Grohmann, Landschaftlicher Mikrokosmos: Gotische Kapelle, ägyptische Pyramide und chinesischer Pavillon in einem Garten, 1799, Foto B.N.

Pagode, ein Haus des Konfuzius und eine Alhambra, die eine Anschauung vom Orient vermittelten (Abb. 98). Indem man die verschlungenen Wege des Irdischen Paradieses entlanggeht, durchschreitet man Kontinent für Kontinent, Jahrhundert für Jahrhundert. Der *Temple of Fame* wird endgültig auseinandergelegt: als selbständige Gebäude sind seine Fassaden auf den Rasenflächen und in den Wäldchen zerstreut und lassen dort Herrlichkeit und Glanz des Planeten erstehen. Das Bild wurde so weit wie irgend möglich vervollständigt durch jeweils passende Naturgestaltungen, Tannen und druidische Eichen um die gotischen Bauten herum, Palmen bei den muselmanischen Kiosken, Weiden, Gewässer und Felsen bei den chinesischen Pavillons, so wie dies die Abbildungswerke, etwa der Halfpennys (1753)[26], empfahlen (Tafel XV). Das Universalmonument gibt die Themen vor, und die Landschaft bringt ihre Unregelmäßigkeit dazu. Kein Versuch der Orientierung und einer der Geographie entsprechenden Anordnung. Der gotische Norden kann zwischen China und Ägypten liegen, das griechisch-römische Abendland erscheint über die ganze Erde verstreut, und Pyramide und zinnenbewehrte Festung liegen unmittelbar nebeneinander (Abb. 99 und 100). Die Landschaften sind in dem Garten gesammelt wie Wunderdinge in den Vitrinen eines Kuriositätenkabinetts, es ist eine Kunst- und Wunderkammer unter freiem Himmel. Doch gerade dieses Durcheinander verleiht diesen Kompositionen ihre Poesie, die legendäre Welten entstehen läßt. In der Geschichte der Weltbilder bedeuten sie das Ende des

---

26   W. und J. Halfpenny, *Rural decorative Architecture in the Augustine, Gothick and Chinese Taste,* London 1753.

Plans des plus beaux Jardins pittoresques de France, d'Angleterre et d'Allemagne.

100 J.-Ch. Krafft, Landschaftlicher Mikrokosmos: Maurischer, chinesischer und gotischer Pavillon in einem Garten,
1809. Foto B.N.

noch von Wren und Dennis als geometrisches Gebilde und als Architektur vorgstellten
Universums.

Diese Anlagen haben den Kontinent schnell erobert.[27] In Frankreich ist, Laborde (1808)[28]
zufolge, Le Raincy (1769–1783) »der erste englische Park«, der mit der »traurigen Regelmäßigkeit« der klassischen Gärten bricht. Dann kommen Ermenonville (1766–1776), Monceau
(1773), der Petit Trianon (1774 und 1783), Chanteloup (1775–1778), Bagatelle (1777–1778), Betz
(1780–1789), die Folie Saint-James in Neuilly (1784) und die »Wildnis« von Retz (1785). Es sind
ländliche Welten, Welten mit vielen Facetten. Ermenonville[29], der Park des Marquis de
Girardin (der in England gelebt hatte), beherbergt auf einer Insel den Kenotaph des dort 1778
gestorbenen Rousseau und besitzt dessen Wäldchen von Clarens, arkadisches Gefilde und
Wildnis zugleich. Man findet dort unter anderem einen gotischen Turm, einen Obelisken,
den Tempel der Philosophie, unvollendet wie das menschliche Wissen, eine Eremitage und

---

27 Zur allgemeinen Übersicht, siehe die Hefte von Le Rouge, *Jardins anglo-chinois*, Paris 1776–1789; J.-G. Grohmann,
Ideenmagazin für Liebhaber von Gärten, Englischen Anlagen und für Besitzer von Landgütern, Leipzig 1796–1811; J. Ch.
Krafft, *Plans des plus beaux jardins pittoresques de France, d'Angleterre et d'Allemagne*, Paris 1809–1810; außerdem M.
Charageat, *L'Art des Jardins*, Paris 1930; E. de Ganay, *Les Jardins de France et leur décor*, Paris 1949; A. Perreaux und M.
Plaisant, *Jardins et paysages. Le style anglais*, Lille 1977; D. W. Wiebenson, *The Picturesque Garden in France*, Princeton
1978.

28 A. de Laborde, *Description des nouveaux jardins de la France et de ses anciens châteaux*, Paris 1808, S. 135.

29 Mérigot, *Promenade ou itinéraire des jardins d'Ermenonville*, Paris 1788, siehe die Ausgabe von Girardin von 1979 (Anm.
3), S. 123 ff.

Vue de la Glaciere.

101   Le Rouge, Die »Wildnis« von Retz, Kühlhaus, 1785. Foto J. Musy, © CNMH Spadem

102   Die »Wildnis« von Retz, chinesisches Haus, Fotografie um 1900. Slg. X ▷

eine Brauerei. In Betz[30], einer Anlage des Herzogs d'Harcourt, werden die verschiedenen Weltteile vergegenwärtigt durch Obelisk, dorischen Tempel, chinesischen Kiosk, Druidentempel und die Ruinen einer gotischen Kirche.

Bélanger, dessen Reiseskizzenbuch seine umfassende Kenntnis der englischen Landschaftsgärten belegt, errichtet im Bagatelle-Garten einen Tempel des Pan, das Haus eines chinesischen Philosophen, ein Pharaonengrab und eine Eremitenklause.

In R. de Monvilles »Wildnis« von Retz findet man einen Obelisken, ein chinesisches Haus, eine zerstörte gotische Kirche, eine echte Kirche des 13. Jahrhunderts, Warmhäuser und ein Kühlhaus in Pyramidengestalt (Abb. 101–105).[31]

Das Hauptbauwerk, eine »zerstörte Säule«, Basis und Stück von einer riesigen dorischen Säule (46 Fuß Durchmesser), die ein ganzes Haus mit Keller und vier Stockwerken beher-

---

30   J. A. J. Cerutti, *Les Jardins de Betz, poème,* Paris 1742; *Les Jardins de Betz, description inédite,* veröffentlicht von G. Macon, Senlis 1908.
31   L. Eugène Lefèvre, Le Jardin et la singulière habitation du Désert de Retz, *Bulletin de la Commission des Antiquités et des Arts de Seine-et-Oise,* 1917; O. Sirén, Le Désert de Retz, *Architectural Review,* CVI, S. 327–332; O. Choppin de Janvry, Le Désert de Retz, *Bulletin de la Société de l'Histoire de l'Art Français,* 1970, S. 125–153. Zu den gotischen Ruinen allgemein, siehe E. de Ganay, Le Goût du Moyen Age et des ruines dans les jardins du XVIIIᵉ siècle, *Gazette des Beaux-Arts,* VIII; 1932, S. 183–197.

103 und 104 Le Rouge, Riesensäule und
verschwundene Baulichkeiten,
1785. Foto J. Musy, © CNMH
Spadem

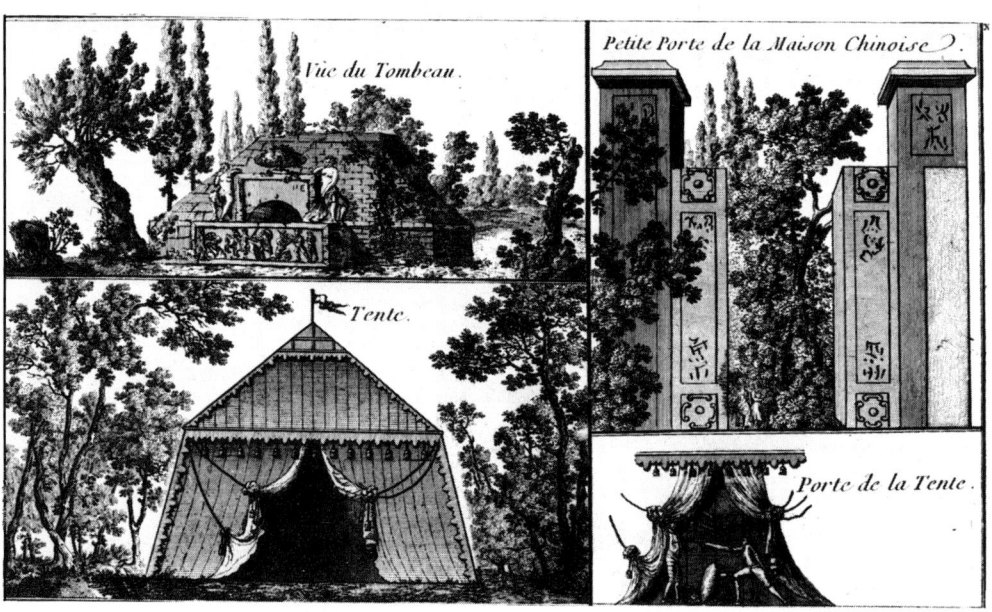

105 Die »Wildnis« von Retz, Riesensäule,
Fotografie um 1950. Slg. P. Child

bergt, erhebt sich auf einer großen Wiese zwischen Pappeln und Fliederbüschen, Ebenholz-
und Apfelbäumen auf der einen Seite und einer Gruppe von Lärchen und Laubbäumen auf
der anderen Seite. Durch dieses phantastische Bauwerk scheinen alle hier versammelten
Landschaften wie in einem Traum menschliches Maß zu überschreiten. Es ist eine »Illusionslandschaft«, in der man sich von der Natur niemals entfernt, wie Carmontelle[32] am Park von
Monceau erläutert, in dem er ebenfalls die fremdartigsten Bauwerke zusammen mit einem
italienischen Weingarten und einem Gehölz exotischer Bäume untergebracht hat.

Die Natur wandelt sich je nach dem Klima. Verändern wir also das Klima, um das, in dem wir leben, zu
vergessen. Wechseln wir die Szenen des Gartens wie die Dekoration in der Oper, indem wir dort in
Wirklichkeit erscheinen lassen, was die fähigsten Maler als Kulisse bieten könnten, alle Zeiten und alle
Orte.

---

32 L. Carmontelle, *Jardin de Monceau près de Paris*, Paris 1779, S. 4; D. Wiebenson, Le Parc Monceau et ses fabriques, *Les*
Monuments historiques de la France, Nr. 5, 1976, S. 16–19; *Grandes et petites heures du Parc Monceau, Catalogue de*
l'exposition au Musée Carnavalet, Paris 1981.

Es ist ein Maler, Stecher und Dramenautor, der mit solch poetischem Überschwang spricht. Die philosophische Sehnsucht nach der Natur schafft Traumtheater des Paradieses und der irdischen Kuriositäten.

In seiner *Art d'embellir les paysages* (1782) widersetzt sich Delille[33] diesen Mißbräuchen:

Verbannt aus den Gärten diese wirren Ansammlungen/verschiedenster Bauten, mit denen die Mode nicht geizt,/Obelisk, Rotunde, Kiosk und Pagode,/die Bauten der Römer, Griechen, Araber, Chinesen,/ein architektonisches Chaos ohne Sinn und Verstand,/dessen unfruchtbarer Reichtum in einem Garten/die vier Weltgegenden umfassen will . . .

> Bannissez des Jardins tout cet amas confus
> D'édifices divers prodigués par la mode,
> Obélisque, rotonde et kioskes et pagode,
> Ces bâtiments romains, grecs, arabes, chinois,
> Chaos d'architecture et sans but et sans choix,
> Dont la profusion stérilement féconde
> Enferme en un jardin les quatre parts du monde . . .

Gleichwohl erkennt er ihren Sinn: Reichtum und Vielfalt der Welt, die sich im Chaos offenbaren, einem Chaos, das hier ihre Ordnung ist. Auch ist es nicht so, daß es immer zu einem abrupten Bruch mit den abstrakten Gestaltungen kommt, vor allem nicht in einem Land, dessen Namen die geometrischen Gärten wie einen Ehrentitel tragen. In einigen Fällen ging die Entwicklung voran, aber es gab auch starre Überbleibsel und ein Nebeneinander des Alten und Neuen. In einem Projekt von Molinos wird die befreite Natur in einen Kreis eingefaßt, der sie wie in einem Schmuckkästchen einschließt (Abb. 106).[34] In der Folie Boutin (1770) erstrecken sich die Gärten »à la française« und »à l'anglaise« Seite an Seite. Es sind Mischwesen, Zwitter im Geiste und in der Zeit, wo »das Gekämmte« und »das Wilde« ein einziges Gewebe bilden[35] und im übrigen auch »das Wilde« auf seine Weise »gekämmt« ist. Sein unbezähmbarer Ausbruch ist in Frankreich im übrigen auch durch unterirdische Strömungen vorbereitet worden.

Am Rand der allgemeinen Entwicklung machen sich von einer bestimmten Zeit an die Sehnsucht nach der Natur und ein Interesse an dem Vielgestaltigen bemerkbar. Es lassen sich dafür in der Literatur wie in Theorie und Praxis vor 1760 zahlreiche Belege geben.[36] Honoré d'Urfés Schäferroman *L'Astrée* (1610–1625) entdeckt die Lieblichkeit der Landschaft schon vor Miltons *Paradise Lost* (1667–1674). Charles Dufresnoy (1731), der einen neuen Gartenstil »nach der chinesischen Mode« erfand, wurde von den französischen Theoretikern (Latapie, 1771, Duchesne, 1775) als ein Vorläufer Kents angesehen. Die meisten seiner Versuche scheinen zaghaft und von begrenzter Größenordnung gewesen zu sein. Sein für Versailles eingereichter Entwurf wurde vom König natürlich abgelehnt. Trotzdem bleibt die Tatsache bestehen, daß es eine Opposition gegen Le Nôtre gab. Im Lothringen des exilierten polnischen Königs Stanislas sieht man Parks mit malerischen Szenerien entstehen: polnische Exotik mit einem Lustschlößchen, orientalische Exotik mit einem Chinesisches und Türkisches mischenden Kiosk und den »Felsen« von Lunéville (1742), künstliche, um einen Hof herum errichtete Felsen. Zweiundachtzig Holzfiguren, Automaten, bewegten sich dort zwischen Häuschen und anderen Baulichkeiten an roh verputzten Mauern in gemeißelten ländlichen Landschaften. Man konnte ländliche Szenen, Handwerksszenen, Tiere vom Bauernhof und ebenso Affen und einen Eremiten in einer Grotte bewundern. Das Ganze entstand etwa gleichzeitig mit dem Park von Stowe und enthält mit all seinen Unregelmäßigkeiten und Erfindungen ein ganzes Programm.

Die Entstehung des Landschaftsgartens bedeutet nicht einfach einen Einbruch der umgebenden Felder und Wälder in das Gartengehege. Die gerade wiederentdeckte Natur wird insgesamt verwandelt und in einen visionären und symbolischen Raum versetzt. Diese Wiederentdeckung hat sich nicht direkt vollzogen. Von Anfang an haben dabei fremde Elemente eine Rolle gespielt und die Entwicklung stark geprägt. Man hat gezeigt, daß die von

---

33 J. Delille, *Les Jardins ou l'Art d'embellir les paysages*, Paris 1782.

34 *Jardins en France, 1760–1820, Pays d'illusion, terre d'expérience*, Ausstellungskatalog, Paris 1977, Nr. 14b.

35 Von Voltaire gebrauchter Ausdruck in seinem Brief an Chambers (1772), ebd., S. 49.

36 D. Wiebenson, a.a.O. (Anm. 32), Kap. 1, The French Picturesque Garden before 1760, S. 3ff. Zum Kiosk von Lunéville, siehe F. Baldensperger, Le Kiosque de Stanislas, décor et suggestions d'Orient; zum Felsen, Ostrowski, Théâtre des automates, *Le Pays Lorrain*, III, 1972, S. 175–185.

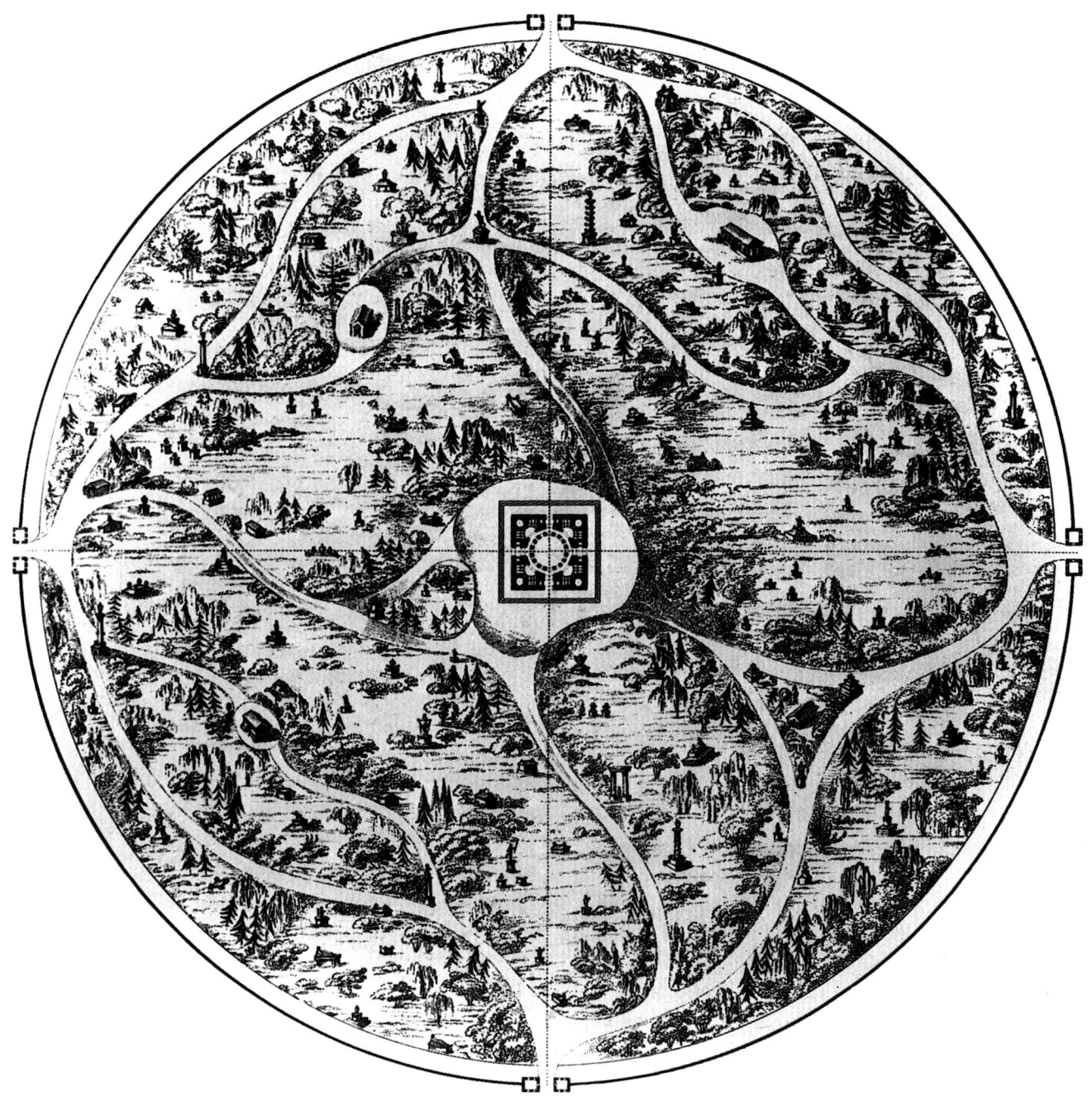

106   Entwurf eines Rundparks von Molinos, Jahr VII. Foto J. Musy, © CNMH Spadem

Kent geschaffenen Gärten keineswegs eine wilde englische Landschaft vergegenwärtigen.[37] 1719 kehrte der Künstler aus Italien zurück – wohin er Lord Burlington begleitet hatte[38] – begeistert von der dortigen Landschaft und mehr noch von der Kunst der dort lebenden Landschaftsmaler, unter ihnen vor allem Claude Lorrain und Salvator Rosa. Die pastorale Lieblichkeit und schroffe Großartigkeit der beiden Meister wurde gerade damals in England sehr geschätzt[39], und Kent hat versucht, sie in seinen Parks lebendig werden zu lassen. Die Begeisterung für die beiden Maler bleibt lange unvermindert:

> At Blenheim, Croome and Caversham we trace,
> Salvator's wildness, Claud's enlivening grace . . .

In Blenheim, Crome und Caversham entdecken wir Salvatores Wildheit und die belebende Anmut von Claude . . .

heißt es noch in einem Gedicht von 1767 über die Fortschritte des Geschmacks in der Landschaftsgärtnerei.[40] Man findet jetzt das Gemälde des Malers in der Gestaltung einer Landschaft wieder. Um diese Wirkung hervorzubringen, benutzte man sogar ein besonderes Gerät, den »Spiegel Claudes« (Abb. 107). Es handelte sich dabei um einen konkaven, graugetönten Spiegel, wie man ihn im Handel erwerben konnte, der das Spiegelbild festhält und seine Züge weicher macht. Die Landschaft erschien darin wie in einer Camera obscura (oder einer katoptrischen Grotte) und erweckte den Eindruck eines Werkes von Lorrain.[41] In beiden Fällen, dem Spiegel- und dem Gartenbild, haben wir es mit einer Umkehrung des Verhältnisses von dargestelltem Gegenstand und Bild zu tun. Es handelt sich nicht mehr um die Wiedergabe der Natur durch ein Bild, das Bild wird vielmehr in die Natur projiziert. »Es hat den Anschein, als sei diese Ansicht nach einigen Gemälden von Ruysdael oder Gaspard Poussin kopiert«, erklärt Laborde hinsichtlich eines Parkwinkels von Retz. Die Vergleiche, die man im Anschluß an den Satz von Pope: »All gardening is landscape painting«, beständig zwischen Gartenkunst und Landschaftsmalerei anstellte, zeigen nicht nur eine Vervollkommnung der Naturgestaltung an, sondern bedeuten auch, daß man vorgefaßte Modelle in die Gartengestaltung überträgt.

Die ersten Landschaften, die man in einem Garten wiedererstehen lassen wollte, waren fremde Landschaften, in England die Visionen Italiens, und in Frankreich, in Raincy, glaubt man sich »in einer der schönsten Gegenden Englands«.[42] Gleichzeitig aber besaß Frankreich sein eigenes Italien mit antiken Denkmälern und Ruinen, mit seiner malerischen Pracht und seiner Mythologie. Hubert Robert[43] hat diese Faszination lebendig werden lassen, und sein Werk verkörpert die Idealgestalt einer Gartenmalerei, wie man sie in Versailles, in Méréville und Retz wiederfindet (Tafel XII). Malerei und Garten können einander vollkommen ergänzen. In Rambouillet[44] zeigt eine der Rotunden der Meierei Thévenins ein riesiges Panoramagemälde von Rom, das durch das Laub des Vordergrundes sichtbar wird. Die ganze Stadt ist hier in derselben landschaftlichen Umgebung dargestellt, in der auch eine Grotte mit einem chinesischen Pavillon, eine Eremitage und eine Hütte aus Muscheln erscheinen. Sie gehört in ein Ganzes von Sonderbarkeiten und Fluchtorten, die man in einer freien Landschaft nach Belieben schafft. Doch selbst das Prinzip der regellosen Natur wurde als eine exotische Vorstellung formuliert. Von den vier in einem Garten eingeschlossenen Weltgegenden nimmt eine, der Orient und China, einen auffallend großen Teil ein, und dies nicht nur mit ihren Bauten, sondern auch in den unmerklichen Gestaltungen.

◁ 107 Thomas Gainsborough. Der Spiegel Claudes, Federzeichnung, um 1750–1755. London, British Museum. Foto des Museums

37 M. Jourdain, a. a. O. (Anm. 15), S. 75.
38 R. Wittkower, Lord Burlington and William Kent, *Archaeological Journal*, CII, 1947.
39 E. W. Manwaring, *Italian Landscape in Eighteenth Century England. A Study of the Influence of Claude Lorrain and Salvator Rosa on English Taste, 1700–1800*, New York 1925; I. W. V. Chase, *Horace Walpole Gardenist*, Princeton 1943, Kap. 1, The Beauty of Irregularity and Italian Landscape Painting.
40 *The Rise of Progress of the Present Taste of Planting*, London 1767, zitiert nach Chase, a. a. O., S. 144.
41 Arthur Young in *Monthly Review*, XXXVIII, März 1768, S. 222, und Thomas West, *A Guide to the Lakes*, London 1778, siehe M.-M. Martinet, a. a. O. (Anm. 16), S. 23 und 229. Hinweis von J.-F. Chevrier.
42 A. de Laborde, a. a. O. (Anm. 28), S. 135.
43 J. de Cayeux, Hubert Robert dessinateur de jardins et sa collaboration au parc de Méréville, *Bulletin de la Société de l'Histoire de l'Art Français*, 1968, S. 123–133; O. Choppin de Janvry, Méréville, *L'Œil*, Dezember 1696, S. 39 ff.; S. de Lassus, Quelques détails inédits sur Méréville, *Bulletin de la Société de l'Histoire de l'Art Français*, 1978, S. 273–287.
44 *Jardins en France*, a. a. O. (Anm. 34) Nr. 54.

108   »Künstliche Felsen in der Stadt Pekkinsa«, 1735

William Temple[45] teilt in seiner 1685 verfaßten und 1690 veröffentlichten Abhandlung im Anschluß an ein Lob der regelmäßigen Gestaltung seiner Zeit mit, daß es auch andere gebe, von denen er durch Männer, die in China gelebt hätten, gehört habe:

Die Chinesen wenden ihren ganzen, äußerst erfindungsreichen Geist daran, sich Gestaltungen auszudenken, die von großer Schönheit sind und das Auge erstaunen, bei denen man aber die Ordnung und Gliederung, auf die wir sogleich achten, nicht bemerkt . . . Betrachtet man die Malereien auf indischer Leinwand oder auf ihrem außerordentlich schönen Porzellan, so wird man entdecken, daß ihre Schönheit gänzlich von dieser Art ist und daß es darauf nichts Regelmäßiges gibt und nichts, worin man Ordnung erkennt.

Diese Schönheit ist jeder anderen vorzuziehen. Diese regellosen Kompositionen erhalten sogar einen speziellen Namen, »Sharawadagi«, und wenn sie gelungen sind, werden sie als »fein« oder »bewundernswert« bezeichnet. Diese Bezeichnung ist auf dreierlei Weise

---

45   W. Temple, Upon the Gardens of Epicurus, in *Miscellanea*, II, London 1690, und *The Works*, III, London 1757, S. 229–230; *Les Œuvres mêlées de M. le Chevalier Temple*, II, Utrecht 1693, S. 83–95.

gedeutet worden (1. – regellose Anmut, von chinesisch »sa-ro-(k)wai-chi«; 2. – asymmetrische Zeichnung, von japanisch »sorowandji«; 3. – Anlage großer und weitgestreuter Kompositionen ohne Ordnung, von chinesisch »san-lan-wai-chi«), was aber alles mehr oder weniger das gleiche Prinzip meint.[46] Die geometrische Gestalt hat ihren Gegensatz in der Unordnung, aber diese Unordnung selbst ist eine kalkulierte Gestaltung. Überlegungen dieser Art sind oft aufgegriffen worden.

Joseph Addison[47], der schon 1712 darüber klagt, daß die englischen Gärtner der Vegetation mathematische Linien aufzuzwingen lieben, Kegel, Kugeln und Pyramiden, beruft sich auf die chinesische Pflanzart, die, wie er darlegt, einen besonderen Namen hat und die er mit der Nachahmung der Natur gleichsetzt. Was Pope, Bridgeman und Kent verwirklichen, findet sich theoretisch vorgebildet in einer orientalischen Doktrin, die die Prinzipien bereits enthält und mit den neuen Auffassungen immer verknüpft bleiben wird. Horace Walpole (1771)[48], der im übrigen die Chinoiserien bekämpft, deren Fiktionen für ihn auf dasselbe hinauslaufen wie ihr Gegenteil, die französische Abstraktion, räumt ein, daß Temple mit seiner Behauptung, die chinesischen Gärten seien von einer ebenso kapriziösen Regellosigkeit wie die europäischen gleichförmig, Recht habe, was genau der Tendenz seiner Zeit entsprach. Dagegen schreibt G. Mason (1768)[49], der die Ausführungen über das »Sharawadagi« in extenso abdruckt, Sir William hätte es sich gewiß nicht vorstellen können, daß die chinesische Auffassung ein halbes Jahrhundert später in seinem Land die größte Mode sein würde. Im selben Jahr, 1768, würdigt Ware[50] die Chinesen als Schöpfer des Landschaftsgartens. China ist jetzt das Symbol der Befreiung der Natur auf allen Stufen ihrer Entwicklung, und ihm verdankt man sowohl den philosophischen Gehalt der Regellosigkeit wie auch die Idee einer Kunst, die die Formen des Lebens wiedergibt.

Es fehlte nicht an Darlegungen, in welcher Weise man in China diese Anlagen künstlicher Natur entwarf. Père du Halde (1735)[51] beschreibt »die künstlichen Felsen und Berge, die man von allen Seiten durchstößt«. *La Galerie du Monde* zeigt ebenfalls 1735[52] sogar eine Abbildung von »künstlich geschaffenen Felsen in der Stadt Pekinsa«, zerklüftete Felsen mit zahlreichen Vorsprüngen (Abb. 108). Später (1767) berichtet Père Benoit[53] hierzu: wenn ein chinesischer Arbeiter viel Zeit daran wende, um die Steine zu bearbeiten,

> geschieht das nur, um die Ungleichmäßigkeiten zu vermehren und ihnen eine noch rustikalere Form zu geben. Im Gebirge hat man diese Steine manchmal, so weit das Auge reicht, zu Felsen geschliffen.

Unterdessen wird jedoch die detaillierte Beschreibung des *Yuan-ming Yuan*, des kaiserlichen Gartens der Gärten, von Père Attiret, einem französischen Missionar in Peking, veröffentlicht (Brief vom 1. November 1743).[54]

Unzählige kleine Berge von 20 bis 50 oder 60 Fuß Höhe sind dort »mit der Hand« geschaffen worden. Kanäle mit klarem Wasser schlängeln sich zwischen ihnen hindurch und vereinigen sich an mehreren Stellen zu Weihern und Seen. Die Berge sind überwachsen von wilden Gehölzen und seltenen Bäumen und die Kanäle nicht nur mit Hausteinen eingefaßt, sondern auch von unregelmäßigen Felsblöcken, »die mit solcher Kunst gesetzt sind, daß man sie für ein Werk der Natur halten möchte«. Alles ist von einer unendlichen Mannigfaltigkeit. Auch

46 Zu den Quellen der Chinakenntnisse W. Temples, siehe S. Lang und N. Pevsner, Sir William Temple and Sharawaggi, *The Architectural Review*, Dezember 1949.

47 In *The Spectator*, VI, Nr. 414, 1712. Siehe A. O. Lovejoy, a. a. O. (Anm. 8), und H. F. Clark, a. a. O. (Anm. 17)., S. 155.

48 H. Walpole, On Modern Gardening, in *Anecdotes*, IV, und *Essai sur l'art des jardins modernes*, Strawberry-Hill 1775, S. 46.

49 G. Mason, *An Essay on Design in Gardening*, London 1768, S. 645–646.

50 I. Ware, *A complete Body of Architecture*, London 1768, S. 645–646.

51 Le P. du Halde, *Description géographique, historique . . . de la Chine*, II, Paris 1735, S. 85.

52 *La Galerie du Monde*, II, Leiden 1735, Tafel 40.

53 *Lettres édifiantes et curieuses écrites des Missions étrangères par quelques missionaires de la Compagnie de Jésus*, XXIII, Paris 1781, Brief von P. Benoit an M. Papillon d'Auteroche, 16. Nov. 1767, S. 537.

54 Ebd., XXVII. Brief von P. Attiret an M. d'Assaut, 1. Nov. 1743, S. 8 ff. Zu den Gärten Pekings und den chinesischen Gärten allgemein, siehe E.-H. Wilson, *China, Mother of Gardens*, New York 1971; C. B. Malone, *History of the Peking Summer Palaces under the Ch'ing Dynasty*, Urbana, Ill. 1934, und O. Sirén, *Gardens of China*, New York 1949. Le Rouge hat in seinen Heften XIV–XVII Ansichten von Yuan-ming Yuan nach einer Reihe von chinesischen Gemälden und Stichen um 1744 abgebildet, die heute im Cabinet des Estampes der B.N. in Paris verwahrt werden. Die Beziehungen zwischen den Originalen und den Stichen Le Rouges sind 1946 von Mme R. Guignard festgestellt worden. Siehe auch M. Keswick, *The Chinese Garden*, London 1978.

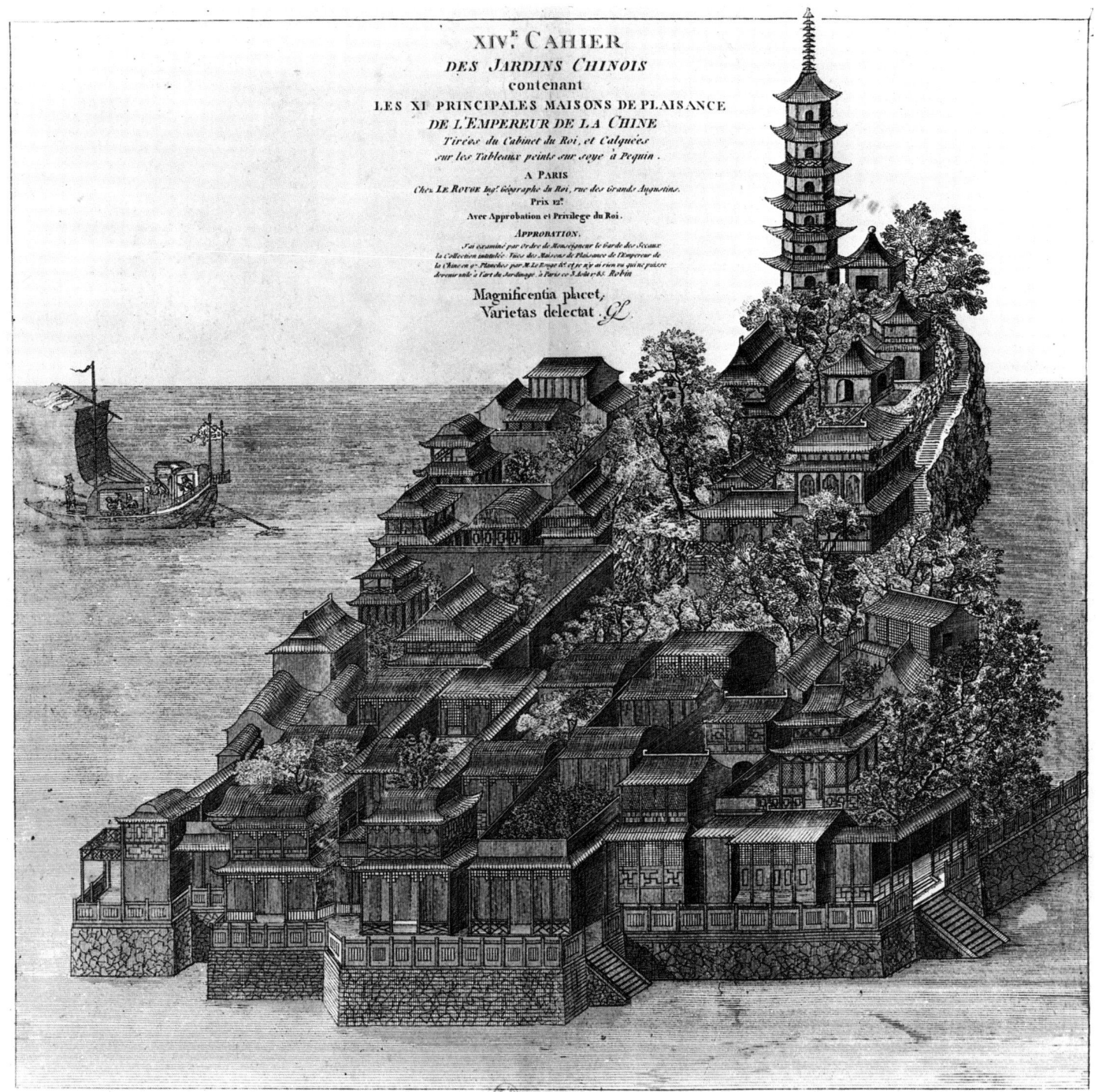

109 Le Rouge, Die elf Häuser des Kaisers von China, 1789. Foto B.N.

kleine Paläste, Pavillons sind über den Garten verstreut (Abb. 109). Es gibt vierhundert davon, aber nicht einer gleicht dem anderen: »Man möchte sagen, daß jeder nach der Vorstellung und dem Vorbild irgendeines fremden Landes gemacht ist.« Wie im Abendland chinesische Bauten in den meisten dieser Anlagen vorkommen[55], so hat, dem bereits erwähnten Père Benoit zufolge, der Kaiser später auch europäische Bauten darin aufgenommen.[56] Ohne den Begriff »Sharawadagi« zu erwähnen, spricht Attiret bewundernd von der »Kunst, mit der diese Regellosigkeit gehandhabt wird«, und gibt ihr die gleiche Definition: schöne Unordnung und Antisymmetrie.

»Es ist ein wahres irdisches Paradies«, und es ist auch ein Universum im kleinen, in dem man sogar eine ganze Stadt nachgebildet hat, mit Tempeln, Märkten, Läden, eingeschlossen von einer Mauer mit vier Toren in den vier Himmelsrichtungen. »Alles was die Hauptstadt des Kaisers im großen enthält, findet sich hier im kleinen.« Der Kaiser konnte also »das ganze Gewirr einer großen Stadt verkleinert sehen, so oft er es wünschte«. Ein vollständigeres Bild eines landschaftlichen Mikrokosmos läßt sich nicht denken, und seine Poesie wird vom Missionar stark empfunden. Ihn beeindruckt weniger der Anblick der Gegenden, die sich vor ihm entfalten, als deren Unwirklichkeit. Die Natur ist eine Offenbarung, ihre Nachbildung in verkleinertem Maßstab »mit der Hand« ist ein Wunder. Diese Kunst gehört wegen ihrer beschwörenden Macht zur Magie und führt direkt in die Sphäre des Traums. Das Zeugnis eines Chinesen, Lieoutcheou, in einem Sammelwerk der Missionare von 1782[57] bestätigt diese Betonung des Illusionscharakters:

Die Kunst des Entwerfens von Gärten besteht darin, die Blickpunkte, die Vielfalt und Einsamkeit so zu verbinden, daß das *getäuschte Auge* den Eindruck von Einfachheit und Ländlichkeit hat, das Ohr das Schweigen oder das, was es durchbricht, vernimmt, und alle Sinne Freude und Frieden empfinden . . .

Diese Kombination, in denen Natur und Welt durch ihre Fiktion offenbart werden, haben ihren Wert in dem Geheimen, Unmerklichen, Natürlichen dieser Gestaltung der Mannigfaltigkeit und der Kontraste.

Der Brief des Père Attiret ist ins Englische übersetzt worden (1761)[58] und wird bei jeder Gelegenheit zitiert. Die früheste Kritik der französischen Geometrie durch einen Franzosen ist durch die von diesem Brief geweckten Bilder angeregt worden. Es sind diese Gärten von Peking, ihre Antisymmetrie und Eigenwilligkeit, die Père Laugier (1755)[59] der methodischen Regelhaftigkeit von Versailles entgegenhält, die zuerst Erstaunen, dann aber Traurigkeit und Überdruß hervorruft. Er betont dabei den künstlichen Charakter dieses Wunderwerks. Die Gärten des Kaisers von China, in denen man sich ergehen möchte, sind »Fiktionen«. Ihr Zauber wirkt wie von Feen ausgestreut, die sich jedoch nur des Einfachen und Natürlichen bedienen. Der poetische Charakter dieser Kompositionen wird in dieser Schilderung vollkommen erfaßt, die mit dem Wunsch schließt, daß man dies als Muster nehmen und »eine sinnreiche Mischung der chinesischen Ideen mit den unsrigen« schaffen möge.

---

55 Eine Übersicht über die chinesischen Bauten in Europa findet sich bei E. von Erdberg, *Chinese Influence on European Garden Structures*, Cambridge, Mass., 1936.

56 Einige dieser europäischen Paläste sind abgebildet bei O. Sirén, *Gardens of China*, Tafel 189–192. Siehe die Sammlung Oe 18 im Cabinet des Estampes der B. N.

57 Le P. P.-M. Cibot, *Mémoires concernant l'histoire des sciences, les mœurs, les usages des Chinois par les Missionaires de Pékin*, VIII, Paris 1782, S. 318.

58 Joseph Spence unter dem Pseudonym Sir Harry Beaumont, A Particular Account of the Emperor of China's Gardens, Near Pekin, in *Fugitive Pieces*, von R. Dodsley, I, London 1761, S. 61 ff.

59 Le P. M.-A. Laugier, *Essai sur l'architecture*, Paris 1755, S. 241 ff.

Freron hat ebenfalls schon 1750 die Chinoiserien ganz ähnlich bestimmt:

Wer der Natur ganz getreulich folgt,/wird immer nur ein Kopist bleiben,/ein elender Nachahmer./Einzig der Chinese ist ein Schöpfer,/der den Dingen eine neue Ordnung gibt,/reich an den verschiedensten Wunderwerken,/und seine heiteren Metamorphosen/lassen eine andere Welt erstehen.

Qui suit la Nature à la piste
Ne sera jamais qu'un copiste
Qu'un malheureux imitateur,
Le Chinois seul est créateur;
Il donne un nouvel ordre aux choses
Fertile en prodiges divers
Ses riantes métamorphoses
Font éclore un autre univers.[60]

Wenn Rousseau in der *Neuen Héloise* die chinesischen Gärten als »mit so viel Kunst angelegt, daß die Kunst darin nicht zum Vorschein kam«, beschreibt, so paraphrasiert er dieselben Quellen. Und diese Gärten, wo Pflanzen aus allen Gegenden Chinas und der Tartarei »zusammengetragen und auf ein und demselben Boden gepflanzt« sind, bringt er unmittelbar mit Stowe in Zusammenhang, wo ebenfalls alle Orte und Zeiten mit dem Anschein des Natürlichen vereint sind.

Die Entdeckung der Natur geschieht auf Umwegen. Nach England gelangt sie von Italien aus, nach Frankreich über England und China, und China selbst kommt mit den englischen Parks hinzu. Während in Raincy die Exotik des Ostens nur durch das russische Haus vertreten ist, reicht in Chanteloup, in Betz, Cassan und in der »Wildnis« von Retz der Osten bis nach China.[61] Fünf Entwürfe für Belvederes und chinesische Pavillons wurden de Marigny für den Garten von Ménars[62] geschaffen (Tafel XIV), und die Pagode von Chanteloup[63] kommt an die Loire aus Kanton, aber auf dem Umweg über Kew (Abb. 110). Le Rouge zögert nicht, in seinen *Cahiers* den Begriff des »anglo-chinesischen« Gartens zu verwenden.

William Chambers[64], der Schöpfer von Kew, ist jetzt derjenige, der für die Chinoiserien eintritt, und gleichzeitig einer der ersten Theoretiker der Landschaftsgärtnerei. Der aus schottischem Geschlecht stammende, in Stockholm geborene Architekt kommt 1755 nach England, nachdem er dreimal zwischen 1742 und 1749 auf Schiffen der schwedischen Ostindischen Kompanie China bereist hat, und veröffentlicht 1757[65] seinen Bericht mit einem Kapitel über die »Kunst, die Gärten nach chinesischem Brauch anzulegen«, das dann 1772 erweitert in einer selbständigen Ausgabe erscheint.[66]

Der Verfasser, der seine Kenntnisse nicht nur seinen Beobachtungen an Ort und Stelle verdankte, sondern, wie er berichtet, auch dem Unterricht eines berühmten Malers, Lepqua, mit dem er dort Umgang hatte, stuft diese Kunst sehr hoch ein, denn da gibt es keine sklavische Nachahmung:

Ein Garten muß sich von der gewöhnlichen Natur unterscheiden wie ein Heldenpoem von einem Bericht in Prosa. Die Gärtner müssen ihrer Phantasie freien Lauf lassen, wie die Dichter, und manchmal gar die Grenzen des Wahren überfliegen.

Es ist das Programm einer in ihren Techniken genauestens geregelten Kunst der Verwandlung.

110 Le Camus de Mézières, Die Pagode von Chanteloup, 1778. Foto Giraudon ▷

---

60 Veröffentlicht in *Quelques écrits de notre temps*, 1752, III, S. 41. Hier zitiert nach Wiebenson, a. a. O. (Anm. 27), S. 20.

61 Zu den chinesischen Baulichkeiten im Abendland, siehe H. Cordier, *La Chine en France au XVIIIᵉ siècle*, Paris 1910, und E. van Erdberg, a. a. O. (Anm. 55); O. Sirén, *China and Gardens of Europe in the Eighteenth Century*, New York 1930; H. Honour, *Chinoiseries. The Vision of Cathay*, London 1961; R. Wittkower, English Neo-Palladianism, the Landscape Garden, China and the Enlightenment, *L'Arte*, XL, 1969. S. 13–25 (dt. in M. Warnke, Hg., *Politische Architektur*, Köln 1984).

62 M. Mosser, Monsieur de Marigny et les jardins, projets de fabriques pour Menars, *Bulletin de la Société de l'Histoire de l'Art Français*, 1972, S. 285ff., Abb. 12–17.

63 R. Edouard-André, Documents inédits sur l'histoire du château et des jardins de Chanteloup, *Bulletin de la Société de l'Histoire de l'Art Français*, 1933, S. 21–39.

64 J. Harris, *Sir William Chambers, Knight of the Polar Star*, London 1970.

65 W. Chambers, *Designs of Chinese Buildings, Furniture, Dresses, Machines and Utensils*, London 1757, Kap. Art of Laying out Gardens, S. 15ff., abgedruckt in Th. Percy, *Miscellaneous Pieces relating to the Chinese*, II, London 1772.

66 W. Chambers, *A Dissertation on Oriental Gardening*, London 1772, und *Dissertation sur le Jardinage de l'Orient*, London 1772.

Die Chinesen gliedern das Gelände nicht geometrisch, sondern in Szenen, deren jede ihren durch einen Sitzplatz, ein Gebäude oder irgendeinen anderen Gegenstand bezeichneten Blickpunkt hat. Die Ansichten wechseln kontinuierlich, doch in einer festen Ordnung ab, und ihre Mannigfaltigkeit, Schönheit und Zahl macht die Schönheit des Gartens aus. Die Szenen gehören zwei Kategorien an: Leben und Dramaturgie der Natur.

In den großen Gärten legen die Chinesen verschiedene Szenen für den Vormittag, den Mittag und den Abend an, und an den passenden Aussichtspunkten errichten sie Gebäude, die sich für die Kurzweil jeder Tageszeit eignen.

Sie haben auch besondere Szenen für jede Jahreszeit. Zum Winter gehören Kiefern, Tannen, Zedern und andere immergrüne Bäume. Gewächshäuser in Form von Tempeln, »Konservatorien« genannt, sind voller Vögel, die ihres Gesanges wegen geschätzt werden, und man läßt darin Himbeeren, Kirschen und Aprikosen reifen. Die Frühjahrsszene besteht aus Nadelhölzern, untermischt mit Flieder, Mandelbäumen, Pfirsichbäumen und wilden Rosen. Die dazugehörigen Blumen sind Hyazinthen, Primeln, Schneeglöckchen und verschiedene Irissorten, und die noch karge Vegetation wird durch Menagerien und Volieren ergänzt. An Gebäuden findet man ausgeschmückte Meiereien und Räume für Spiel und Sport. Die Sommerszene ist die ausgesuchteste und reichste des ganzen Gartens, mit Gewässern und Gehölzen (Eichen, Buchen, Platanen, Ahorn, Eschen und Pappeln), mit vielen reich geschmückten, geräumigen Pavillons für Musik, gelehrte Unterhaltung und Meditation, das Ganze von wilder Lieblichkeit und gefälliger Pracht. Der Wald ist erfüllt von dem Gesang unzähliger Vögel; Antilopen, Damwild, Ziegen und tartarische Pferde springen über die Pflanzen, und jeder Pfad führt zu einem reizvollen Ziel – an einen Bach oder Brunnen, zu einer Laube oder einer Grotte, die mit Muscheln, Korallen, Gemmen oder Kristallbildungen ausgeschmückt ist. Die Herbstszene umfaßt Bäume, die ihr Laub behalten und prächtig verfärben, die Bauten stellen Eremitagen, Ruinen von Schlössern und Palästen, verlassene Tempel, Gräber dar, alles, was ans Ende denken läßt und den Geist mit ernsten Gedanken erfüllt und zur Melancholie stimmt.

Das Motiv der Jahreszeiten wird in *Yuan-ye*, einer Abhandlung über Gärten, erwähnt, deren Vorwort 1634 datiert ist, ebenso wie in einem 1782 von den Missionaren in Peking auf der Grundlage chinesischer Quellen veröffentlichten Aufsatz, wo es freilich eine schlichtere Gestalt hat: Die Pfirsich- und Kirschbaumpflanzungen mit ihren schönen Blumen formen ein Amphitheater für den Frühling, Akazien, Eschen und Platanen bilden Lauben für den Sommer, während der Herbst seine Weiden mit hängenden Zweigen und Espen mit glänzenden Blättern hat und der Winter schließlich seine Zedern, Zypressen und Pinien.[67]

Man findet diese Anlagen auch als reine Formen, die dem Auge unmittelbar gefallen, ohne die Ikonographie des jahreszeitlichen und kosmischen Kreislaufs. *Yuan-ye* erläutert, daß »ein kleiner Berg die verschiedensten Wirkungen hervorrufen, ein kleiner Stein mannigfaltige Gefühle wecken kann«, und er beschreibt einige Anordnungen:

Die Wege führen durch ein Bambuswäldchen hindurch zu einem schattigen Platz, wo eine einsame Hütte unter Kiefern steht. Dort kann man dem melancholischen Plätschern des Wassers lauschen. Die Reiher beginnen zu tanzen und mit den Flügeln zu schlagen.[68]

Man kommt in den Garten, um dort ein Stück anzusehen und aufzuführen. Laut Chambers unterscheiden die Chinesen drei Arten von Bühnendarstellungen, die sie als *zauberisch*, *schreckenerregend* und *heiter* kennzeichnen, was mehr oder weniger den Szenen von Sommer, Herbst und Winter entspricht, wobei der Phantasie aber keine Grenzen gesetzt sind.

Die zauberischen Szenen, die man auch als romantisch bezeichnen könnte, sind voller Wunder, die den Zuschauer durch eine rasche Folge von starken und gegensätzlichen

---

67 P.-M. Cibot, a. a. O. (Anm. 57), VIII, S. 321.
68 Zitat nach Sirén, *Gardens of China*, S. 14.

111   Le Rouge, Zauberische Szene, Felsen in der »Wildnis« von Retz, 1785. Foto B.N.

Gefühlen erregen sollen: Wege, die in unterirdische Gewölbe führen, durch das Dunkel schöner Gehölze an den Rand eines Abgrundes, unter Felsen hindurch, die in der Luft zu schweben scheinen, in düstere Täler oder an traurige Flüsse, deren Wasser gemächlich von Grabdenkmälern bedeckte Ufer netzen, im Schatten von Weiden, Lorbeer und Bäumen, die Mandschu, dem Geist des Schmerzes, geweiht sind. Die zauberischen Szenen sind immer reich an Wasserspielen, darunter der Kiao King-Palast mit seinen Galerien, Arkaden und Kolonnaden aus Springbrunnen und vielfarbigen Kaskaden. Man vernimmt dort das Rauschen des Windes und künstliche, raffinierte Echos. Als Bepflanzung wählen die chinesischen Künstler Pappeln, die in beständiger Bewegung sind, siamesische Pflanzen und die ungewöhnlichsten Baum- und Blumenarten; als Fauna aus fernen Ländern eingeführte oder durch Kreuzung erzeugte monströse Vierfüßler und Vögel, die von riesigen tibetischen Hunden, afrikanischen Riesen oder als Magier verkleideten Zwergen bewacht werden.

Schreckensszenen zeigen überhängende Felsen, dunkle Höhlen und wilde Wasserfälle, die sich überall von den Bergen ergießen. Die Bäume sind ungestalt und wirken wie durch die Gewalt von Stürmen zerschmettert. Hier erscheinen sie umgestürzt, den Lauf des Sturzbaches aufhaltend und von der Gewalt des Wassers fortgerissen, dort sieht es so aus, als seien sie vom Blitz getroffen, verbrannt und in Stücke gespalten. Einige dieser Gebäude sind zusammengestürzt, andere halb vom Feuer verzehrt, und einige kümmerliche, hier und da in den Bergen verstreute Hütten scheinen auf die Existenz von Menschen und zugleich auf ihr Elend hinzuweisen (. . .).
Und um das Schreckliche und Erhabene dieser Szenen noch zu verstärken, werden manchmal ganz oben in den Bergen Gießereien, Kalköfen oder Glashütten versteckt, aus denen riesige Flammen schlagen und Rauchwolken aufsteigen, die den Anschein erwecken, die Berge seien Vulkane.

Diese Katastrophenbilder sind jedoch nur ein Akt eines Schauspiels, das gewöhnlich heiter ausklingt.

Auf diese Szenen folgen gewöhnlich heitere (Tafel XIII). Die chinesischen Künstler wissen, wie stark die Seele durch Kontraste angesprochen wird, und verfehlen es nie, plötzliche Übergänge und überraschende Gegensätze von Formen, Farben und Schatten zu schaffen. So führen sie von begrenzten Aussichten zu weitgespannten Perspektiven, von furchterregenden Gegenständen zu lieblichen Szenen, von Seen und Flüssen zu Ebenen, Hügeln und Wäldern, kontrastieren düstere und traurige Farben mit leuchtenden, einfache Formen mit komplizierten und verteilen durch eine durchdachte Anordnung die Massen von Schatten und Licht so, daß die Komposition in ihren Teilen deutlich und im ganzen verblüffend wirkt.

Die Verbindung zwischen den Szenen und den anderen Teilen des chinesischen Gartens wird durch Straßen, Wege, Brücken, Kanäle und mit Kähnen befahrbare Seen hergestellt, und auch hier bemüht man sich um eine größtmögliche Vielfalt.

Dieser merkwürdige Text, bei dem das Spiel der wuchernden Phantasie[69] immer wieder Echtes aufscheinen läßt, hat große Aufmerksamkeit gefunden und die verschiedensten Reaktionen hervorgerufen. In England hat sich eine entschiedene Opposition gegen den Autor gebildet, angeführt durch Thomas Gray, Horace Walpole und William Mason. »Ich habe das Buch von Chambers gelesen«, schreibt Walpole am 25. Mai 1772 an den Dichter und Gartenliebhaber Mason[70], »und es ist überspannter als die schlechteste der chinesischen Schriften«. Ein zunächst anonym erschienenes, dann von Mason signiertes satirisches Gedicht gegen das *Oriental Gardening* hatte von 1773 bis 1776 drei Auflagen.[71] Auf dem Kontinent war es Hirschfeld, der Berater des dänischen Königs und Professor der Philosophie und der Schönen Künste an der Universität Kiel[72], der die stärksten Bedenken gegen das Buch geltend machte, indem er seinen Wahrheitsgehalt anzweifelte: Chambers schreibe den Chinesen seine eigenen Ansichten zu, um sie interessanter zu machen. Nachdem, was wir von Le Comte (1679)[73] über China wissen, seien diese Gärten mittelmäßig und die Künstler im allgemeinen unfähig. Attiret habe in seinen Schilderungen stark übertrieben, was nicht heiße, daß das Ganze falsch sei. Der Bericht enthalte »die sinnreichsten Gemälde der Phantasie und die wunderbarsten Feenzauberungen«, und die »Verwirrungen der Einbildungskraft« wechselten mit »bedächtiger Wahl und richtigem Gefühl« ab. Chambers sei ein Mann »von viel Kenntnis, Geschmack und Genie«, und wenn seiner Schrift die »historische Wahrheit« abgehe, bleibe es doch »immer eine angenehme Beschreibung eines nicht vorhandenen Gegenstandes, ein schönes Ideal, dem nichts weiter fehlt, als daß es vielleicht nie Wirklichkeit haben wird«. Diese, zumindest im ganzen, nicht zu verwirklichenden Phantasien haben die Einbildungskraft am meisten angesprochen.

Das Thema der Jahreszeiten ist, ebenso wie das der Kontinente, in den französischen Gärten oft dargestellt worden, freilich durch allegorische Denkmäler (Vaux-le-Vicomte, 1656–1661; Ognon,

---

69 Nach Ansicht Siréns (*China and the Gardens of Europe*) finden sich erst in Chambers' zweiter Fassung von 1772, die in polemischer Absicht gegen Brown geschrieben wurde, phantastische Elemente.
70 I. W. U. Chase, William Mason and Sir William Chambers' Dissertation on Oriental Gardening, *Journal of English and Germanic Philology*, XXV, 1936, S. 190.
71 *An Heroic Epistle to Sir William Chambers*, London 1773, Siehe I. W. Chase, a. a. O., S. 517 ff.
72 Ch. C. L. Hirschfeld, *Theorie der Gartenkunst*, Bd. I, Leipzig 1779, S. 94 ff. Siehe W. Schepers, *Hirschfelds Theorie der Gartenkunst (Grüne Reihe*, Bd. 2), Worms 1980.
73 Le P. le Comte, *Nouveaux Mémoires sur l'état présent de la Chine*, I, Paris 1697.

1776; Tuilerien, um 1680). Eine Skizze von Le Brun für Versailles empfiehlt den Bildhauern als Thema einen vierfachen Kreislauf mit den Elementen, den Teilen der Welt, des Jahres, des Tages und den Temperamenten. Und die Rückkehr zur Natur, die übrigens seit Thompson (1727–1730) häufig in den Jahreszeitengedichten gefeiert wird[74], bewirkt nichts anderes, als daß das Leben in seinem Neubeginn stärker empfunden wird. Man hat auch versucht, dieses Thema in die Landschaftsgestaltung aufzunehmen, und die Szenengestaltung von Chambers hat hier den Weg gewiesen. Thomas Whateley[75], dessen 1765 verfaßtes Werk die erste methodische Darstellung der Theorien der »modernen« Gartenkunst ist, nimmt deren Grundelemente fast wörtlich auf:

> Durch eine Folge wohldurchdachter Verknüpfungen und eine glückliche Anlage der Gegenstände, die die für eine bestimmte Stunde vorgesehene Szene ausmachen, kann man die Heiterkeit des Morgens, die Ausschweifung des Mittags und die Ruhe des Abends verschönen und verwandeln.

Diese Szenen ebenso wie die Jahreszeiten werden in den Abhandlungen (d'Harcourt, 1774; Girardin, 1775; Hirschfeld 1783) immer wieder empfohlen. D'Harcourt[76] gibt besonders detaillierte Anweisungen. Für den Garten des Winters sind kaum Blumen vorhanden, einige jedoch brechen durch die Schneedecke, und es gibt die widerstandsfähigen Pflanzen, die ihre Blätter nach den großen Frösten bekommen, die immergrünen Sträucher und Bäume. Eine Pantomime – ein Greis vor einem Feuer – kann in einer Grotte vorgeführt werden, die aus Mineralien, Kristallisationen, Versteinerungen, Vereisungen und Schlacken besteht, nicht aber aus Muscheln oder Korallen, die wie bei Chambers, den warmen Jahreszeiten vorbehalten sind. Man richtet auch Warmhäuser und Volieren ein. Im Garten des Frühlings findet man die frühblühenden, seltenen und wenig gezogenen Pflanzen und leichten Bauten: man möchte die Rose einatmen und sich nicht einschließen. Der Sommergarten soll Wasser, Wälder, Hügel und Täler vereinen. Die Blumen sollen die gewöhnlichen sein, die Bäume groß, ausladend und stark belaubt; der Stil der Gebäude und das Thema der Komposition werden sinnenfroh sein, die Szenen zusammengestellt und ausgeschmückt wie in der Natur, von goldener Färbung. Der Palast Armidas mit einem köstlichen Garten in seiner Mitte wäre für dieses Schauspiel geeignet. Der Garten des Herbstes soll edle, starke Blumen von lebhaften Farben haben, würzige Pflanzen und Sträucher mit roten Früchten. Als Baulichkeiten wählt man Triumphbögen, Säulen und Ruinen. Der Frühling kristallin und reich an Sinnenfreude und Lustbarkeiten, der Herbst prächtig und melancholisch... die Elemente, der Sinn der Effekte und die Wahl der Worte, die Poesie dieser Darbietung sind in ihren Techniken von fernöstlichem Raffinement. Es sind Variationen, die sich, trotz der Übertragung in Klima und Mythologie Europas, eng an die von Lepqua beschriebenen Kompositionen halten. Indem die Themen, die früher von Statuen personifiziert oder durch die geometrische Bepflanzung ausgedrückt wurden, jetzt in der Landschaft erscheinen, folgt man chinesischen Grundsätzen.

Zwar scheint der Garten von Betz, den d'Harcourt mit Hubert Robert für die Prinzessin von Monaco anlegte, keine besonderen Anlagen für die einzelnen Jahreszeiten gehabt zu haben, aber er besaß ein *Tal der Gräber* mit schottischen Kiefern, Tannen und Zypressen wie in den zauberischen Szenen. Die Bepflanzung »setzte sich mit abnehmender Traurigkeit bis zu einem großen Wandelgang fort«.[77] Eine ähnliche Szene, der *Wald der Gräber*, war zuvor von Carmontelle in Monceau geschaffen worden.[78] Pappeln, Ahorn, Zypressen, Platanen und chinesische Lebensbäume, die man aus Italien und dem Orient herbeischaffte, beschirmten dort ein ägyptisches Grab, zwei antike Gräber, ein Grab mit einem umgestürzten Obelisken und eine Bronzeurne auf einem Marmorsockel, und zur Vervollständigung des Bildes, wie es von Chambers dargeboten wird, durchfließt ein Bach dieses Gehölz. Der *Wintergarten* ist für sich allein schon ein Zaubertheater mit seinen exotischen Pflanzen, den auf die Mauer gemalten oder in sie gemeißelten Bäumen, den von Kerzen, die an künstlichen Korallen hängen, erleuchteten Wasserfällen und seiner von Musik widerhallenden tiefen Grotte. Alle Szenen (Abb. 112–114) mit dem Tartarenzelt, der Meierei, den türkischen Zelten, der holländischen Windmühle, dem chinesischen Pavillon für das Ringespiel, der gotischen Schloßruine, dem Minarett und dem Felsen, aus dem alle Wasser entspringen, hatten ihren

74 Cardinal de Bernis, *Les Quatre Saisons ou la Géographie française,* Paris 1763; A. Le Bret, *Les Quatre Saisons,* Paris 1763; Saint-Lambert, *Les Saisons,* Paris 1764.
75 Th. Whateley, *Observations on Modern Gardening,* London 1770.
76 Duc d'Harcourt, a. a. O. (Anm. 2), Kap. IX–XIII.
77 G. Macon, a. a. O. (Anm. 30), S. 17. Die anonyme Beschreibung von Betz stammt von 1789–1790.
78 L. Carmontelle, a. a. O. (Anm. 32).

112   Garten von Monceau, Gräberhain nach L. Carmontelle, 1779. Foto J. Musy, © CNMH Spadem

113   Garten von Monceau, Tartarenzelt nach L. Carmontelle, 1779. Foto J. Musy, © CNMH Spadem ▷

114   Garten von Monceau, Felseninsel mit holländischer Mühle nach L. Carmontelle, 1779.
      Foto J. Musy, © CNMH Spadem ▷

im Entwurf vorgesehenen Blickpunkt. Als Tartaren und Hindus mit Turban gekleidete Diener führten dort Tiere aus Afrika und Asien herum, wie die Kamele, die die Besucher trugen. Die Illusionslandschaft stellte nicht nur durch ihre Staffage, sondern auch durch ihre Überraschungen und Kontraste einen östlichen Garten dar.

So sehr sich der Marquis de Girardin gegen »Anleihen bei Märchen und Fabeln« wendet, Ermenonville enthält doch einerseits ein *Elysium* und andererseits eine *Wildnis*, beherrscht von einem von Felsen übersäten Hügel, und bringt so denselben Gegensatz zur Geltung. Das *arkadische Gefilde*, das sich jenseits des Sees öffnet, ist mit seinem *pastoralen Obelisken*, der den bukolischen Dichtern geweiht ist, ein Garten Eden der ersten Menschen. Die *Wildnis* auf der gegenüberliegenden Seite überzieht ein nicht kultiviertes Gelände mit Heidekraut und Ginster auf sandigem Boden und mit Gewässern. Dort, in der Hütte im wildesten Winkel, lebte Rousseau zurückgezogen nach seinen einsamen Spaziergängen, um über die Natur und das Leben zu meditieren (Abb. 115–117). In Bettinis Entwurf für den Garten Delphinos, des venezianischen Gesandten in Frankreich, der im Heft XII (1784) von Le Rouge abgebildet ist, finden sich alle Empfehlungen der *Dissertation sur le Jardinage de l'Orient*

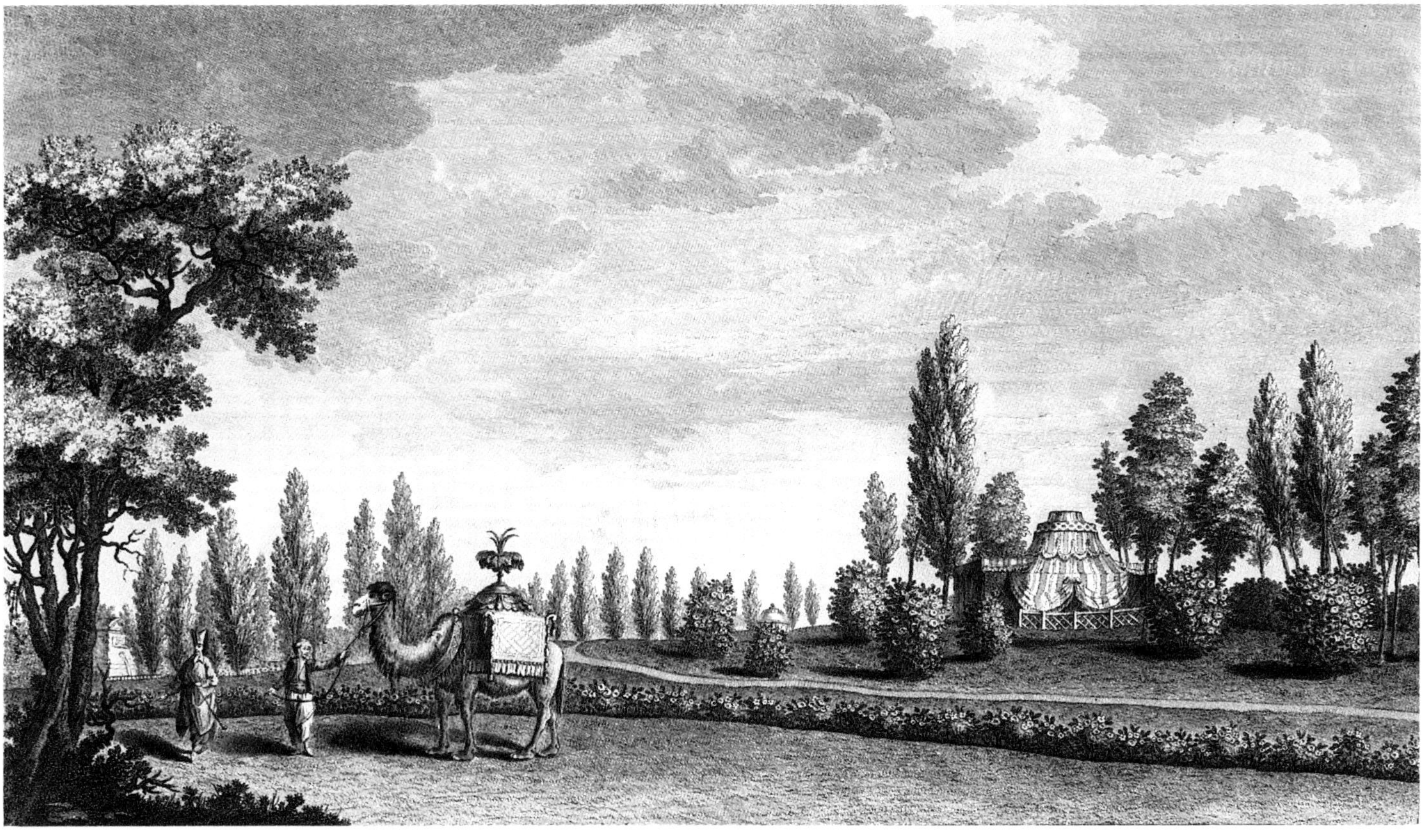

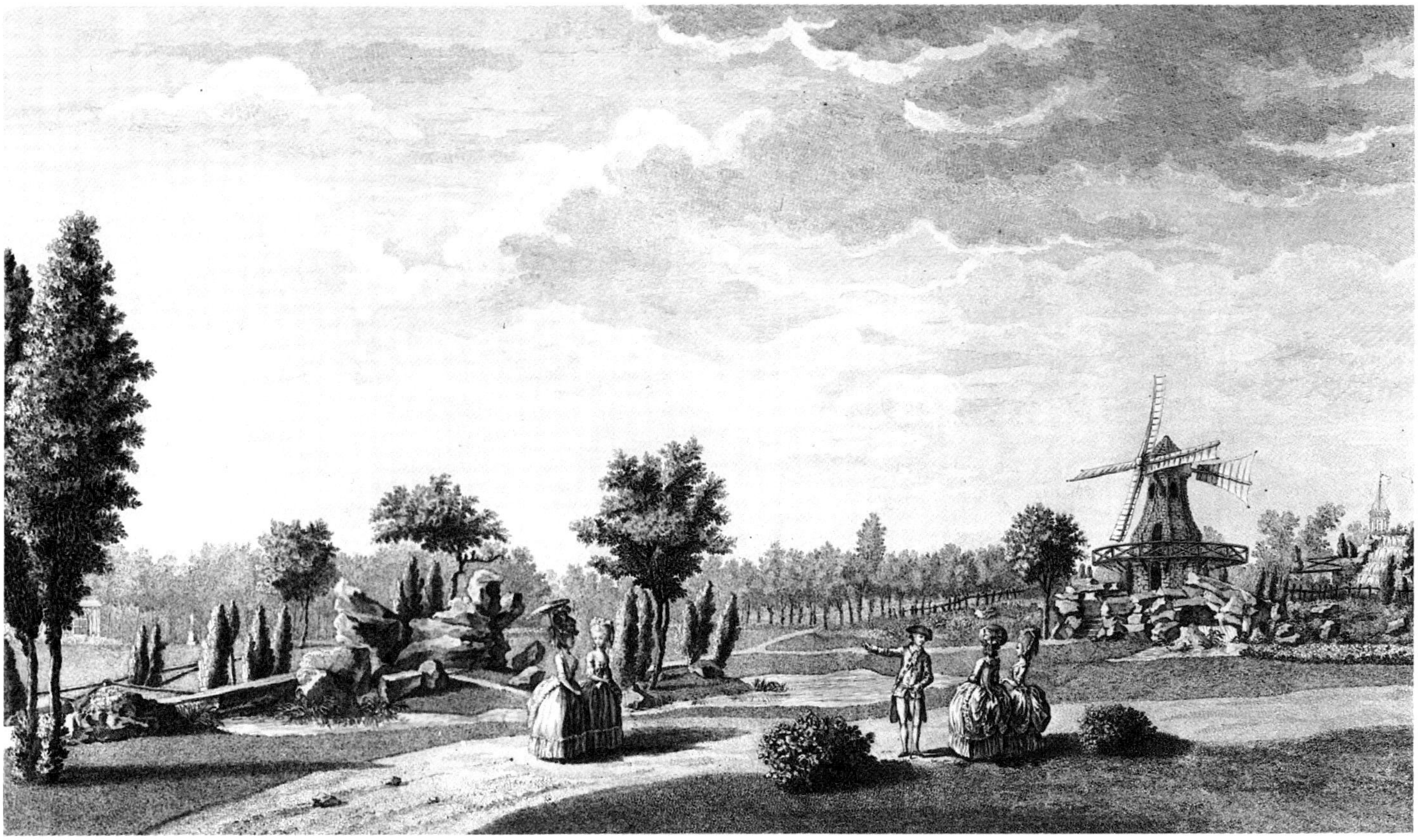

115   Mérigot, Arkadische Gegend, 1788. Foto J. Musy, © CNMH Spadem

116   Ermenonville, Die Einsiedelei in der Wild-
      nis, anonym. Foto J.Musy, © CNMH
      Spadem

117 Mérigot, Ermenonville, Pappelinsel, 1788. Foto J. Musy, © CNMH Spadem

wieder in identischer Orchestrierung. Von einer »vergnügten Szene« (dem Bacchustempel) kommt man zur

> Insel der Gräber, wo alles zu Verehrung und Schmerz stimmt (...), eine düstere Insel ohne Blumen und Früchte, von grünen Eichen und Zypressen bewachsen, die einen großen Schatten werfen, um die folgende Szene von entgegengesetzter Stimmung besser zu verbergen: die Brücke der Triumphe und der Momustempel, die an einer lieblichen Stätte stehen...

Vom *Lustgarten* mit dem Tempel der Venus geht man weiter in die *Schreckliche Wildnis.* Indem man dann einen überwachsenen Weg einschlägt, sieht man die *Elysischen Gefilde,* in denen der Überfluß herrscht, und es gibt auch einen chinesischen Garten und die Insel Japan, die von einer unüberwindlichen Mauer eingeschlossen ist. Die Beschreibungen der Themen enthalten alle Erläuterungen, wie man die Szene »mit den Gefühlen, die sie erregen sollen«, in Einklang bringen kann. So gibt es drei Gruppen von Grabmonumenten:

> Wenn es gilt, eine schöne Erinnerung zu bewahren, dann muß dieses Monument auf einer Säule errichtet werden. Diese sollte mit Rosenbüschen, Jasmin und Wein geschmückt sein, die sie umranken und als Girlande beschatten. Die Monumente schmerzlichen Angedenkens werden sich bescheiden im Schatten eines dichten Gehölzes aus Eiben, Zypressen und Trauerweiden verbergen. (...) Gilt es einer heroischen Tat zu gedenken, dann muß man die Monumente in einem Hain aus Zypressen oder Eichen errichten und sie mit Lorbeer umpflanzen, und alle Wege müssen zu ihnen hinführen.

Die Darlegungen sind im Stile von Chambers gehalten, und die *Wildnis* nimmt wörtlich alle von dem englischen Baumeister empfohlenen schreckenerregenden Elemente auf:

> Diese Szene soll nicht bloß ein Schauspiel der Unfruchtbarkeit bieten, aber auch keine Spuren des Bewohntseins zeigen, lediglich einige abgebrannte oder eingestürzte Häuser, vom Sturm umgeworfene Bäume, von Ungeheuern bewohnte Höhlen, deren Eingang die Natur in Trauer zeigt; zahlreiche Inschriften verzeichnen die schrecklichen Ereignisse, deren Schauplatz diese schaurige Gegend wiederholt gewesen ist. Man wird diese Illusion noch durch einen künstlich geschaffenen Vulkan unterstützen, der den Vesuv nachbildet und mittels brennender Kohle Flammen ausstößt.

Die Texte von Chambers, die in dem Augenblick veröffentlicht wurden, als dieses System auf dem Kontinent sich auszubreiten begann, haben dort eine stärkere Wirkung gehabt als in England selbst, wo sein Auftreten mit dem Höhepunkt einer seit 1760 begonnenen Entwicklung, einer mit dem Namen Browns verbundenen Reaktion, zusammenfällt, die für einfachere Formen eintritt.

Eine noch stärkere Kontinuität hat die Dramaturgie der Natur, ihre Gestaltung mit Rücksicht auf die Gefühle, die sie hervorruft, gehabt. Ihre Themen sind schon vor der Publikation der zweiten Fassung der *Dissertation on Oriental Gardening* weiter entfaltet worden. Home (1762), der eine getreue Zusammenfassung dieser Lehre gibt, hat die Themen des Verzauberten, des Schaurigen und Heiteren durch weitere Szenen bereichert, nämlich durch die des Majestätischen, Sanften, Fröhlichen, Eleganten, Wilden und Melancholischen.

> Wenn man sie nun aufeinander folgen läßt, so muß man das Majestätische dem Eleganten, das Regelmäßige dem Wilden, das Fröhliche dem Melancholischen so entgegensetzen, daß jedem Gefühl ein gegensätzliches Gefühl folgt.[79]

Whateley (1754)[80], der erneut betont, daß »man den Schrecken, den eine Naturszene erregt, mit dem vergleichen kann, der einer dramatischen Szene entspringt«, analysiert die Felsen genauer. Der Schrecken setzt Größe voraus, aber Größe ist auch für das Majestätische

---

79 H. Home, a.a.O. (Anm. 11), I, S. 286.
80 Thomas Whateley, *Observations on Modern Gardening,* London 1770, französisch *L'Art de former les jardins modernes ou l'art des jardins anglais,* übers. von Latapie, Paris 1771, S. 130ff.; siehe auch M.-M. Martinet, a.a.O. (Anm. 16), S. 188ff.

notwendig, und nicht immer ist die Dimension ausschlaggebend. Zum Beispiel »ein Felsen, der durch unsichtbare Kunst frei zu hängen scheint, macht den Eindruck der Größe aufgrund seiner Lage und nicht seiner Masse«, wohingegen die Majestät einer Felsenszenerie der Größe in Verbindung mit dem Ernsten zu verdanken ist und abrupte Übergänge ausschließt. Die Verbindung verschiedener Gattungen an einem einzigen Ort bringt eine Szene des Wunderbaren hervor.

> Das Wunderbare des Wilden lebt von dem Gegensatz der Formen und eigenartigsten Kombinationen, deren Zusammenhang uns den Gedanken einer schöpferischen Mannigfaltigkeit der Natur eingibt.

Dies ist das Schauspiel einer Zusammenballung von reinen Formen, Massen und Gegenständen.

In Frankreich bei Watelet (1784)[81], im ersten Werk dieser Richtung, das auch eine Beschreibung des Gartens von Sseu-ma Kuang von 1071 enthält, reicht das Repertoire vom Edlen und Angenehmen bis zum Traurigen, Feierlichen, Lustvollen und Schrecklichen. Die Gattung des Wunderbaren gliedert sich in das Poetische, das in entfernte Zeiten und an ferne Orte versetzt, und in das Romantische, das dem Zauberischen im eigentlichen Sinne entspricht. Girardin (1775)[82] unterscheidet außerdem noch die philosophischen Landschaften, die die Seele anrühren, und die malerischen Landschaften, die dem Auge schmeicheln. Hirschfeld[83], der gelehrteste und methodischste dieser Autoren, gibt genaue Definitionen der verschiedenen Landschaftscharaktere. Die Felsen sind fähig, »Erstaunen, Ehrfurcht, Schrekken und Schauder einzuflößen«. Der Wald, der durch seine Ausdehnung und seine Höhe ein »heroischer Gegenstand« sein kann, besitzt Ernst und feierliche Würde. Je nach Beschaffenheit, Anordnung und Verbindung der Baumstämme, ihres Wuchses und Laubwerks, bilden sich ruhige, einsame, öde, melancholische, muntere, liebliche und heitere Szenen. Wiesen sind keines erhabenen Charakters fähig, aber sie sind »überaus sanfte, ruhige und einnehmende Auftritte der Natur«. »Das Wasser ist in der Landschaft, was die Spiegel in einem Gebäude sind, was das Auge an dem menschlichen Körper ist«, und die Gewässer erwecken erhabene Empfindungen, wenn sie tief und ausgedehnt sind, ans »Schreckhafte« grenzende, wenn sie aufschäumen und entfesselt sprudeln. Die Dunkelheit, die auf Teichen und anderen stillstehenden Gewässern ruht, verbreitet Melancholie und Traurigkeit. »Es gibt fast keine Szene, deren Eindruck nicht durch Wasser erhöhet oder gemildert, keine Bewegung, die nicht dadurch erweckt oder unterdrückt oder besänftigt werden sollte.«[84] Die Gärten, die mit diesen Mitteln angelegt werden, gliedern sich in fünf Klassen: 1. – angenehme, muntere, heitere; 2. – sanftmelancholische; 3. – romantische; 4. – feierliche; 5. – Gärten, die alle diese Charaktere vereinen. Dies ist eine Mischung aus Home und Chambers. Boitard, der auch einen Almanach des guten Tons und der französischen Höflichkeit geschrieben hat, spekuliert noch 1825[85] über den von Größe und Erhabenheit erfüllten Schrecken, die ganz auf natürlichem Adel beruhende Majestät und die heitere Physiognomie von Szenen, die durch die sie schmückenden Gegenstände Anmut und Glanz bekommen.

Zweifellos enthalten diese Definitionen viel Wirres und literarische Übertreibungen, doch sie machen deutlich, daß die Natur durch ihre Bühnenarrangements überboten und in ein Fabelreich versetzt wird. Die verzauberten Szenen werden noch mit einer besonderen Beredsamkeit beschrieben. Watelet greift ihre wichtigsten Elemente auf und hebt die Macht ihrer Wirkung hervor:

> Eine äußerst wilde Gegend, wo sich Sturzbäche in tiefeingeschnittene Gräben ergießen, wo Felsen, traurige Bäume, das von den Höhlen vielfach zurückgeworfene Rauschen des Wassers in der Seele eine Art Schauer erregen und wo man dichten Rauch und Flammen aus verborgenen Schmieden und Glashütten aufsteigen sieht (...): Diese Bilder einer verzauberten Einöde, einer Stätte der Beschwö-

81 Cl. H. Watelet, *Essai sur les jardins*, Paris 1774, S. 80 ff.
82 Marquis de Girardin, a. a. O. (Anm. 3), S. 137.
83 Ch. C. L. Hirschfeld, a. a. O. (Anm. 72), Bd. I, S. 186 ff.
84 Siehe dazu E. de Ganay, Les Rochers et les Eaux dans les jardins à l'anglaise, *Revue de l'Art ancien et moderne*, LXVI, 1934, S. 63–80, und M. Keswick, a. a. O. (Anm. 54), 7. Rocks and Water, S. 155–173.
85 P. Boitard, *Traité de la composition et de l'ornement des jardins*, Paris 1825, S. 14 ff.

rung, zu denen sich die dazu passenden Geschehnisse und Geräusche gesellen, bieten ein romantisches Schauspiel, das der pantomimischen Verdeutlichung nicht bedürfte. Die in Bewegung versetzte Einbildungskraft vermag sie zu ersetzen, und in dem Augenblick, wo das Tageslicht schwindet und die Schatten der Nacht ihre Traurigkeit und ihre Illusionen aufkommen lassen, bedürfte es wenig, um in dieser Einöde Dämonen, Zauberer und Ungeheuer zu gewahren.

Die ganze Welt ist verwandelt. Morel (1776)[86], der die vorbereitenden Arbeiten in Ermenonville ausgeführt hat, ergänzt:

> Das Romantische, das unter der Vielzahl seiner Gegenstände das Zauberische, die Märchenträume und die Wunder der Magie umfaßt, die die phantastischsten Ideen und ausgefallensten Erfindungen zu verwirklichen vorgibt, breitet die bizarren Tatsachen und unbekannten Ereignisse der ganzen Welt aus (...). Um der Szene den Charakter zu geben, der diesen Darstellungen gemäß ist, muß man Gegenden von ähnlichem Ausdruck finden; man braucht Einöden, Refugien, Höhlen; man muß auf außerordentliche Mittel zurückgreifen.

Auf die Natur bezogen, enthüllen die Worte »Magie« und »Märchen« ihre verborgene Kraft und ihr tiefstes Wesen. All diese Landschaftsmontagen zielen auf ihre übernatürliche Entfaltung. Hirschfeld, der gegen die Lehren von Chambers nicht ohne Bedenken ist, bescheinigt ihm gleichwohl Genie, er fürchtet nur, daß die Mittel der Gartenkunst nicht ausreichen. Um diese Vorstellungen zu verwirklichen, bedarf es eines Bosch und der unbegrenzten Möglichkeiten der Malerei.

Diese von Dichtern und Denkern inspirierte Entwicklung läßt zwei Phänomene hervortreten: 1. – die in den Gärten wiederentdeckte Natur ist nicht die ländliche Wiese, die sich hinter dem Haus erstreckt, sondern eine Beschwörung, ein Traum, ein Kunstgebilde; 2. – diese Wiederentdeckung ist auf dem Umweg über das Exotische und in seinem Zeichen vollzogen worden. Auf die Welt der Geometer und Stukkateure folgt eine regellose Welt, die aber ebenfalls von morphologischen und theatralischen Konventionen erfüllt und vom Wunderbaren besessen ist. Der Traum der englischen Parks war ein Traum vom Italien der Maler des 17. Jahrhunderts, aber China, ein authentisches, ein romantisches China hat diesen Traum angekündigt und hat seine Entwicklung und Verbreitung in allen seinen Formen in Europa in der Theorie und in der Praxis begleitet. Die mit einer Kosmogonie und höheren Ordnung gleichgesetzte kalkulierte Regellosigkeit hat die symbolischen und poetischen Themen im Rausch der Fiktion wuchern lassen. Kaum erwacht, hat sich die freie Landschaft in einer visionären Landschaft verdoppelt.

Nach der Epoche des Eises der Abstraktion und des Verstandes waren die Bedingungen für diese Blüte günstig, deren Keime man schon lange vorher entdecken kann. Der sechseckige Kasten von Zahn mit seinen gegensätzlichen Szenen, dürre Einöde – fruchtbarer Landstrich, ägyptische Monumente, ländliche Hütte – funkelnder Palast, schließt ein ganzes Zukunftsprogramm ein, bis in die einzelnen Themen und den charakteristischen Stil der Baulichkeit. Eine unmittelbare Beziehung zwischen diesem optischen Spielzeug und den riesigen Anlagen in der Natur möchte man nicht für möglich halten, und doch bleibt unbestreitbar, daß die Illusionslandschaften, ehe sie sich im Garten entfalteten, in den Reflexen der Spiegel wahrgenommen wurden, die man dort nach dem Vorbild von Alexander Pope und William Kent im Inneren der Grotten anbrachte. Bekanntlich hat auch Carmontelle in einem optischen Kasten Ansichten vom Park von Monceau und anderen Pariser Gärten vorgeführt, die wie bei dem Projektionsapparat des 17. Jahrhunderts auf durchscheinendes Material gemalt waren.

Es hat auch noch ältere Vorläufer gegeben. So ist die Wiederentdeckung der Natur im Mittelalter in derselben Weise, nach demselben Gesetz und in einer vergleichbaren Entwicklung erfolgt. Die lebendige Welt, die man nach den schematischen Darstellungen wieder erstehen sieht, ist ebenfalls von Konventionen und Magie erfüllt, und auch hier erscheinen immer wieder fremde Gegenden und eine bestimmte Dramaturgie der Mineralien und Pflanzen, und auch hier ist es der Ferne Osten, von dem oft die Anregungen im einzelnen ausgehen. Wie in den englischen Parks enthüllt sich die Natur schon im 14. Jahrhundert in einer paradiesischen Atmosphäre und zeigt sich mehr und mehr als ein Weltwunder. Bei van Eyck *(Das mystische Lamm)* wird die ganze Erde wieder zum Paradies in Gestalt eines

---

86   J.-M. Morel, *Théorie des Jardins ou l'Art des Jardins de la Nature*, Paris 1776, S. 388.

Landschaftsgartens mit Lebensbrunnen.[87] Ebenso häufig erscheinen in diesen Darstellungen die kosmogonischen Themen, die Elemente und die Jahreszeiten. Eine ganze Gruppe von Malern des Nordens behandelt Landschaften mit verschiedenen Themen als »Fragment oder Reflex« des Elysiums (Combe). Jan Brueghel führt diese Thematik zum Höhepunkt. Solche *Irdischen Paradiese* (Windsor Castle, Den Haag, Louvre) mit ihrem üppigen Grün, ihrer herrlichen Pracht, ihren in den schimmernden Wäldern sich tummelnden Tieren (Elefanten, Löwen, Tiger, Straußen) entfalten das Märchen der wilden Natur, nach welcher Milton die Sehnsucht wieder wecken wird. Und auch hier ist es, wie in den Parks von Kent, Italien, das ein gewissermaßen über die Vegetation des Nordens gelegtes Bild des Gartens Eden abgibt.[88]

Aber auch noch exotischere Strömungen haben sich an dieses Wiedererwachen angeschlossen. Sterling[89] hat gezeigt, wie sich einerseits »weiterhin neben dem naturalistischen Bild der Natur eine Phantasielandschaft entwickelt« und andererseits eine Fülle von Ähnlichkeiten besteht zwischen der europäischen und chinesischen Landschaft vom 15. Jahrhundert bis ins zweite Viertel des 17. Jahrhunderts. Man findet dort die aus einer Vielfalt von Szenen bestehenden Ausblicke, die die größtmögliche Zahl von Weltteilen in den Rahmen eines einzigen Bildes zu fassen versuchen, ebenso bestimmte gleichbleibende Motive, die besonders häufig sind, wie Wasser und Felsen. Künstliche Berge, in parallelen Schichten aufwachsend, zerklüftete Felsen, wie man sie von den Sieneser Malern des 14. Jahrhunderts kennt, erscheinen of bei den venezianischen und florentinischen Malern des Quattrocento. Bei Leonardo, bei Bouts, bei Herri met de Bles, bei Patinir sind es Steinstürze, gekrümmte Felsen, Explosionen versteinerter Wolken, unmögliche Steilhänge und Klüfte. Sie bilden verzauberte und schaurige Szenen. Hirschfeld beschreibt genau, was hier geschieht:

> Je abwechselnder, kühner, verwickelter, seltsamer und abenteuerlicher ihre Gestalten und ihre Zusammensetzungen sind, je auffallender sie gegen die benachbarten Teile abstechen, desto treffender sind sie zu jener Wirkung. (...) Das Gespitzte, Abspringende, Höckerige, Verzogene, Verkettete in der Bildung der Felsen; alles, was von der Regelmäßigkeit der Linien, von der gewöhnlichen Beschaffenheit der Form abweicht; alles, was die Einbildungskraft aus ihrer alltäglichen Sphäre heraus in eine Reihe neuer Bilder versetzt, sie in die Feenwelt, in die Zeiten der seltsamsten Bezauberung hinüberschweifen läßt – das ist hier an seinem Platz.

Jedes Wort läßt sich unmittelbar auf diese Kompositionen anwenden, und der letzte Abschnitt vergegenwärtigt die verhexte Welt der flämischen Meister. Einige ihrer Gestaltungen in Form von Türmen, Kaminen, Pilzen und »Vertikallabyrinthen« (Sterling) ähneln den phantasmagorischen Felsen Chinas (Abb. 118 und 119), und man hat sie auch oft miteinander verglichen. So kommt ein krummer Felsen, der bei einem ferrareser Künstler vom Ende des 15. Jahrhunderts eine höchst eigenartige Gestalt annimmt, in dem Gedicht von Sseu-ma Kouang vor, das Watelet wiedergibt: »Ein gekrümmter Felsen, dessen zurückgebogene Spitze wie ein Elefantenrüssel herabhängt«. Die hängenden Felsen und dunklen Höhlen, die Chambers wie ein chinesisches Theater beschreibt, gehören zu der gleichen Welt von Visionen, die man bis hin zu den Bergen, die Flammen speien, »um Schrecken und Erhabenheit zu vergrößern«, bei Hieronymus Bosch wiederfindet (Abb. 120). Auch die Beschreibungen der Wasser, die wie in China in dieser Malerei immer mit Felsgebirgen zusammen erscheinen, entsprechen in diesen Texten genau der bildlichen Gestalt, die sie hier finden. »Das Wasser muß immer als ein unregelmäßiger See oder als ein sich schlängelnder Lauf erscheinen«, schreibt William Shenstone in seinen *Verstreuten Gedanken über Gartenkunst* (1764), deren enge Verwandtschaft mit *Yuan-ye* von Sirén hervorgehoben ist.[90] »In den Gärten ist das Wasser kein geringes Mittel, um Größe und Schönheit durch Überraschung zu steigern«... »Schäumende Kaskaden, sanfte Kaskaden, rasche Wasserläufe, Bäche, ruhige Gewässer« (Girardin), immer erweitert das Wasser die szenische Wirkung durch Steigerung oder Kontrast. »Es kann«, so erläutert Hirschfeld, »die Wildnis rauher Felsen und Gebirge vermehren, aber auch Heiterkeit und Reiz über sie ausgießen.« Bei Herri met de Bles (*Hl. Antonius*, Museum von Grenoble; *Kreuztragung Christi*, Kunsthistorisches Museum, Wien)

---

87   Ch. de Tolnay, *Le Maître de Flémalle et les Frères van Eyck*, Brüssel 1937, Kap. La Terre vue comme Paradis.

88   J. Combe, Au Paradis terrestre, *L'Œil*, Januar 1956.

89   Ch. Sterling, Le Paysage dans l'art européen de la Renaissance et dans l'art chinois, *L'Amour de l'Art*, Januar und März 1931. Zu den fernöstlichen Elementen in der mittelalterlichen Landschaft, siehe J. Baltrusaitis, *Le Moyen Age fantastique*, S. 211–220.

90   W. Shenstone, Unconnected Thoughts on Gardening, in *The Work in Verse and Prose*, II, London 1754. Siehe auch L. Carpechot, a. a. O. (Anm. 6), S. 18–23, und O. Sirén, *China and the Gardens of Europe*, S. 38 ff.

118 Phantasiefelsen. Herri met de Bles, Der barmherzige Samariter. Foto X

119 Künstliche Felsen, chinesische Malerei, 18. Jahrhundert. Foto X

120 Hieronymus Bosch, Die Hölle, rechter Flügel des *Jüngsten Gerichts*. Wien, ▷
Akademie der bildenden Künste. Foto des Museums

und bei Patinir *(Hl. Hieronymus*, Prado und National Gallery, London) sind es majestätische Szenen von ernster und ruhiger Größe, die das Wasser hinter den schreckenerregenden Szenen der Felsen im Vordergrund aufscheinen läßt. Man erkennt denselben Gegensatz wie in den chinesischen »Landschaften mit Wasser und Gebirge«, die mit diesem Kontrast wie in einem musikalischen Werk spielen (Abb. 121).

Themen, Formen, Verfahrensweisen, selbst Details dieser Kompositionen stimmen mit den direkten Gestaltungen der Natur überein, deren Entwicklung wir verfolgt haben. In den Gärten war dasselbe schon im ausgehenden Mittelalter zur Entfaltung gekommen, und alles verlief wie im 18. Jahrhundert. Die Natur, die regellos ist wie das Leben, und die von Phantasmen verwandelte Natur folgten – eine erstaunliche Revolution – auf die strukturierte Natur.

Bis zum 15. Jahrhundert sind die Gärten nach allen Seiten geschlossen und in kleine Abteilungen gegliedert. In einem »Haus des Dädalus« erscheint oft das Labyrinth der gotischen Kathedralen. Hecken bilden Mauern, Gewölbe eines ländlichen Gebäudes, Lauben und Hütten, die regelmäßig verteilt sind. Der Garten Karls V. (1337–1380) beim Hôtel Saint-Paul in Paris mit seinen »runden oder eckigen oder abwechselnd runden und eckigen Pavillons« an den Ecken oder in der Mitte und den »in Zinnen auslaufenden« Gittern hatte die Gestalt einer Festung. Es gab dort auch Pflanzentabernakel, wie ein Glockenturm gekrönt von einer großen Zwiebel, und Rautengitter, die voller Lilien waren. Die Beschreibung dieses

150

121 »Schreckenerregende Felsen«. Joachim Patinir, *Der hl. Hieronymus*. London, National Gallery.
Foto des Museums

Gartens durch einen »Klassiker«, Henri Sauvel (1724)[91], in der Sprache der Baumeister und Dekorateure kommt der Nomenklatur von Jacques Boyceau (1638) durchaus nahe.

Auf diesem Hintergrund einer schachbrettartigen und architekturförmigen Vegetation kommt es zu einer Blüte, die das Paradies von Kent vorwegnimmt. Friede und Wohlstand, die auf das Ende des hundertjährigen Krieges (1453) folgten, haben diese Entwicklung begünstigt, indem sie zu einer breiten Bewegung aufs Land führten.[92] So vorübergehend und geographisch begrenzt, vor allem auf das Land an der Loire, diese Erscheinung gewesen ist, folgt sie doch einem Gesetz der Entwicklung. Um die Landsitze legte man Gärten wie den Obstgarten von Clarens an, und der Adel, der die Festungen verlassen hatte, bedeckte das Land damit. König René von Anjou selbst hat einige solcher Gärten anlegen lassen, die man den rechtwinkligen Anlagen von Karl V. als die ersten Andeutungen eines Landschaftsgartens gegenübergestellt hat, und er hat auch sein ›Stowe‹ geschaffen: den Garten von Baumette. Auf unebenem Gelände um einen Felsen von 60 Fuß Höhe gelegen, den man als furchterregend qualifizieren könnte, waren regelmäßige Parterres ausgeschlossen. Doch schon die Wahl des Ortes bedingte einen Verzicht auf Geometrie und damit neue Bestrebungen. Zwei Szenen wurden dort angelegt: eine Eremitage – das 1451 gegründete Observantenkloster, und eine Grotte, die eine Nachahmung der Grotte von Sainte-Baume in der Provence war. Der Zufluchtsort und die Vergegenwärtigung ferner Gegenden brachten in die Rückkehr zur Natur das Moment der Flucht hinein. Der Aussichtspunkt, von dem aus die majestätische Szenerie von Wassern und Ebene überschaubar wurde, war durch eine Laube auf der Spitze des Felsens hervorgehoben. Patinirs *Hl. Hieronymus* (um 1520) mit seinem beunruhigenden Felsen, den großen stillen Wassern, der Kapelle und den Höhlen weist dieselben Elemente auf. Der Garten des Königs enthielt jedoch noch andere Exotismen. Seltene Pflanzen und eine ganze Fauna, Löwen, weiße Affen, wilde Ziegen, Straußen und ein Elefant vergegenwärtigten fremde Klimate. Man sah dort Menschen in orientalischer Kleidung, einen Mauren, Falcon, mit einem Sarazenengewand bekleidet und mit einem türkischen Dolch, in Gesellschaft von Dromedaren[93], wie die Tartaren von Monceau. Auch hier gibt sich eine Illusionslandschaft, ein Mikrokosmos und Irdisches Paradies zu erkennen, wo die Natur sich in der Atmosphäre des Märchens und des Orients enthüllt.

Die phantastische Landschaft folgt der wirklichen Landschaft wie ihr Schatten. In verschiedenen, durch Jahrhunderte voneinander getrennten Gegenden entwickelt sie sich in identischer Weise und aufgrund derselben Faktoren. Doch allein bei den Gärten und im 18. Jahrhundert genießen wir das Privileg, uns der Führung von Technikern und Philosophen anvertrauen zu können. Ihr Zeugnis hat Gültigkeit für alle Zeiten und auch für die Malerei. Im Zusammenhang der Zivilisationen des Abendlandes und des Ostens ist die Einbildungskraft in ihren Mitteln nicht unbegrenzt und in ihren Quellen nicht unerschöpflich. Selbst die »Mißbräuche« greifen immer wieder auf dieselben Formen zurück.[94]

---

91 H. Sauvel, *Histoire et Recherches des antiquités de la Ville de Paris*, II, Paris 1724, S. 283.
92 A. Lecoy de la Marche, *Le Roi René*, II, Paris 1875, S. 29.
93 Ebd., S. 151, Siehe auch E. de Ganay, *Les Jardins de France*, S. 15–21.
94 In einer ersten Fassung ist dieser Aufsatz erschienen in *Magazine of Art*, April 1962, unter dem Titel: Eighteenth Century Gardens and Fanciful Landscapes. Mit geringfügigen Änderungen ist er wieder abgedruckt worden in *Traverses* 1977, S. 94–112, und war auch die Grundlage für mein Vorwort zum Katalog der Ausstellung *Jardins en France 1760–1820, Pays d'Illusion, Terre d'experience*, Mai–September 1977 im Hôtel de Sully in Paris. Eine gekürzte zweisprachige Ausgabe (französisch-englisch) ist 1978 erschienen. Die Ausstellung von 1977 versammelte ein ungewöhnlich reiches, zum Teil neues Material, durch das das Thema erweitert und vervollständigt wird. Eine zweisprachige Fassung (italienisch-englisch) ist außerdem erschienen in *Lotus International*, II, 1981, S. 51–69.

PERSONENREGISTER

Die kursiven Zahlen verweisen auf die Anmerkungen.